PHOTOSHOP+ILLUSTRATOR CC

IT 워크북 시리즈는 공부하시는 분들이 .... 적인 기획 하에 다음과 같은 특징을 가지고 만들었습니다.

1. 따라하기 형태의 내용 구성

각 기능들을 쉬운 단계부터 시작하여 실습 형태로 따라하면서 자연스럽게 익혀 실무에 활용할 수 있도록 하였습니다.

2. 풍부하고도 다양한 예제 제공

실무에서 실제로 사용하는 예제 위주 편성으로 인해 학습을 하는데 친밀감이 들도록 하여 학습 효율을 강화시켰습니다.

3. 베테랑 강사들의 노하우 제공

일선에서 다년간 경험을 쌓으면서 수첩 등에 꼼꼼히 적어놓았던 보물같은 내용들을 [Tip], [참고], [Upgrade] 등의 코너를 만들어 배치시켰습니다.

4. 스스로 풀어보는 다양한 실전 예제 수록

각 단원이 끝날 때마다 배운 내용을 실습하면서 완벽히 익힐 수 있도록 난이도별로 다양한 실습 문제를 제시하여 복습할 수 있도록 하였습니다.

◐ **실습 파일 받아보기**

– 예제 소스는 아티오(www.atio.co.kr) 홈페이지의 [자료실]에서 다운받으시면 됩니다.

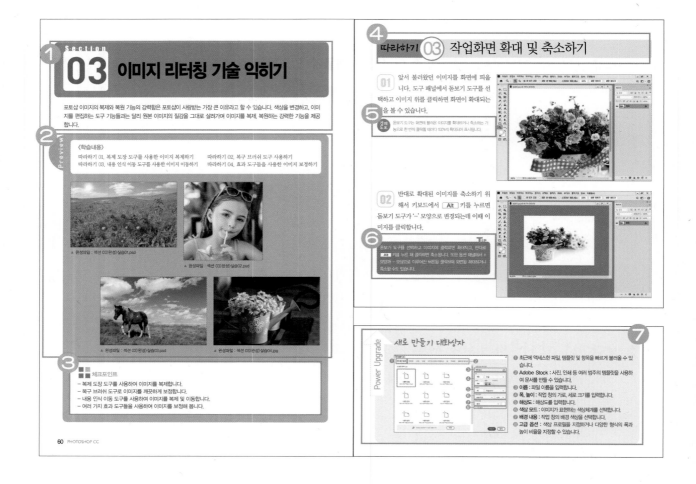

① 섹션 설명

해당 단원에서 배울 내용에 대한 전체적인 개념을 설명함으로써 단원에 대한 이해도를 증진시키도록 합니다.

② Preview

해당 단원에서 만들어 볼 결과물을 미리 보여줌으로써 실습하는데 따르는 전체적인 틀을 이해할 수 있도록 하여 학습 효율을 극대화시켜 줍니다.

③ 체크포인트

해당 단원에서 배울 내용들에 대한 차례를 기록하여 흐름을 파악할 수 있습니다.

④ 따라하기

본문 내용을 하나씩 따라해 가면서 실습하다 보면 자연스럽게 관련 기능을 이해할 수 있도록 구성하여 누구나 쉽게 포토샵, 일러스트레이터를 사용할 수 있도록 하였습니다.

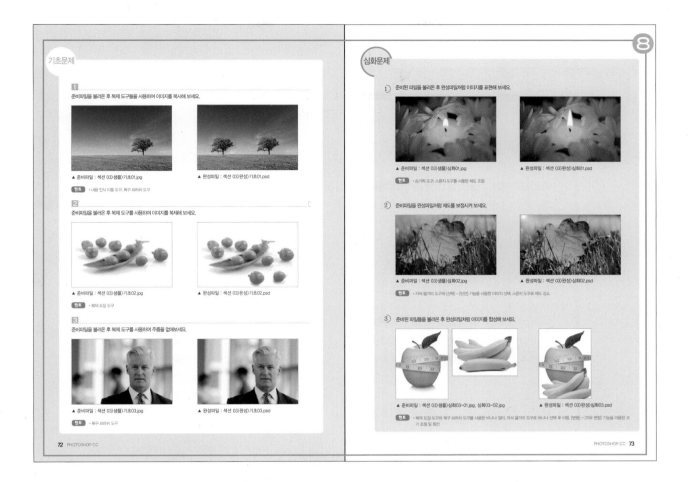

⑤ 강의노트

실습을 따라하는 과정에서 알아두면 도움이 되는 내용들을 담았습니다.

⑥ Tip

저자만이 가지고 있는 다양한 노하우 및 좀 더 편리하게 접근하기 위한 정보들을 제공합니다.

⑦ Power Upgrade

난이도가 높아 본문의 따라하기에서 다루지는 않았지만 익혀놓으면 나중에 실무에서 도움이 될 것 같은 내용들을 별도로 구성해 놓았습니다.

⑧ 기초문제, 심화문제

본문에서 배운 내용을 다양한 예제를 통하여 실습하면서 확실하게 익힐 수 있도록 난이도별로 나누어 실습 문제를 담았습니다.

C·O·N·T·E·N·T·S

C·O·N·T·E·N·T·S

포토샵 CC

01 포토샵 기본 익히기

포토샵의 화면 구성과 도구 패널을 살펴보고 포토샵을 익숙하게 다루기 위해 알아두어야 할 기본적인 인터페이스 관리와 파일 다루는 방법에 대해서 알아보겠습니다.

Preview

〈학습내용〉

따라하기 01. 포토샵 실행과 인터페이스 저장하기   따라하기 02. 새 창 만들고 저장하기
따라하기 03. 작업화면 확대 및 축소하기   따라하기 04. 이미지 크기와 캔버스 크기 조절하기
따라하기 05. 레이어 이해하기   따라하기 06. 온라인으로 이미지 공유하기

▲ 준비파일 : 섹션 01〉샘플〉실습02.jpg

▲ 완성파일 : 섹션 01〉샘플〉실습05.psd

 체크포인트

– 프로그램을 용이하게 사용할 수 있도록 인터페이스를 관리합니다.
– 파일을 불러오거나 저장하기, 또는 새로운 작업 창을 만듭니다.
– 돋보기 도구를 이용하여 화면을 확대하거나 축소할 수 있습니다.
– 이미지 크기와 캔버스 크기를 조절합니다.
– 레이어의 개념과 기본적인 레이어 패널 다루는 방법을 학습합니다.
– 온라인으로 이미지 공유하는 방법을 익힙니다.

포토샵을 설치한 후 화면 하단의 작업표시줄 왼쪽에 있는 '시작' 버튼을 클릭하고 Adobe Photoshop CC를 선택합니다.

강의노트 프로그램의 패키지 종류에 따라 Adobe Photoshop CC 프로그램을 실행하는 순서가 다를 수도 있습니다.

01 일러스트레이터와 마찬가지로 새롭게 바뀐 인터페이스로 화면이 구성됩니다. 기존에 사용하였던 인터페이스로 변경하고자 할 경우에는 포토샵 화면 상단부분의 [창]-[작업 영역]-[필수(기본값)] 메뉴를 선택합니다.

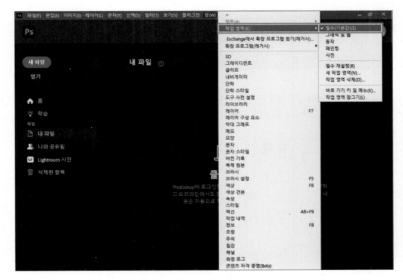

02 그러면 화면의 도구와 패널 등이 기본값 형태로 변경됩니다.

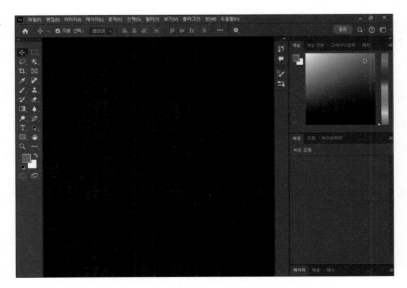

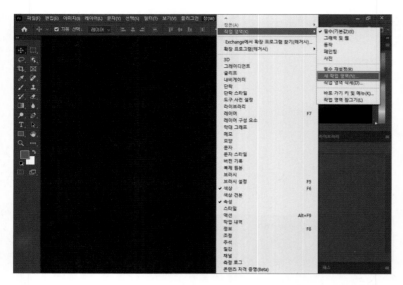

03 사용자가 프로그램을 사용하기 편리한 환경을 지정하여 작업하거나, 사용자가 자주 사용하는 기능들로 작업 화면을 새롭게 구성하여 '새 작업 영역' 명령을 실행하여 저장 후 사용하시면 됩니다.

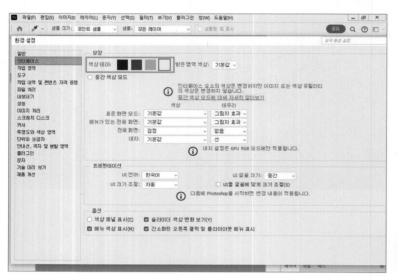

04 일러스트레이터와 마찬가지로 기존의 회색 인터페이스를 벗어나 검은색까지 여러 단계로 선택하여 사용할 수 있습니다. 프로그램 설치 후 기본 환경은 검은색으로 지정되어 있는데 색상을 변경하고자 할 경우에는 [편집]-[환경 설정]-[인터페이스] 메뉴를 클릭하여 색상 테마에서 원하는 색상을 지정하여 사용하면 됩니다.

TIP

본 도서는 가독성을 위해 가장 밝은 인터페이스 환경으로 변경하여 작업하도록 하겠습니다.

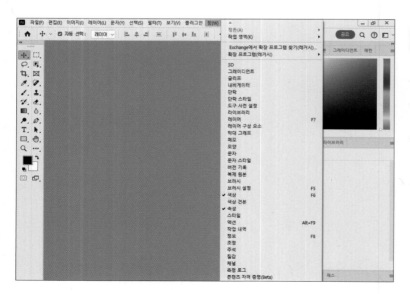

05 작업 화면을 구성하는 도구 패널과 옵션 패널, 각종 패널들은 [창] 메뉴에서 불러와 사용하시면 되고, 패널을 컨트롤하는 방법은 일러스트레이터와 동일하게 편집하여 사용하시면 됩니다.

06 특히, 도구 패널의 특정 도구 위에 포인터를 두면 실행중인 도구에 대한 짧은 설명과 짧은 비디오가 표시됩니다.

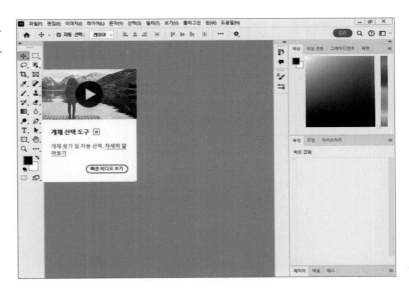

07 만일 팁이 표시되지 않도록 하려면 [편집]-[환경 설정]-[도구] 메뉴를 실행하여 대화상자에서 '풍부한 도구 설명 사용' 항목을 체크하지 않으면 됩니다.

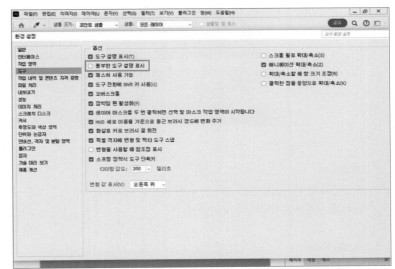

08 또한 [편집]-[도구 모음] 메뉴를 실행하여 사용자가 원하는 도구를 그룹으로 구성하고 정의할 수도 있습니다.

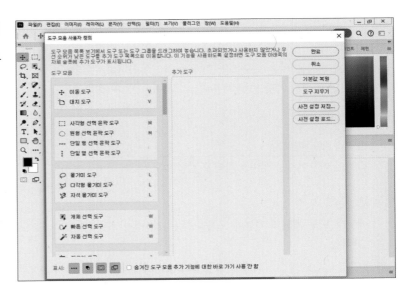

》》 포토샵 화면 모양 알아보기

① 메뉴 바
도큐먼트와 이미지를 컨트롤하는 하위 메뉴를 담고 있으며,
메뉴를 선택하면 대화상자가 나타납니다.

② 옵션 패널
도구를 선택할 경우 해당 도구의 세부 옵션을 설정할 수 있
습니다.

③ 도구 패널
이미지 편집을 위한 도구들을 모아 놓은 상자입니다. 포토
샵 작업 중에서 가장 많이 사용되는 기능들을 도구 패널에
모아 놓았습니다.

④ 작업 창(도큐먼트)
작업이 이루어지는 캔버스 화면을 말합니다.

⑤ 패널
메뉴나 도구 패널의 기능에 도움을 주는 기능들이 모여 있
습니다.

⑥ 이미지 탭
도큐먼트를 개별적인 탭으로 나타냅니다. 각 탭을 클릭하여
도큐먼트를 이동할 수 있으며 하나의 도큐먼트에 여러 개의
탭으로 새롭게 구성할 수 있습니다.

⑦ 상태 표시줄
도큐먼트 보기 비율, 도큐먼트의 세부 사항, 선택된 도구
에 대한 정보를 알 수 있습니다.

도구 패널 알아보기

❶ **이동 도구** : 이미지 선택 영역 등을 이동합니다.

　대지 도구 : 웹용으로 저장 시 각 매체에 따른 크기에 맞게 설정이 가능합니다.

❷ **사각형 선택 윤곽 도구, 원형 선택 윤곽 도구, 단일 행 선택 윤곽 도구, 단일 열 선택 윤곽 도구** : 선택 영역을 나타내는 도구로 사각형, 원, 가로, 세로 픽셀 모양으로 선택할 수 있습니다.

❸ **올가미 도구** : 이미지의 원하는 부분을 자유롭게 드래그 하여 선택합니다.

　다각형 올가미 도구 : 다각형 모양으로 자유롭게 선택합니다.

　자석 올가미 도구 : 색상 경계를 자동으로 인식하여 선택합니다.

❹ **개체 선택 도구** : 이미지에서 인물, 자동차, 가구, 애완동물, 옷 등의 단일 개체 또는 개체의 일부를 빠르게 선택할 수 있습니다.

　빠른 선택 도구 : 비슷한 색상 영역을 마우스로 드래그 하여 빠르게 선택합니다.

　자동 선택 도구 : 클릭한 지점과 비슷한 색상 영역을 빠르게 선택합니다.

❺ **자르기 도구** : 선택된 영역만 남기고 나머지는 잘라줍니다.

　원근 자르기 도구 : 이미지를 변형시켜 자를 수 있습니다.

　분할 영역 도구 : 웹에서 사용할 목적으로 이미지를 잘라냅니다.

　분할 영역 선택 도구 : 자른 이미지를 선택합니다.

❻ **프레임 도구** : 모양이나 문자를 프레임으로 변환하여 자리표시자로 사용하거나 이미지를 채울 수 있습니다.

❼ **스포이드 도구** : 이미지의 색상을 추출합니다.

　3D 재질 스포이드 : 입체적인 효과에 사용된 재질을 확인합니다.

　색상 샘플러 도구 : 기본 색상 정보를 확인할 때 사용하는 도구로서 4개의 고정된 컬러 샘플링 지점을 설정할 수 있습니다.

　눈금자 도구 : 거리를 알고자 하는 임의의 두 점을 클릭 드래그 하여 직선을 만들고, 그 직선의 좌표와 크기, 각도 등의 정보를 알 수 있습니다.

　메모 도구 : 이미지에 간단한 메모 등을 할 수 있습니다.

　카운트 도구 : 지정한 곳에 번호를 매겨 색상을 확인하거나 바꿀 수 있습니다.

❽ **스팟 복구 브러쉬 도구** : 마우스로 클릭한 지점의 주변 색상과 자연스럽게 어울려지도록 복원합니다.

　복구 브러쉬 도구 : 이미지를 다른 이미지로 복제할 때 그림자, 빛, 텍스처 등의 속성을 그대로 보존하면서 먼지, 흠, 주름과 같은 것들을 효율적으로 제거합니다.

Power Upgrade

패치 도구 : 이미지 영역을 자유롭게 드래그, 선택하여 이미지를 복사하고 복사한 이미지를 주위 환경에 최적화 시키는 기능으로 복구 브러쉬와 관련된 기능을 좀 더 섬세하게 작업할 수 있습니다.

내용 인식 이동 도구 : 선택 영역을 이동하여 배경색과 자연스럽게 어우러지게 합니다.

적목 현상 도구 : 적목 현상을 없애는 기능입니다.

⑨ **브러쉬 도구** : 사용자가 임의로 여러 가지 형태의 다양한 브러쉬를 지정하거나 만들어 그림을 그릴 수 있으며 영역에 채색할 수도 있습니다.

연필 도구 : 연필 도구는 기본적으로 계단 현상이 적용되기 때문에 선이 부드럽지 않고 딱딱하고 거친 느낌을 줍니다.

색상 대체 도구 : 이미지의 배경색만 바꾸거나 질감이나 음영을 그대로 유지한 상태로 이미지 특정 부분의 색상을 쉽게 바꿀 수 있습니다.

혼합 브러쉬 도구 : 수채 색연필로 수채화를 그리듯이 사진을 유화풍의 그림으로 손쉽게 그리게 해줍니다.

⑩ **복제 도장 도구** : 이미지의 특정 부분을 다른 이미지의 부분, 또는 전체에 복제하는 도구로 `Alt` 키를 누른 상태에서 클릭하여 복제 기준점을 설정하고, 원하는 위치에 드래그하면 기준점의 이미지가 복제됩니다.

패턴 도장 도구 : 원하는 이미지의 부분을 패턴으로 등록하고 적용하는 기능입니다.

⑪ **작업 내역 브러쉬 도구** : 변형시켰던 이미지를 부분적으로 원래의 이미지로 복원시키는 기능을 지원합니다.

미술 작업 내역 브러쉬 도구 : 붓의 질감을 이용하여 회화적인 브러쉬 효과를 표현합니다.

⑫ **지우개 도구** : 마우스로 드래그 하는 부분을 투명하게 지워주거나 배경색으로 칠해줍니다.

배경 지우개 도구 : 마우스로 클릭한 부분의 이미지 색상을 인식하여 투명하게 지워줍니다. 백그라운드 이미지를 레이어 상태로 만들어 투명하게 지워줍니다.

자동 지우개 도구 : 자동 선택 도구처럼 옵션 패널의 허용치 설정 값에 따라 유사한 색상을 선택하여 한꺼번에 지워줍니다.

⑬ **그레이디언트 도구** : 두 가지 이상의 색상과 색상 사이에 변해가는 색상을 뚜렷한 경계 없이 부드럽게 채워줍니다.

페인트 통 도구 : 이미지에서 같은 색 범위를 인식하여 그 영역에 색상이나 패턴을 한 번에 채우는 도구입니다.

3D 재질 놓기 도구 : 3D 오브젝트에서 원하는 영역을 색이나 패턴으로 채웁니다.

⑭ **흐림 효과 도구** : 이미지를 뿌옇게, 초점이 흐린 효과를 줍니다.

선명 효과 도구 : 이미지를 뚜렷하게, 초점이 선명한 효과를 줍니다.

손가락 도구 : 손가락으로 문지르는듯 한 효과를 줍니다.

⑮ **닷지 도구** : 이미지를 밝게 합니다.

번 도구 : 이미지를 어둡게 합니다.

스폰지 도구 : 이미지의 채도를 조절합니다.

⑯ **펜 도구** : 직선 또는 곡선 패스를 그리거나 곡선으로 이루어진 이미지의 외곽을 선택 영역으로 저장하여 선택 툴 용도로 사용합니다.

자유 형태 펜 도구 : 마우스로 자유롭게 드래그 하여 패스를 만듭니다.

곡률 펜 도구 : 부드러운 곡선과 직선을 쉽게 그릴 수 있습니다.

기준점 추가 도구 : 만들어진 패스에 앵커 포인트를 추가합니다.

기준점 삭제 도구 : 만들어진 포인트를 삭제합니다.

기준점 변환 도구 : 핸들을 삭제하거나 생성시켜 앵커 포인트의 속성을 바꾸면서 형태를 변형합니다.

⑰ **수평 문자 도구** : 문자를 수평으로 입력합니다.

세로 문자 도구 : 문자를 수직으로 입력합니다.

수평 문자 마스크 도구 : 문자를 수평으로 입력하며 입력한 문자를 선택 영역으로 만들어줍니다.

세로 문자 마스크 도구 : 문자를 수직으로 입력하며 입력한 문자를 선택 영역으로 만들어줍니다.

⑱ **패스 선택 도구** : 패스나 도형의 전체를 선택하여 이동할 때 사용합니다.

직접 선택 도구 : 패스나 도형의 포인트, 핸들을 선택하여 모양을 수정할 때 사용합니다.

⑲ **사각형 도구** : 도형 도구는 여러 가지 모양의 다양한 벡터 형식의 도형들을 만들 수 있는 기능으로 사각형 모양의 도형을 그립니다.

모서리가 둥근 직사각형 도구 : 모서리가 둥근 사각형을 그립니다.

타원 도구 : 정원이나 타원을 그립니다.

삼각형 도구 : 삼각형 모양의 도형을 그립니다.

다각형 도구 : 다각형을 그립니다.

선 도구 : 직선을 그립니다.

사용자 정의 모양 도구 : 여러 가지 모양의 도형을 그릴 수 있습니다.

⑳ **손 도구** : 이미지 화면을 원하는 부분으로 이동할 때 사용합니다.

회전 보기 도구 : 도큐먼트를 회전시킵니다.

㉑ **돋보기 도구** : 이미지를 확대하거나 축소합니다.

㉒ **색상 모드** : 전경색이나 배경색을 지정할 수 있습니다.

㉓ **편집 모드** : 빠른 마스크 모드와 표준 모드를 오가며 이미지를 선택할 수 있습니다.

㉔ **화면 모드** : 여러 가지 화면 모드를 지원합니다.

memo

따라하기 02 새 창 만들고 저장하기

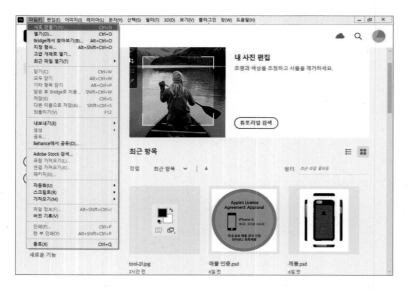

01 새로운 이미지 창을 만들기 위해서 시작 화면에서 '새로 만들기' 버튼을 클릭하거나, [파일]-[새로 만들기] 메뉴를 선택합니다.

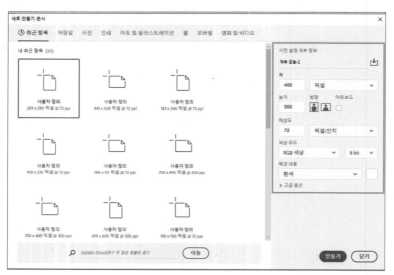

02 새로 만들기 대화상자가 나타나면 단위를 픽셀로 지정하고 폭과 높이 값을 입력합니다. 또한 해상도를 72픽셀/인치, 색상 모드는 RGB색상, 배경 내용은 흰색을 설정하고 '만들기' 버튼을 클릭합니다.

03 새로운 이미지 창이 나타나고 사용자가 원하는 작업을 한 후 파일로 저장하기 위해서는 [파일]-[저장] 또는 [다른 이름으로 저장] 메뉴를 선택하면 컴퓨터와 클라우드중 선택하여 파일을 저장할 수 있는 대화상자가 나타납니다.

04 '클라우드 문서에 저장' 버튼을 클릭하여 클라우드 문서로 저장해 두면 언제 어디서나 여러 장치에서 작업할 수 있습니다. 물론 컴퓨터에 저장하고자 한다면 '내 컴퓨터에 저장' 버튼을 클릭하여 파일 이름과 형식을 지정한 후 저장하면 됩니다.

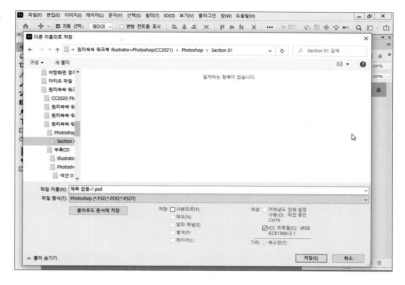

05 이번에는 작업 화면에 이미지를 불러오기 위해서 [파일]-[열기] 메뉴를 선택하여 '섹션 01>샘플>실습02.jpg' 파일을 선택하고 '열기' 버튼을 클릭합니다.

06 불러온 이미지가 화면의 탭에 붙어 불러와 지는 것을 볼 수 있습니다.

07 만일, 탭 기능을 사용하고 싶지 않을 경우에는 [편집]-[환경 설정]-[작업 영역] 메뉴를 선택하여 '탭으로 문서 열기' 항목을 해제하면 됩니다.

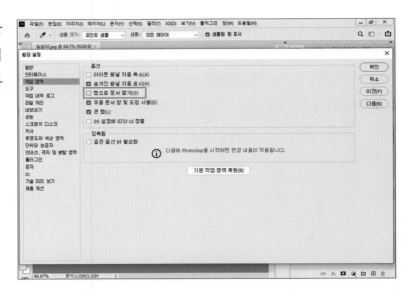

08 클라우드 문서에서 파일을 불러오고자 할 경우에는 홈 화면에서 '클라우드 문서' 메뉴를 클릭하여 파일을 열면 됩니다.

새로 만들기 대화상자

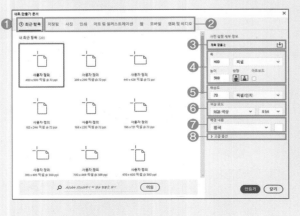

❶ 최근에 액세스한 파일, 템플릿 및 항목을 빠르게 불러올 수 있습니다.

❷ Adobe Stock : 사진, 인쇄 등 여러 범주의 템플릿을 사용하여 문서를 만들 수 있습니다.

❸ 이름 : 파일 이름을 입력합니다.

❹ 폭, 높이 : 작업 창의 가로, 세로 크기를 입력합니다.

❺ 해상도 : 해상도를 입력합니다.

❻ 색상 모드 : 이미지가 표현하는 색상체계를 선택합니다.

❼ 배경 내용 : 작업 창의 배경 색상을 선택합니다.

❽ 고급 옵션 : 색상 프로필을 지정하거나 다양한 형식의 폭과 높이 비율을 지정할 수 있습니다.

01 앞서 불러왔던 이미지를 화면에 띄웁니다. 도구 패널에서 돋보기 도구를 선택하고 이미지 위를 클릭하면 화면이 확대되는 것을 볼 수 있습니다.

강의노트 돋보기 도구는 화면에 불러온 이미지를 확대하거나 축소하는 기능으로 한 번씩 클릭할 때마다 100%씩 확대되어 표시됩니다.

02 반대로 확대된 이미지를 축소하기 위해서 키보드에서 [Alt] 키를 누르면 돋보기 도구가 '−' 모양으로 변경되는데 이때 이미지를 클릭합니다.

Tip
돋보기 도구를 선택하고 이미지에 클릭하면 확대되고, 반대로 [Alt] 키를 누른 채 클릭하면 축소됩니다. 또한 옵션 패널에서 + 모양과 − 모양으로 이루어진 버튼을 클릭하여 화면을 확대하거나 축소할 수도 있습니다.

03 이번에는 화면을 확대시켜 놓은 상태에서 도구 패널의 손 도구를 선택합니다. 그리고 확대된 이미지를 클릭 드래그 하여 화면을 이동시켜 봅니다.

Tip
확대된 이미지의 화면 이동시 손 도구를 사용하기도 하지만, 키보드에서 [Space Bar] 를 누른 채 화면을 이동시키는 방법을 사용하면 작업이 매우 용이합니다.

04 도구 패널에서 손 도구를 더블클릭합니다. 그러면 이미지가 문서 창의 크기에 맞게 크기가 조절되어 표시됩니다.

05 다시 이번에는 돋보기 도구를 더블클릭하면 이미지가 100% 크기로 변경되어 보입니다.

Tip

> 돋보기 도구나 손 도구를 선택하고 옵션 패널을 보면 100%와 화면 맞추기 버튼을 클릭하는 것과 동일한 결과를 얻을 수 있습니다.

Power Upgrade

돋보기 도구 옵션 패널

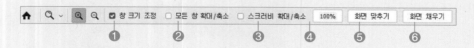

❶ **창 크기 조정** : 이미지를 확대, 축소할 때 이미지 창에 이미지가 꽉 찬 상태로 고정되어 나타납니다.

❷ **모든 창 확대/축소** : 현재 포토샵 내에 열려 있는 모든 이미지가 함께 확대, 축소됩니다.

❸ **스크러비 확대/축소** : 마우스를 드래그 하지 않고 누르고 있을 경우에 부드럽게 화면이 확대 및 축소됩니다.

❹ **100%** : 이미지를 실제 픽셀 크기로 보여줍니다.

❺ **화면 맞추기** : 전체 창의 크기에 맞게 이미지를 보여줍니다.

❻ **화면 채우기** : 전체 윈도우 창 크기에 맞게 이미지를 보여줍니다.

01 [파일]-[열기] 메뉴를 선택하여 '섹션 01〉샘플〉실습04.jpg' 이미지를 불러옵니다.

02 [이미지]-[이미지 크기] 메뉴를 실행하여 나타난 대화상자에서 왼쪽의 사슬 모양 항목을 체크하고 폭 값을 조절합니다.

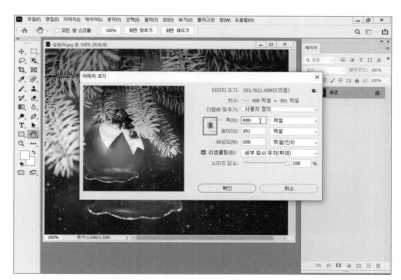

03 하단의 리샘플링 항목에서 세부 묘사 유지(확대)를 선택하면 하단에 노이즈를 감소시킬 수 있는 옵션이 나타납니다. 노이즈 감소를 100%로 설정하면 미리 보기 창에 깨끗하게 보정된 이미지를 확인할 수 있습니다.

Tip

이미지를 키울수록 픽셀이 깨진 듯한 노이즈가 생깁니다. 이 노이즈를 줄여줄수록 색상의 경계면이 매끄럽게 표현되어 노이즈가 감소합니다.

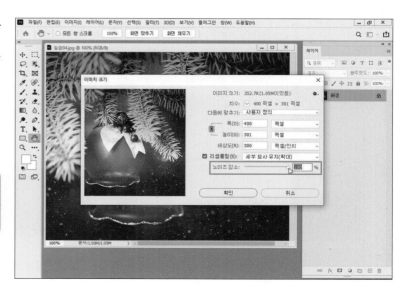

04 확인 버튼을 누르면 이미지의 크기가 작아지는 것을 볼 수 있습니다.

05 Ctrl + Z 를 눌러 명령을 취소한 후 이번에는 [이미지]-[캔버스 크기] 메뉴를 선택합니다.

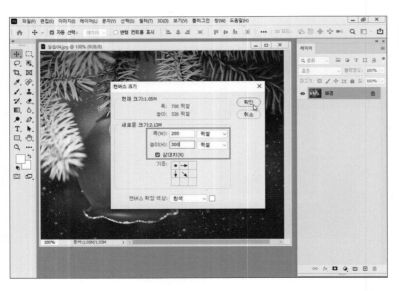

06 대화상자에서 '상대치' 항목을 체크한 후 키우고자 하는 만큼의 폭과 높이 값을 입력합니다. 기준 옵션에서는 이미지의 위치를 지정하고, 캔버스 확장 색상은 흰색으로 지정한 후 확인 버튼을 클릭합니다.

07 이미지의 크기는 그대로 유지된 채 캔버스 크기만 키워진 것을 볼 수 있습니다.

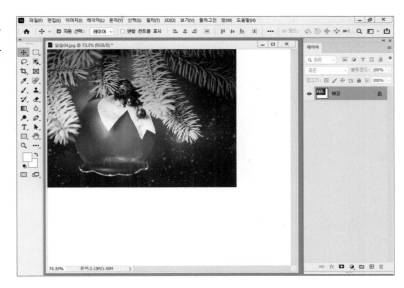

Power Upgrade

이미지 크기 대화상자

1. **이미지 크기** : 현재 열려 있는 이미지의 폭과 높이의 크기를 나타내는 부분입니다.
2. **다음에 맞추기** : 이미지의 크기를 센티미터나 인치, 밀리미터 등으로 표시해 다양한 샘플 사이즈를 사용할 수 있습니다.
3. **종횡비 제한 아이콘** : 이미지의 폭 값이나 높이 값 중 하나만 조절해도 나머지를 같은 비율의 크기로 조절해 줍니다.
4. **해상도** : 해상도를 나타냅니다.
5. **리샘플링** : 레이어 스타일을 적용한 이미지의 경우 이 항목을 체크하게 되면 이미지의 크기에 맞게 레이어 스타일 설정값도 함께 변경됩니다.

캔버스 크기 대화상자

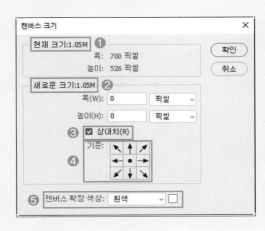

1. **현재 크기** : 현재 열려 있는 이미지의 가로, 세로 크기를 나타냅니다.
2. **새로운 크기** : 새롭게 조절하고자 하는 이미지의 가로, 세로 크기를 입력하는 부분입니다.
3. **상대치** : 이 항목을 체크하게 되면 기존의 이미지 크기에서 키우고자 하는 만큼의 수치 값만을 입력하면 됩니다.
4. **기준** : 캔버스 크기가 커졌을 경우 기존 이미지의 위치를 지정합니다.
5. **캔버스 확장 색상** : 캔버스 크기가 커졌을 경우 배경 색상을 지정합니다.

따라하기 05 레이어 이해하기

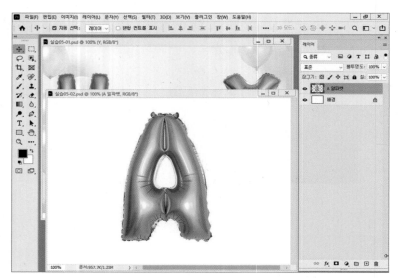

01 [파일]-[열기] 메뉴를 선택하여 '섹션 01〉샘플〉실습05-01.psd, 실습05-02. psd' 두 이미지를 불러옵니다.

02 실습05-01.psd 파일을 선택하고, [창]-[레이어] 메뉴를 선택하여 레이어 패널을 불러옵니다. 레이어 패널을 보면 여러 개의 레이어가 분리되어 있는 것을 볼 수 있습니다.

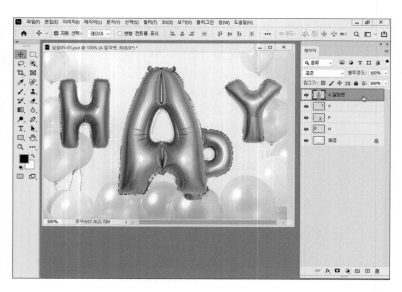

03 실습05-02.psd 파일을 선택하고 도구 패널에서 이동 도구를 선택합니다. 그런 다음 레이어 패널에서 'A 알파벳' 레이어를 선택하고, 실습05-01.psd 파일로 드래그하면 레이어 패널에 알파벳 레이어가 생기면서 이미지가 이동됩니다.

04 이미지의 크기를 조절하기 위해서 [편집]–[자유 변형] 메뉴를 실행하여 변형 컨트롤의 모서리 부분을 드래그한 후 Enter 키를 누릅니다.

Tip

기존에는 이미지 크기를 조절할 때 Shift 키를 누른 채 드래그 하여야 가로, 세로 비율이 유지된 채로 조절되었지만, 최신 버전 부터는 Shift 키를 누르지 않아도 비례적으로 크기가 조절되고, 또한 Enter 키 대신 변형 컨트롤 바깥 부분을 클릭하여도 됩니다.

05 이동 도구가 선택된 상태에서 이번에는 Alt 키를 누른 채 P 이미지를 옆으로 드래그하면 레이어 패널에 사본이 하나 더 생기면서 이미지가 복사됩니다.

Tip

복사하고자 하는 레이어를 선택하고 레이어 패널 하단에 '새 레이어를 만듭니다.' 버튼으로 드래그 하여 복사할 수도 있으며, '레이어를 삭제합니다.' 버튼으로 드래그 하여 선택된 레이어를 삭제할 수도 있습니다.

06 작업 도중 새로운 투명 레이어가 필요할 경우에도 레이어 패널 하단의 '새 레이어를 만듭니다.' 버튼을 클릭하여 새로운 레이어를 추가하여 작업할 수 있으며, 만들어진 레이어의 이름 위에 마우스를 더블클릭하여 원하는 이름으로 변경할 수도 있습니다.

07 레이어 패널에서 겹쳐있는 레이어의 위치를 변경하고자 할 경우에는 해당 레이어를 선택하고 이동시키고자 하는 레이어 위로 드래그하면 겹쳐지는 레이어의 순서가 바뀌게 됩니다.

08 또한 레이어 패널에서 눈 버튼을 클릭하여 화면에 이미지가 보이게 하거나 또는 가려지게 할 수 있어 작업을 용이하게 도와줍니다.

09 마지막으로 분리되어 있는 레이어들을 하나로 합치고자 할 경우에는 Shift 키를 누른 채 레이어을 다중 선택하고 마우스 오른쪽 키를 눌러 '레이어 병합'을 선택합니다.

TIP

연속적인 레이어가 아닌 개별적으로 레이어를 여러 개 선택하고자 할 경우에는 Ctrl 키를 누른 상태에서 레이어를 클릭하면 됩니다.

01 http://www.adobe.com/kr에 접속하여 로그인 한 후 'Creative Cloud' 열기 버튼을 클릭합니다.

02 상단 메뉴에서 '내 작업'을 클릭하여 화면이 바뀌면 오른쪽 상단에 '새 폴더 만들기'를 클릭합니다. 크리에이티브 클라우드 저장 공간이 나타나고, 오른쪽 상단에 '폴더 만들기'를 클릭합니다.

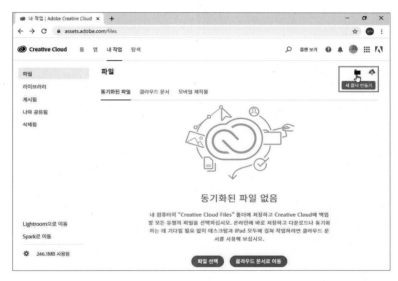

03 폴더 이름을 입력하고 '저장' 버튼을 클릭합니다.

04 폴더가 만들어지면 폴더를 클릭하여 폴더 안으로 이동합니다.

05 그런 다음 '파일 선택' 버튼을 클릭하여 저장하려는 이미지를 선택하고 '열기' 버튼을 누릅니다.

06 그러면 이미지가 업로드 되고, 올려진 이미지를 공유하기 위해서 오른쪽 하단의 아이콘을 클릭하여 '링크 받기'를 선택합니다.

07 바뀐 화면에서 '링크 복사'를 클릭하여 URL을 저장합니다.

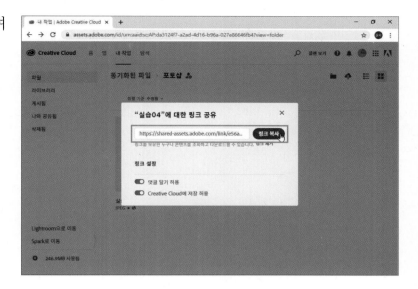

08 그런 다음 새로운 인터넷 창을 실행하고 주소 창에 `Ctrl` + `V` 를 누르거나 앞서 복사한 URL을 입력하면 업로드 된 이미지를 다운받을 수 있습니다.

TIP
앞서 클라우드 문서에 저장된 파일 또한 위와 동일한 방법으로 작업자들끼리 공유가 가능합니다.

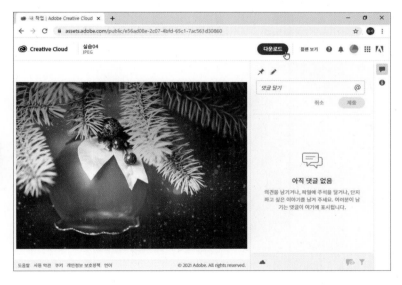

1

준비파일을 불러온 후 돋보기 도구와 손 도구를 이용하여 이미지를 확대해보고 위치도 변경해 보세요.

▲ 준비파일 : 섹션 01〉샘플〉기초01.jpg

2

준비파일을 불러온 후 이미지의 크기를 조절해 보세요.

▲ 준비파일 : 섹션 01〉샘플〉기초02.jpg ▲ 완성파일 : 섹션 01〉완성〉기초02.psd

3

준비파일을 불러온 후 캔버스의 크기를 조절해 보세요.

▲ 준비파일 : 섹션 01〉샘플〉기초03.jpg ▲ 완성파일 : 섹션 01〉완성〉기초03.psd

심화문제

1) 준비된 파일을 불러온 후 완성파일처럼 이미지를 합성해 보세요.

▲ 준비파일 : 섹션 01〉샘플〉심화01-01.jpg, 심화01-02.psd　　　　▲ 완성파일 : 섹션 01〉완성〉심화01.psd

2) 준비파일들을 불러와 완성파일처럼 합성해 보세요.

▲ 준비파일 : 섹션 01〉샘플〉심화02-01.jpg, 심화02-02.psd　　　　▲ 완성파일 : 섹션 01〉완성〉심화02.psd

힌트 • 이동 도구로 허브 이미지 이동 후 [편집] – [자유 변형]으로 크기 축소, 이동 도구 또는 레이어 패널 이용하여 허브 이미지 복사 후 자유 변형 기능으로 축소 및 회전

3) 준비된 파일을 불러온 후 완성파일처럼 이미지를 합성해 보세요.

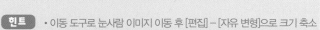

▲ 준비파일 : 섹션 01〉샘플〉심화03-01.jpg, 심화03-02.psd　　　　▲ 완성파일 : 섹션 01〉완성〉심화03.psd

힌트 • 이동 도구로 눈사람 이미지 이동 후 [편집] – [자유 변형]으로 크기 축소

Section

02 이미지 선택과 채색하기

선택 도구는 이미지에 사용자가 원하는 선택 영역을 만든 후 채색, 복사, 이동, 변형 등의 작업을 진행할 수 있도록 합니다. 이미지의 수정 및 편집 작업에는 선택 도구와 이동 도구의 활용을 빼놓고 이야기 할 수 없을 만큼 사용빈도가 높은 도구이기 때문에 매우 중요한 부분이기도 합니다. 또한 다양한 브러쉬를 이용하여 채색하는 방법과 그레이디언트 도구 사용법에 대해 학습해 보겠습니다.

Preview

▲ 준비파일 : 섹션 02〉완성〉실습01.psd

▲ 완성파일 : 섹션 02〉완성〉실습02.psd

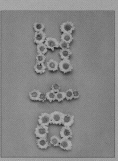

▲ 준비파일 : 섹션 02〉완성〉실습03.psd

▲ 완성파일 : 섹션 02〉완성〉실습04.psd

▲ 완성파일 : 섹션 02〉완성〉실습05.psd

▲ 완성파일 : 섹션 02〉완성〉실습06.psd

 체크포인트

- 사각형 선택 윤곽 도구 등 다양한 선택 도구들을 사용하여 이미지를 선택해 봅니다.
- 올가미 도구와 자석 올가미 도구로 선택한 후 복사합니다.
- 자동 선택 도구와 빠른 선택 도구, 개체 선택 도구를 사용하여 이미지를 선택합니다.
- 브러쉬 도구를 사용하여 채색합니다.
- 그레이디언트 도구 사용법에 대해 학습합니다.
- 프레임 도구를 사용하여 원하는 영역에 이미지를 채워봅니다.

01 [파일]-[열기] 메뉴를 선택하여 '섹션 02〉샘플〉실습01.jpg' 파일을 불러옵니다. 도구 패널에서 사각형 선택 윤곽 도구를 선택하고 이미지에 드래그 하여 사각형 모양으로 선택합니다.

강의노트 사각형 선택 윤곽 도구는 사각형 모양으로 이미지를 선택하고, 원형 선택 도구는 원 모양으로 이미지를 선택하는 툴입니다.
Shift 키를 누른 채 드래그 하게 되면 정사각형이나 정원 모양으로 선택할 수 있습니다.

02 [선택]-[선택 해제] 메뉴를 선택하거나 Ctrl + D 단축키를 눌러 선택 영역을 해제하고, 이번에는 원형 선택 도구를 선택합니다. 그런 다음 Alt 키를 누른 채 원 이미지의 중앙에서부터 마우스를 드래그 하여 선택합니다.

TIP Alt 키는 마우스를 클릭한 부분이 중앙이 되도록 하기 위해서이고, 이전 버전에서는 Shift 키를 눌러야 정원 모양으로 선택이 되었으나, 최신 버전에서는 옵션 패널의 '종횡비를 유지합니다' 항목이 활성화되어 있는 경우에는 Shift 키를 누르지 않아도 정원 모양으로 선택됩니다.

03 만일 선택된 영역이 정확하지 않을 경우에는 도구 패널에서 선택 도구가 지정된 상태에서 영역 안쪽을 드래그 하여 선택 영역만을 이동시킬 수 있습니다.

04 계속하여 선택 영역이 활성화된 상태에서 [선택]–[선택 영역 변형] 메뉴를 클릭하여 Alt 키를 누른 채 변형 컨트롤의 모서리 부분을 드래그 하여 선택 영역의 크기를 조절합니다.

TIP

[선택] – [선택 영역 변형] 명령은 이미지에 직접적으로 영향을 주지 않고 선택 영역만을 크기 조절하거나 회전시키고자 할 때 사용하는 기능입니다.

05 이번에는 다각형 올가미 도구를 선택하고 마우스를 클릭하여 시작점을 만든 후 이미지 외곽을 따라 마우스를 클릭해 갑니다. 영역이 잘못 선택 되었을 경우에는 Delete 키를 눌러 취소하고 다시 선택할 수 있습니다.

06 처음 시작했던 위치에 마우스를 가까이 대면 원 모양으로 바뀌는 것이 보입니다. 이때 클릭하면 다각형 모양으로 선택 영역이 만들어집니다.

TIP

원형 모양을 찾기 어려울 경우에는 처음 시작했던 부분을 더블클릭하면 선택 영역이 만들어집니다.

Power Upgrade

사각형 선택 윤곽 도구 옵션 패널

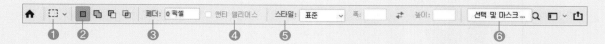

① ② ③ ④ ⑤ ⑥

① **도구 프리셋** : 툴 프리셋은 각 사용에 있어서 작업자가 자주 사용하는 옵션 상태를 저장한 후 작업 시 빠르게 선택하여 사용할 수 있는 기능으로 현재 선택된 툴에 관련된 프리셋을 선택할 수 있습니다.

② **선택 옵션 모드**

ⓐ 새 선택 영역 : 일반적인 선택 방법으로 드래그 하여 새로운 영역을 선택합니다.

ⓑ 선택 영역에 추가 : 기존에 선택된 영역에 새로운 선택 영역을 추가합니다.

ⓒ 선택 영역에서 빼기 : 기존에 선택된 영역에서 새로운 선택 영역을 제거합니다.

ⓓ 선택 영역과 교차 : 기존 선택 영역에서 새로운 선택 영역과의 공통된 부분만을 선택합니다.

③ **페더** : 선택 영역의 경계선에 부드럽게 퍼지는 효과를 적용하는 기능으로 수치 값이 커질수록 경계 부분의 퍼짐 효과가 많아집니다.

▲ 0일 경우 　　　　　 ▲ 10일 경우 　　　　　 ▲ 20일 경우

④ **앤티 앨리어스** : 선택 영역의 경계선을 부드럽게 처리해주는 기능으로 특히 사선이나 곡선 주위의 계단 현상을 부드럽게 해줍니다.

▲ 체크하지 않았을 경우 　　　　　 ▲ 체크하였을 경우

⑤ **스타일** : 선택 영역을 지정할 때 마우스로 드래그 하여 지정할 것인지, 수치 값을 입력하여 정확히 지정할 것인지를 결정하는 옵션입니다.

ⓐ 표준 : 사용자가 마우스로 드래그 하여 선택 영역을 지정합니다.

ⓑ 고정비 : 가로, 세로의 비율을 일정하게 선택합니다.

ⓒ 크기 고정 : 입력한 수치만큼의 픽셀 크기로 영역을 선택합니다.

❻ **선택 및 마스크** : 선택영역의 테두리에 있는 픽셀들을 어떻게 처리할 것인지를 선택하는 기능입니다.

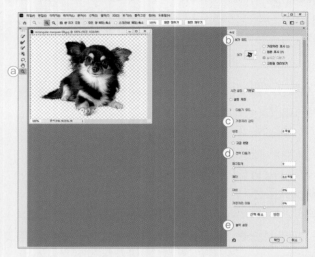

ⓐ 빠른 선택 도구, 가장자리 다듬기 브러쉬 도구, 브러쉬 도구, 개체 선택 도구, 올가미 도구, 손 도구, 돋보기 도구 : 화면을 확대하거나 축소할 수 있으며, 마우스를 드래그하여 다듬을 영역을 확장하거나 축소, 좀 더 세밀히 영역을 편집할 수 있는 도구들입니다.

ⓑ 보기 모드 : 선택 영역의 이미지를 다양한 형태로 표현합니다.

　– 어니언 스킨 : 선택 영역을 애니메이션 스타일로 시각화합니다.

　– 개미들의 행진 : 선 수치에 따라 선택 영역의 변화를 볼 수 있습니다.

　– 오버레이 : 마스크 모드로 선택 영역을 전환합니다.

　– 검정 바탕 : 검정색 배경에 마스크 됩니다.

　– 흰색 바탕 : 흰색 배경에 마스크 됩니다.

　– 흑백 : 흑과 백의 농도로 표시됩니다.

　– 레이어 바탕 : 레이어에 마스크 됩니다.

▲ 어니언 스킨

▲ 개미들의 행진

▲ 오버레이

▲ 검정 바탕

▲ 흰색 바탕

▲ 흑백

Power Upgrade

▲ 레이어 바탕

ⓒ 가장자리 감지 : 경계를 재구성하여 세밀한 선택이 가능합니다.
　– 반경 : 자동으로 경계를 구성합니다.

ⓓ 전역 다듬기 : 이미지 경계를 조정합니다. 경계를 부드럽게 나타내거나 대비를 강하게 조정할 수 있어 선택 영역의 경계
　　를 확장 또는 축소할 수 있습니다.
　– 매끄럽게 : 선택 영역의 테두리를 부드럽게 처리합니다.
　– 페더 : 값이 클수록 테두리 부분이 부드럽게 처리됩니다.
　– 대비 : 선택 영역의 경계면의 대비차를 조절합니다.
　– 가장자리 이동 : 선택 영역의 경계를 추가/삭제 합니다.

ⓔ 출력 설정 : 선택 영역의 이미지를 나타내는 형식을 설정합니다. 새로운 레이어나 마스크 형식 또는 새로운 문서에 선택
　　영역의 이미지를 나타낼 수 있습니다.
　– 색상 정화 : 경계면 색상을 제거합니다. 경계면의 색상을 지워 배경과 자연스럽게 합성될 수 있는 양을 조절합니다.
　– 출력 위치 : 선택 영역의 이미지를 재구성하는 방법을 설정합니다. 새로운 레이어에 잘라 내거나 마스크 처리 또는 새
　　문서에 나타낼 수 있습니다.

01 [파일]-[열기] 메뉴를 선택하여 '섹션 02〉샘플〉실습02.jpg' 파일을 불러옵니다. 도구 패널에서 자석 올가미 도구를 선택하고 옵션 패널에서 빈도수를 설정한 후 이미지 경계부분에 클릭하여 시작점을 만듭니다.

TIP

빈도수는 기준점의 생성 개수를 조절할 수 있는 옵션으로 기준점이 많이 표시될수록 정교하게 선택할 수 있습니다.

02 이미지 외곽을 따라 마우스를 이동시키면 자동으로 포인터가 생성되면서 영역 라인이 만들어집니다. 작업 도중 잘못 지정된 부분은 Delete 키를 눌러 포인터를 삭제하면 됩니다.

03 작업을 계속하여 시작점과 연결시키면 선택 영역으로 전환되고 만일 처음 시작하였던 시작점을 찾을 수 없을 경우에는 마우스를 더블클릭하면 됩니다.

강의 노트 자석 올가미 도구는 마우스로 드래그 하여 이미지의 경계 부분의 색상 및 채도를 자동으로 추적하여 선택합니다.

04 하단 부분의 그림자 부분과 좀 더 세밀한 선택 작업을 위해 도구 패널에서 올가미 도구를 선택하고 옵션 패널에서 페더 값을 지정한 후 Shift 키를 누른 채 드래그 하여 선택 영역을 추가합니다.

강의노트 올가미 도구는 원하는 만큼 마우스를 자유롭게 드래그 하여 선택하는 선택 툴입니다.

TIP 페더는 선택 영역의 외곽을 부드럽게 퍼지게 하는 기능으로 값이 클수록 퍼지는 정도가 강하여 경계부분을 자연스럽게 선택할 수 있습니다.

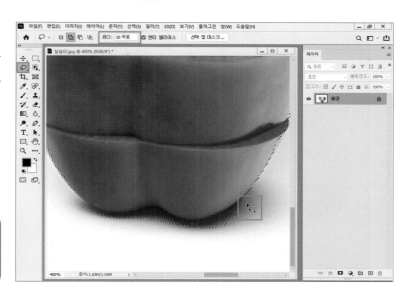

05 반대로 선택 영역을 제외시키고자 할 경우에는 Alt 키를 누른 채 영역을 드래그 하여 제외시켜 주면 됩니다.

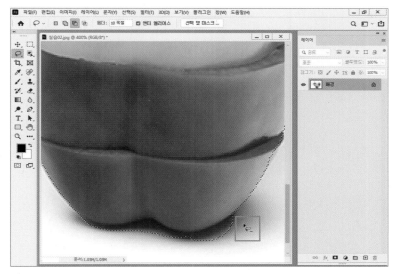

06 이제 도구 패널에서 이동 도구를 선택하고 Alt 키를 누른 채 드래그 하여 이미지를 하나 더 복사합니다.

TIP 만일 선택 도구가 선택된 상태라면 이동 도구 역할을 하기 위해서 Ctrl 키를 누른 채 사용하면 되고, Alt 키는 이미지를 복사하기 위한 단축키입니다.

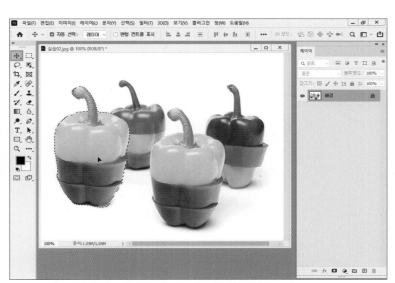

07 그런 다음 [편집]-[자유 변형] 메뉴를 선택하여 변형 컨트롤 모서리 부분을 드래그 하여 크기를 축소시켜 준 뒤 Enter 키를 누릅니다.

TIP

기존에는 이미지 크기를 조절할 때 Shift 키를 누른 채 드래그하여야 가로, 세로 비율이 유지된 채로 조절되었지만 최신 버전은 Shift 키를 누르지 않아도 비례적으로 크기가 조절되고 또한 Enter 키 대신 변형 컨트롤 바깥 부분을 클릭하여도 됩니다.

memo

Power Upgrade

자석 올가미 도구 옵션 패널

① 선택모드

ⓐ 새 선택 영역 : 일반적인 선택 방법으로 드래그 하여 새로운 영역을 선택합니다.

ⓑ 선택 영역에 추가 : 기존에 선택된 영역에 새로운 선택 영역을 추가합니다.

ⓒ 선택 영역에서 빼기 : 기존에 선택된 영역에서 새로운 선택 영역을 제거합니다.

ⓓ 선택 영역과 교차 : 기존 선택 영역에서 새로운 선택 영역과의 공통된 부분만을 선택합니다.

② 페더 : 선택 영역의 경계선에 부드럽게 퍼지는 효과를 적용하는 기능으로 수치 값이 커질수록 경계 부분의 퍼짐 효과가 많아집니다.

③ 앤티 앨리어스 : 선택 영역의 경계선을 부드럽게 처리해주는 기능으로 특히 사선이나 곡선 주위의 계단 현상을 부드럽게 해줍니다.

④ 폭 : 경계선의 색상을 추출하는 옵션으로 256픽셀까지 지정할 수 있습니다. 수치 값이 적을수록 색상 차를 분명히 찾아낼 수 있어 이미지의 경계선을 섬세하게 추출해 낼 수 있습니다.

⑤ 대비 : 선택하고자 하는 이미지 경계선의 대비 정도를 지정하는 옵션입니다. 수치 값이 높을수록 색상 경계가 부드럽게 선택되며 낮을수록 대비가 작은 경계선까지 포함하므로 좀 더 자세히 선택할 수 있습니다.

⑥ 빈도 수 : 기준점의 생성 개수를 조절할 수 있는 옵션으로 기준점이 많이 표시될수록 정교하게 선택할 수 있습니다.

▲ 값이 57일 경우　　　　　　　▲ 값이 80일 경우

⑦ 타블렛 압력을 사용하여 펜 폭을 변경할 수 있습니다.

타블렛 사용자가 이용할 수 있는 옵션으로 체크를 하게 되면 펜 압력에 따라 선택 영역을 지정할 수 있는 기능입니다.

⑧ 선택 및 마스크 : 선택 영역의 테두리에 있는 픽셀들을 어떻게 처리할 것인지를 선택하는 기능입니다.

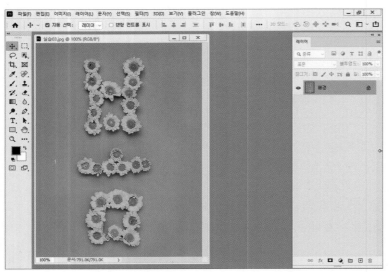

01 [파일]-[열기] 메뉴를 선택하여 '섹션 02〉샘플〉실습03.jpg' 파일을 불러옵니다.

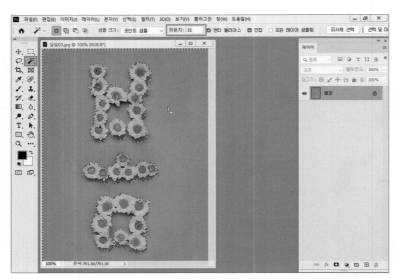

02 도구 패널에서 자동 선택 도구를 선택하고 옵션 패널에서 허용치 값을 설정하고 파란색 배경 부분을 클릭하여 선택합니다.

강의 노트 자동 선택 도구는 비슷한 색상을 한 번에 선택할 수 있는 편리한 기능으로 단일 색상의 이미지를 선택할 때 가장 빠르고 효과적으로 선택할 수 있습니다.

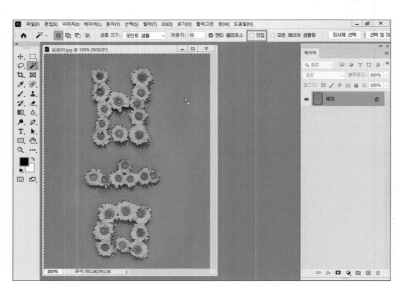

03 Ctrl + D 를 눌러 선택을 해제하고, 이번에는 옵션 패널에서 인접 항목을 클릭하여 체크를 해제한 후 배경 부분을 클릭해 봅니다.

TIP 인접 옵션은 클릭한 지점에 해당하는 이미지와 동일 색상만을 선택하고, 체크를 해제할 경우에는 이미지 전체에서 클릭한 지점과 동일한 색상을 모두 선택할 수 있습니다.

04 Ctrl + D 를 눌러 선택을 해제하고, 이번에는 도구 패널에서 빠른 선택 도구를 선택하고, 옵션 패널에서 브러쉬의 크기를 설정합니다.

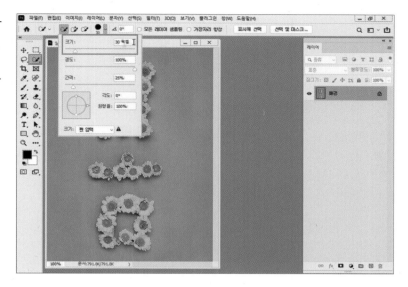

05 그런 다음 파란 색 배경에 마우스를 드래그 하여 선택 영역을 잡아줍니다.

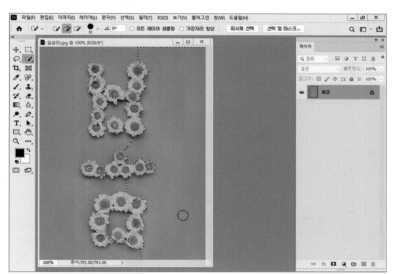

06 옵션 패널에서 '선택영역에 추가'나 '선택 영역에서 빼기' 등 옵션을 이용하여 선택 영역을 더하거나 제외시켜 주며 선택할 수 있습니다.

Tip

Shift 키를 누른 채 드래그 하여 선택 영역을 추가하거나 Alt 키를 누른 채 드래그 하여 선택 영역을 제외시켜주는 방법으로 단축키를 사용하면 작업이 훨씬 용이합니다.

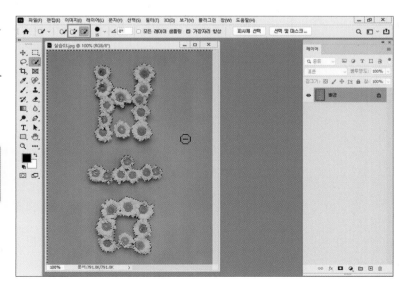

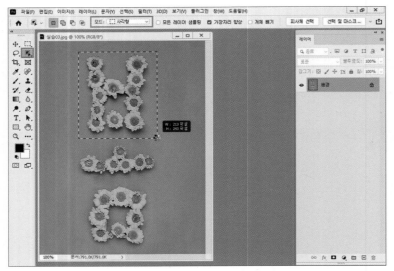

07 도구 패널에서 개체 선택 도구를 선택하고 옵션 패널에서 모드를 사각형으로 지정합니다. 또한 가장자리 향상 옵션을 선택한 후 이미지 상단 부분을 드래그합니다.

강의 노트 개체 선택 도구는 이미지에서 인물, 자동차, 가구, 애완동물, 옷 등의 단일 이미지 또는 전체 이미지에서 일부분을 선택하고자 할 때 빠르게 선택할 수 있는 도구입니다.

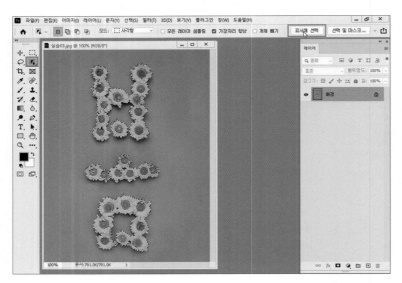

08 Ctrl + D 를 눌러 선택 영역을 해제하고, 이번에는 개체 선택 도구가 선택된 상태에서 옵션 패널의 '피사체 선택' 버튼을 클릭해 봅니다.

강의 노트 개체 선택 도구는 이미지에서 일부분을 드래그하여 선택할 때 유용하고, 반면에 '피사체 선택' 항목을 체크하면 이미지 전체의 피사체를 선택하는 옵션입니다.

Power Upgrade

자동 선택 도구 옵션 패널

❶ **샘플 크기** : 클릭하는 지점의 가로, 세로 픽셀 면적을 색상의 평균값으로 비슷한 색상 영역을 선택합니다.

❷ **허용치** : 선택 영역의 범위를 지정하는 옵션으로 255까지 입력할 수 있습니다. 수치 값이 클수록 선택되는 영역이 넓어집니다.

▲ 값이 32일 경우

▲ 값이 60일 경우

❸ **인접** : 클릭한 지점에 해당하는 이미지만 동일 색상을 선택합니다. 체크를 해제할 경우에는 이미지 전체에서 클릭한 지점과 동일한 색상을 모두 선택할 수 있습니다.

▲ 체크하였을 경우

▲ 체크하지 않았을 경우

❹ **모든 레이어 샘플링** : 레이어 구분과 관계없이 자동 선택 도구로 클릭한 지점과 동일한 색상을 선택합니다.

빠른 선택 도구 옵션 패널

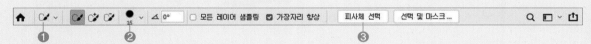

❶ **선택 모드** : 선택 영역을 추가하거나 제외시켜가며 선택 영역을 편집할 수 있습니다.

❷ **브러쉬 옵션** : 브러쉬의 크기를 조절하여 마우스를 드래그 하며 선택 영역을 만들어 줍니다.

❸ **피사체 선택** : 이 기능을 사용하면 한 번의 클릭으로 이미지에서 가장 두드러진 피사체를 선택할 수 있습니다. 고급 기계 학습 기술로 구동되는 피사체 선택은 이미지에서 사람, 애완동물, 차량, 장난감 등과 같은 다양한 개체를 식별할 수 있습니다.

개체 선택 도구 옵션 패널

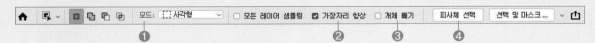

❶ **모드** : 올가미 모드는 선택하고자 하는 이미지 외곽을 따라 자유롭게 마우스를 드래그하여 선택하고, 사각형 모드는 사각형 영역으로 선택합니다.

❷ **가장자리 향상** : 선택 영역이 이미지 가장자리를 향해 자동으로 흐르게 되며 선택 및 마스크 작업 영역에서 수동으로 적용할 수 있는 가장자리 다듬기의 일부가 적용됩니다.

❸ **개체 빼기** : 이 항목을 체크하면 현재 선택 영역 내에서 배경 영역을 제거할 때 유용합니다.

❹ **피사체 선택** : 피사체 선택 명령을 사용하면 한 번의 클릭으로 이미지에서 가장 두드러진 피사체를 선택할 수 있습니다.

01 [파일]-[열기] 메뉴를 선택하여 '섹션 02〉샘플〉실습04.jpg' 파일을 불러온 후 도구 패널에서 브러쉬 도구를 선택합니다.

강의 노트 브러쉬 도구는 사용자가 임의로 여러 가지 형태의 다양한 브러쉬를 지정하거나 만들어 그림을 그릴 수 있으며, 원하는 영역에 채색을 할 수 있습니다.

02 옵션 패널에서 드롭다운 메뉴를 클릭하여 브러쉬의 종류와 크기를 조절하고, 불투명도 값을 조절합니다. 또한 전경색을 클릭하여 원하는 색상으로 지정합니다.

03 그런 다음 볼 위에 마우스를 드래그 하여 채색합니다. 반복적으로 불투명도와 브러쉬의 크기를 조절하여 터치해 주면서 채색합니다.

04 나머지 부분 또한 위와 동일한 방법으로 브러쉬 크기와 옵션을 조절하면서 자연스럽게 이미지를 채색합니다.

TIP

브러쉬 작업 도중 브러쉬의 크기를 조절하기 위해서 일일이 옵션 패널의 드롭다운 메뉴를 클릭하고 크기를 변경한다면 작업의 효율성이 떨어집니다. 이때는 단축키를 활용하면 되는데 키보드의 `]` 키를 누르면 브러쉬의 크기가 확대되고, `[` 키를 누르면 크기가 작아집니다.

05 이번에는 레이어 패널 하단의 '새 레이어를 만듭니다.' 아이콘을 클릭하여 투명 레이어를 하나 추가한 후 브러쉬 옵션 패널에서 드롭다운 메뉴를 클릭하여 특수 효과 브러쉬 중 스패터 브러쉬를 선택합니다.

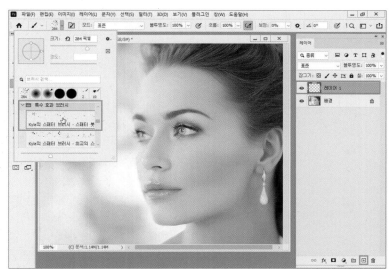

06 그리고 전경색을 흰색으로 지정한 후 배경에 반복적으로 클릭하여 뿌려줍니다. 명령 실행 후 취소하고자 할 경우에는 `Ctrl` + `Z` 를 눌러 취소하고 다시 채색하면 됩니다.

TIP

기존에 명령을 취소하고자 할 때 사용하였던 `Ctrl` + `Alt` + `Z` 가 최신 버전에서는 `Ctrl` + `Z` 만을 눌러도 여러 단계 실행 취소가 가능해졌습니다.

07 마지막으로 레이어 패널에서 불투명도를 조절하여 자연스럽게 표현합니다.

Power Upgrade

브러쉬 도구 옵션 패널

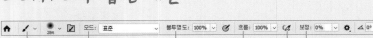

① ② ③ ④ ⑤ ⑥ ⑦

① **브러쉬 사전 설정 피커** : 사용하는 브러쉬의 크기와 모양을 지정합니다.

ⓐ **크기** : 브러쉬의 크기를 조절합니다.

ⓑ **경도** : 브러쉬 경계부분의 부드럽고 거친 정도를 조절합니다.

② **모드** : 브러쉬 적용 시 혼합 모드를 적용할 수 있습니다.

③ **불투명도** : 브러쉬 적용 시 불투명도를 조절할 수 있습니다.

④ **흐름** : 브러쉬 크기와 압력이 적용되는 경계선의 불투명도를 나타내는 옵션으로 수치가 높을수록 완벽한 선으로 이어집니다.

⑤ **에어브러쉬 스타일 강화 효과 사용 가능** : 영역에서 마우스 포인터를 움직일 때 마우스 단추를 누른 상태에서 페인트가 구성됩니다. 브러쉬 경도, 불투명도 및 플로우 옵션은 페인트 적용 속도와 양을 제어합니다.

⑥ **보정** : 브러쉬 획을 지능적으로 보정하는 옵션으로 값이 클수록 획에 지능적 보정 양이 늘어납니다. 획 보정 모드를 조절하려면 설정 아이콘에서 선택하여 다양한 옵션으로 사용 가능합니다.

⑦ **대칭 그리기 옵션 설정** : 새롭게 추가된 옵션으로 페인트 브러쉬, 혼합 브러쉬, 연필 및 지우개 도구를 사용하는 동안 여러 방향으로 대칭적으로 페인트 할 수 있습니다.

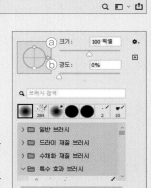

01 [파일]-[열기] 메뉴를 선택하여 '섹션 02〉샘플〉실습05.jpg' 파일을 불러옵니다. 고글에 색상을 채워 넣기 위해서 도구 패널에서 자석 올가미 도구를 선택하고 빈도수를 설정합니다.

02 돋보기 도구를 사용하여 선택하고자 하는 부분을 크게 확대한 후 이미지 외곽을 따라 마우스를 움직여 선택합니다.

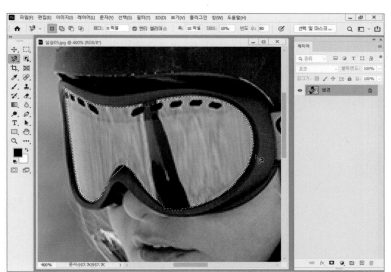

03 좀 더 정확하게 선택하고자 할 경우에는 올가미 도구를 선택하고 Shift 키를 눌러 선택 영역을 추가하거나 Alt 키를 눌러 선택 영역을 제외시켜 수정합니다.

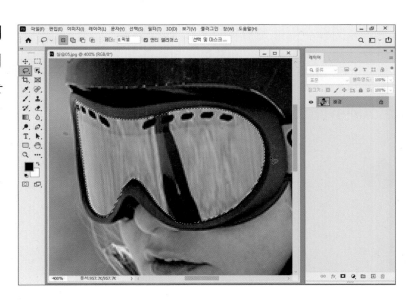

레이어 패널에서 '새 레이어를 만듭니다.' 버튼을 클릭하여 투명 레이어를 추가하고, 도구 패널에서 그레이디언트 도구를 선택합니다. 그런 다음 옵션 패널에서 그레이디언트 편집기를 불러옵니다.

강의 노트 그레이디언트 도구는 두 가지 이상의 색상과 색상 사이에 변해가는 색상을 뚜렷한 경계 없이 부드럽게 채워주어 여러 가지 색상으로 이미지에 채색할 수 있는 기능입니다.

 사전 설정 항목에서 기본사항 항목을 클릭하고 '전경색에서 배경색으로' 색상을 클릭한 후 하단의 색상 바에서 색상 정지점 버튼을 더블클릭하여 원하는 색상을 지정합니다.

강의 노트 그레이디언트 색상을 여러 가지 색으로 만들어 사용하고자 하는 경우에는 슬라이드를 더블클릭하여 색상을 지정하고 슬라이드를 추가 또는 삭제하여 원하는 색상을 만들어 사용할 수 있습니다.

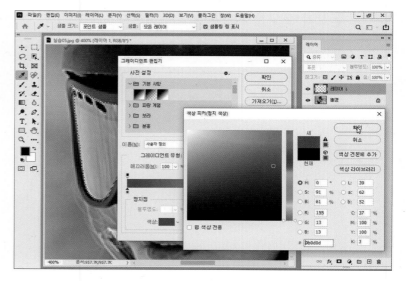

 위와 동일한 방법으로 오른쪽 색상 또한 더블클릭하여 색상을 지정한 후 확인 버튼을 누릅니다. 그리고 옵션 패널에서 '선형 그레이디언트'를 선택하고 마우스를 드래그하여 색상을 채워 넣습니다.

강의 노트 그레이디언트 색상을 적용할 때 마우스로 클릭한 시작점이 색상 슬라이더 왼쪽의 색상이 되고, 끝점이 색상 슬라이더 오른쪽 색상이 연결되어 적용됩니다. 드래그 한 거리와 각도에 따라 다양한 형태로 적용되므로 반복 적용해 보아야합니다.

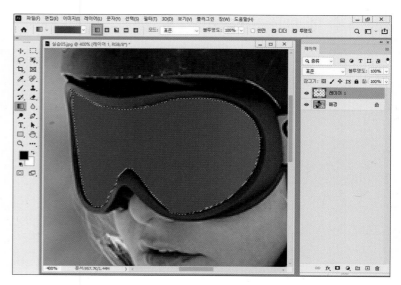

Ctrl + D 를 눌러 선택 영역을 해제하고, 레이어 패널 상단의 혼합 모드에서 '오버레이'를 지정하여 자연스럽게 색상을 표현합니다.

강의 노트 혼합 모드는 선택된 레이어와 하단 레이어와의 색상 합성으로 다양한 모드를 적용하여 색상을 표현할 수 있습니다.

memo

Power Upgrade

그레이디언트 도구 옵션 패널

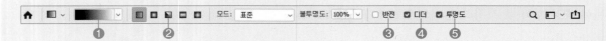

❶ **클릭하여 그레이디언트 편집** : 미리보기 창을 클릭하게 되면 그레이디언트 편집창이 나타납니다.

ⓐ **사전 설정** : 포토샵에서 제공하는 그레이디언트 색상모음으로 선택할 수 있으며, 원하는 그레이디언트를 선택하여 수정할 수도 있습니다.

ⓑ **이름** : 현재 선택된 그레이디언트의 이름을 나타내는 부분으로 직접 입력하여 변경할 수도 있습니다.

ⓒ **그레이디언트 유형** : 그레이디언트의 색상 단계를 표현하는 방식으로 단색으로 표현하는 단색과 라인 효과를 적용 한 듯한 색상을 표현하는 노이즈 방식이 있습니다.

ⓓ **매끄러움** : 그레이디언트가 변화하는 부드러운 정도를 조절합니다. 수치가 높을수록 부드럽게 표현됩니다.

ⓔ **색상 슬라이더** : 현재 선택된 그레이디언트의 색상정보를 보여줍니다.

ⓕ **불투명도 정지점** : 색상 슬라이더 바 상단의 버튼으로 그레이디언트에 적용하는 색상의 불투명도를 조절합니다.

ⓖ **색상 정지점** : 색상 슬라이더 바 하단의 버튼으로 그레이디언트에 적용하는 색상을 지정합니다.

ⓗ **정지점** : 불투명도 및 색상 등을 조절합니다.

❷ **그레이디언트** : 그레이디언트가 적용되는 모양을 지정합니다.

▲ 선형 그레이디언트　　▲ 방사형 그레이디언트　　▲ 각진 그레이디언트　　▲ 반사 그레이디언트　　▲ 다이아몬드 그레이디언트

❸ **반전** : 이 항목을 체크하게 되면 그레이디언트의 시작점과 끝점의 색상을 반대로 나타냅니다.

❹ **디더** : 색상이 이어지는 부분의 그레이디언트 색상을 부드럽게 처리합니다.

❺ **투명도** : 투명 그레이디언트를 적용할 수 있습니다. 투명 그레이디언트를 사용할 경우에는 반드시 체크해주어야 합니다.

01 [파일]-[열기] 메뉴를 선택하여 '섹션 03〉샘플〉실습06-01.jpg 파일을 불러 옵니다.

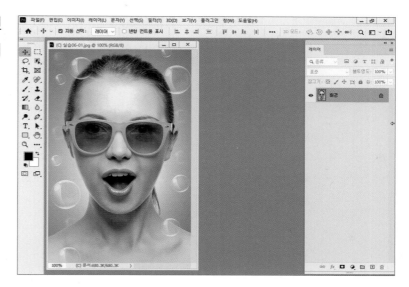

02 도구 패널에서 프레임 도구를 선택하 고 옵션 패널에서 원형 프레임을 선택 합니다. 그런 다음 이미지에 드래그 하여 프레 임을 그려줍니다.

 강의 노트 새롭게 추가된 프레임 도구는 이미지를 쉽게 마스킹할 수 있습니 다. 또한 모양이나 텍스트를 자리 표시자로 사용할 수 있는 프레 임으로 변환하고 이미지를 채울 수도 있습니다.

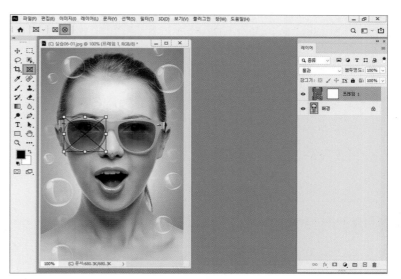

03 프레임을 선택하고 [파일]-[연결 가져 오기] 메뉴를 실행하여 '섹션 03〉샘플〉 실습06-02.jpg 이미지를 선택하면 프레임 영 역 안에만 이미지가 보입니다.

Tip
[파일] 메뉴의 연결 가져오기 또는 포함 가져오기 기능을 사용하여 이미지를 불러올 수도 있지만 라이브러리 패널에 저장된 이미지를 끌어올 수도 있습니다.

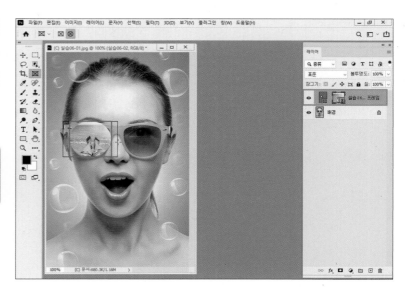

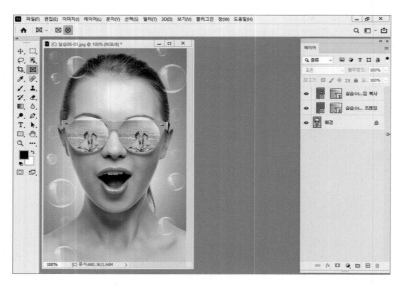

04 레이어 패널에서 프레임 축소판을 선택하거나 내용 축소판을 선택하여 각각 크기를 조절하거나 [Alt] 키를 누른 채 드래그 하여 반대편에도 복사합니다.

Power Upgrade

프레임 도구 옵션 패널

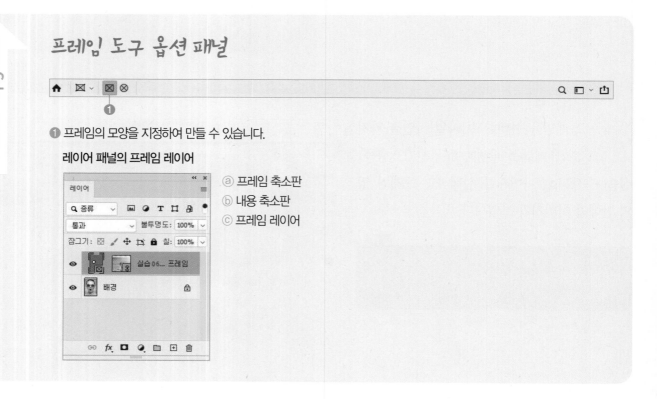

❶ 프레임의 모양을 지정하여 만들 수 있습니다.

레이어 패널의 프레임 레이어

ⓐ 프레임 축소판
ⓑ 내용 축소판
ⓒ 프레임 레이어

memo

1

선택 도구와 레이어를 사용하여 두 개의 이미지를 하나로 합성시켜 보세요.

▲ 준비파일 : 섹션 02〉샘플〉기초01-01.jpg, 기초01-02.jpg   ▲ 완성파일 : 섹션 02〉완성〉기초01.psd

힌트 • 이동 도구를 이용하여 도시 이미지 이동, [편집] – [자유 변형] 기능을 사용하여 크기 축소, 다각형 올가미 도구로 창문 부분 선택 후 [선택] – [반전] 실행으로 선택 영역 반전 후 Delete 키로 삭제

2

자르기 도구를 사용하여 이미지의 배경을 정리해 보세요.

▲ 준비파일 : 섹션 02〉샘플〉기초02.jpg

▲ 완성파일 : 섹션 02〉완성〉기초02.psd

3

주어진 이미지의 배경을 그레이디언트 색상으로 채색해 보세요.

▲ 준비파일 : 섹션 02〉샘플〉기초03.jpg   ▲ 완성파일 : 섹션 02〉완성〉기초03.psd

힌트 • 자동 선택 도구를 사용하여 배경 선택 후 방사형 그레이디언트 적용

1) 브러쉬 도구를 사용하여 이미지의 일부분을 강조시켜 보세요.

▲ 준비파일 : 섹션 02>샘플>심화01.jpg

▲ 완성파일 : 섹션 02>완성>심화01.psd

힌트 • 자르기 도구를 사용하여 배경 정리, 레이어 패널에서 투명 레이어 삽입 후 브러쉬 도구로 채색, 혼합 모드 적용

2) 준비된 두 이미지를 불러온 후 하나로 합성해 보세요.

▲ 준비파일 : 섹션 02>샘플>심화02-01.jpg, 심화02-02.jpg

▲ 완성파일 : 섹션 02>완성>심화02.psd

힌트 • 이동 도구로 이미지 이동, 자석 올가미 도구로 사람 선택 후 [선택] – [반전] 기능으로 선택 영역 반전 후 삭제, 레이어 패널에서 불투명도 조절, 다시 사람 영역 선택 후 투명 레이어 추가하고 그레이디언트 적용과 혼합 모드 적용

3) 다양한 기능을 이용하여 완성 파일처럼 작업해 보세요.

▲ 준비파일 : 섹션 02>샘플>심화03.jpg   ▲ 완성파일 : 섹션 02>완성>심화03.psd

힌트 • 투명 레이어 추가 후 사각형 선택 윤곽 도구로 선택, [선택] – [반전] 실행으로 선택 영역 반전 후 브러쉬 도구로 가장자리 채색, 단일 열 선택 윤곽 도구와 단일 행 선택 윤곽 도구를 사용하여 가로와 세로 선택 후 채색, 지우개 도구로 양쪽 끝 자연스럽게 표현, 브러쉬 도구를 사용하여 두꺼운 선 표현 후 불투명도 조절

03 이미지 리터칭 기술 익히기

포토샵 이미지의 복제와 복원 기능의 강력함은 포토샵이 사랑받는 가장 큰 이유라고 할 수 있습니다. 색상을 변경하고, 이미지를 편집하는 도구 기능들과는 달리 원본 이미지의 질감을 그대로 살려가며 이미지를 복제, 복원하는 강력한 기능을 제공합니다.

P·r·e·v·i·e·w

〈학습내용〉

따라하기 01. 복제 도장 도구를 사용한 이미지 복제하기

따라하기 02. 복구 브러쉬 도구 사용하기

따라하기 03. 내용 인식 이동 도구를 사용한 이미지 이동하기

따라하기 04. 효과 도구들을 사용한 이미지 보정하기

▲ 완성파일 : 섹션 03〉완성〉실습01.psd

▲ 완성파일 : 섹션 03〉완성〉실습02.psd

▲ 완성파일 : 섹션 03〉완성〉실습03.psd

▲ 완성파일 : 섹션 03〉완성〉실습04.jpg

 체크포인트

– 복제 도장 도구를 사용하여 이미지를 복제합니다.

– 복구 브러쉬 도구로 이미지를 깨끗하게 보정합니다.

– 내용 인식 이동 도구를 사용하여 이미지를 복제 및 이동합니다.

– 여러 가지 효과 도구들을 사용하여 이미지를 보정해 봅니다.

[파일]-[열기] 메뉴를 선택하여 '섹션 03〉샘플〉실습01.jpg' 파일을 불러옵니다. 도구 패널에서 복제 도장 도구를 선택하고 옵션 패널에서 브러쉬의 종류와 크기를 조절합니다.

강의 노트 복제 도장 도구는 이미지의 특정 부분을 다른 이미지의 부분 또는 전체에 복제하는 도구로 Alt 키를 누른 상태에서 클릭하여 복제 기준점을 설정하고 원하는 위치에 드래그하면 기준점의 이미지가 복제됩니다.

02 Alt 키를 누른 상태로 꽃 부분을 클릭합니다. 그러면 마우스 포인터의 형태가 십자 형태로 변경되면서 복제될 소스영역이 설정됩니다.

03 이미지 배경에 마우스를 드래그하면 꽃 이미지가 복제되는 것을 볼 수 있습니다. 위와 동일한 방법으로 여러 번 반복하여 이미지를 복제해 봅니다.

Power Upgrade

복제 도장 도구 옵션 패널

❶ **브러쉬** : 사용하는 브러쉬의 크기와 모양을 지정합니다.

❷ **모드** : 도장 툴 적용 시 혼합 모드를 적용할 수 있습니다.

❸ **불투명도** : 도장 도구 적용 시 불투명도를 조절할 수 있습니다.

❹ **흐름** : 브러쉬 크기와 압력이 적용되는 경계선의 불투명도를 나타내는 옵션으로 수치가 높을수록 완벽한 선으로 이어진 효과를 적용할 수 있습니다.

❺ **에어브러쉬 스타일 강화 효과 사용 가능** : 이 항목을 체크하면 에어브러쉬가 활성화됩니다. 에어브러쉬는 마우스 왼쪽 버튼을 누르고 있는 정도에 따라 채색의 양이 결정됩니다. 즉, 계속 누르고 있으면 덧칠이 됩니다.

❻ **샘플** : 이 항목을 체크하였을 경우에는 입력된 부분부터 복제되는 위치까지 거리를 기억하여 마우스의 이동에 따라 변하게 되며, 체크하지 않았을 경우에는 초기 입력 위치만을 기억하여 다시 입력할 때 초기입력 부분이 복제됩니다.

ⓐ 현재 레이어 : 현재 작업 레이어에서 이미지를 복제합니다.

ⓑ 현재 이하 : 작업 레이어와 밑에 있는 레이어에서 이미지를 복제합니다.

ⓒ 모든 레이어 : 전체 레이어에서 이미지를 복제합니다.

❼ 보정 레이어로 적용된 색상 보정 명령을 포함해서 복원시킬 것인지, 원본 상태 그대로 소스로 활용할 것인지를 설정합니다.

❽ 타블렛 사용 시 펜의 강도에 따라 복원 영역을 지정할 수 있습니다.

복구 브러쉬 도구 사용하기

01 [파일]-[열기] 메뉴를 선택하여 '섹션 03〉샘플〉실습02.jpg' 파일을 불러옵니다. 먼저 돋보기 도구로 얼굴 부분을 확대합니다.

> **TIP**
> 화면을 확대할 때는 돋보기 도구를 사용하는 것보다는 단축키를 이용하면 더욱 효과적입니다. `Ctrl` + `+` 키를 누르면 화면이 확대되고, `Ctrl` + `-` 키를 누르면 화면이 축소됩니다.

02 도구 패널에서 복구 브러쉬 도구를 선택하고 옵션 패널에서 브러쉬 드롭다운 메뉴를 클릭하여 브러쉬의 종류와 크기, 경도 등을 조절합니다.

> **강의노트** 복구 브러쉬 도구는 이미지를 다른 이미지로 복제할 때 그림자, 빛, 텍스추어 등의 속성을 그대로 보존하면서 먼지, 흠, 주름과 같은 것들을 효율적으로 제거합니다.

03 주근깨 부분을 제거하기 위해 `Alt` 키를 누른 상태에서 주근깨가 없는 부분을 클릭합니다. 이때 클릭한 부분은 복원시키는 소스 이미지로 설정되는 것입니다.

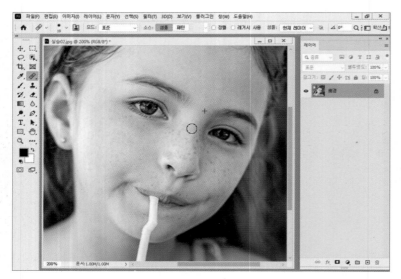

04 없애고자 하는 부분에 드래그하면 주근깨가 있던 부분과 그렇지 않은 부분의 색상이 혼합되면서 자연스럽게 주근깨가 제거됩니다.

05 키보드의 Space Bar 를 눌러 화면을 이동해가면서 위와 동일한 방법으로 브러쉬의 크기를 조절해 가면서 세밀하게 작업하여 완성합니다.

Tip

작업 도중 화면을 빠르게 이동하려면 키보드의 Space Bar 를 누른 채 마우스를 이미지에 클릭 드래그 하면 됩니다.

Power Upgrade

복구 브러쉬 도구 옵션 패널

❶ ❷ ❸ ❹ ❺ ❻ ❼

❶ **브러쉬** : 사용할 브러쉬의 크기와 모양을 결정합니다.

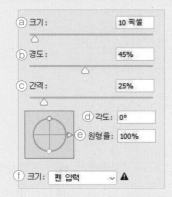

ⓐ **크기** : 브러쉬의 크기를 조절합니다.

ⓑ **경도** : 브러쉬의 부드럽고 거친 정도를 조절합니다.

ⓒ **간격** : 선택된 브러쉬의 기본 단위인 원들이 연결되는 간격을 조절합니다. 수키가 클수록 원과 원 사이의 간격이 멀어집니다.

ⓓ **각도** : 브러쉬 형태의 각도를 조절합니다.

ⓔ **원형율** : 브러쉬의 완만한 곡면도를 조절합니다.

ⓕ **크기** : 타블렛을 사용할 경우 압력 감지 부분에 대한 옵션입니다.

❷ **모드** : 브러쉬 적용 시에 다양한 블렌딩 모드를 적용할 수 있습니다.

❸ **소스**

ⓐ **샘플** : 마우스로 지정한 지점의 이미지를 샘플로 추출하여 이미지를 리터칭 합니다.

ⓑ **패턴** : 패턴으로 등록된 이미지 샘플을 선택하여 리터칭 합니다.

❹ **샘플** : 복사 대상이 이미지 샘플인 경우 기준점과 처음 클릭하여 드래그 한 간격을 유지하면서 대상을 복사하게 됩니다.

❺ 보정 레이어로 적용된 색상 보정 명령을 포함해서 복원시킬 것인지, 원본 상태 그대로 소스로 활용할 것인지를 설정합니다.

❻ 타블렛 사용 시 펜의 강도에 따라 복원 영역을 지정할 수 있습니다.

❼ **확산** : 붙여넣은 영역이 둘러싸는 이미지에 적용되는 방식을 제어하는 기능으로 낮은 슬라이더 값은 그레인 또는 미세 세부 사항이 있는 이미지에 적합한 반면, 높은 값은 매끄러운 이미지에 적합합니다.

따라하기 03 내용 인식 이동 도구를 사용한 이미지 이동하기

01 [파일]-[열기] 메뉴를 선택하여 '섹션 03>샘플>실습03.jpg' 파일을 불러옵니다.

02 도구 패널에서 내용 인식 이동 도구를 선택하고, 옵션 패널에서 모드를 '이동'으로 선택합니다. 그리고 이동시키고자 하는 이미지 부분을 드래그 하여 선택 영역을 설정합니다.

강의노트 내용 인식 이동 도구는 이미지에서 특정 부분의 크기 변화가 일어나지 않도록 보호하면서 선택된 영역만 자연스럽게 이동시킬 수 있는 도구입니다.

TIP 선택된 영역을 수정하고자 할 경우에는 Shift 키를 누른채 드래그 하여 영역을 추가하거나 Alt 키를 누른 채 드래그 하여 선택 영역을 제외시키면 됩니다.

03 선택된 영역을 마우스로 드래그 하여 빈 공간으로 이동시킨 후 Enter 키를 누르면 말 이미지의 위치가 이동되는 것을 볼 수 있습니다.

TIP 옵션 패널의 모드에서 '확장'을 지정하면 선택된 이미지 부분이 복제되고, '이동'을 지정하게 되면 이미지가 이동되는 기능입니다.

04 이미지 이동 후 앞서 학습하였던 복제 도장 도구나 복구 브러쉬 도구 등을 사용하여 주위를 정리합니다.

Power Upgrade

내용 인식 이동 도구 옵션 패널

❶ 모드
ⓐ 이동 : 선택된 영역을 이동시킵니다.
ⓑ 확장 : 선택된 영역을 복사하여 이동시킵니다.

❷ 구조 : 1과 7 사이의 값을 입력하여 패치가 기존 이미지 패턴을 얼마나 밀접하게 반영해야 하는지 지정합니다.

❸ 색상 : 0과 10 사이의 값을 입력하여 색상 혼합 패치에 적용해야 하는 정도를 지정합니다.

❹ 놓을 때 변형 : 이 항목을 체크하면 새 위치로 이동시킨 이미지 부분의 비율을 조정할 수 있습니다. 이미지의 이동된 부분에 대한 크기 조정 핸들을 간단하게 조절하면 됩니다.

01 [파일]-[열기] 메뉴를 선택하여 '섹션 03>샘플>실습04.jpg' 파일을 불러옵니다.

02 먼저 배경의 채도를 낮추기 위해서 도구 패널에서 스폰지 도구를 선택하고 옵션 패널에서 브러쉬의 종류와 크기를 조절합니다. 또한 모드를 '채도 감소'로 지정합니다.

강의노트 스폰지 도구는 이미지의 채도를 조절하여 맑거나(채도 증가) 탁하게(채도 감소) 만듭니다.

03 중앙 꽃 부분을 제외한 배경 부분에 마우스를 반복적으로 문지르듯 드래그하여 채도를 낮춰줍니다.

04 반대로 옵션 패널에서 다시 '채도 증가'를 설정하고 꽃 부분을 터치하여 맑게 표현합니다.

05 계속하여 도구 패널에서 닷지 도구를 선택하고 옵션 패널에서 브러쉬의 크기와 모양을 설정합니다. 그런 다음 전체적으로 조금 밝게 터치해 줍니다.

 닷지 도구는 이미지의 명도를 조절하는 도구로 터치할수록 밝아집니다.

06 마지막으로 흐림 효과 도구를 택하고 옵션 패널에서 브러쉬의 종류와 크기를 조절한 후 배경에 문지르듯 드래그 하여 좀 더 흐릿하게 표현해 줍니다.

 흐림 효과 도구는 이미지를 뿌옇게 하여 흐린 효과를 적용합니다.

흐림 효과 도구 옵션 패널

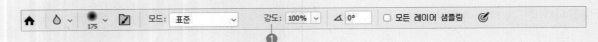

❶ **강도** : 흐림 효과 도구의 문지르는 압력의 세기를 조절합니다. 수치가 클수록 한꺼번에 흐려지는 정도가 많습니다.

선명 효과 도구 옵션 패널

❶ **강도** : 선명 효과 도구의 문지르는 압력의 세기를 조절합니다. 수치가 클수록 한꺼번에 색상의 대비차가 많아집니다.

❷ **세부 사항 보호** : 원본 이미지의 픽셀이 훼손되지 않도록 보호합니다.

손가락 도구 옵션 패널

❶ **손가락 페인팅** : 마우스로 클릭할 때 현재 지정된 전경색을 혼합하여 드래그하게 됩니다.

Power Upgrade

닷지 도구 옵션 패널

❶ **범위** : 효과가 적용되는 범위를 설정합니다. 어두운 영역은 가장 어두운 톤, 중간 영역은 중간 톤, 밝은 영역은 가장 밝은 톤
　　에 적용하게 됩니다.

❷ **노출** : 브러쉬로 문지르는 압력의 세기를 조절합니다. 수치가 클수록 효과가 많이 적용됩니다.

❸ **색조 보호** : 이 항목은 이미지의 밝기를 조절할 때 원본 이미지의 색상을 기준으로 그 색상보다 밝게 보정합니다. 즉, 원본
　　이미지 톤을 보호한 채 색상의 밝기를 조절합니다.

번 도구 옵션 패널

❶ **범위** : 효과가 적용되는 범위를 지정합니다. 어두운 영역은 가장 어두운 톤, 중간 영역은 중간 톤, 밝은 영역은 가장 밝은 톤
　　에 적용하게 됩니다.

❷ **노출** : 브러쉬로 문지르는 압력의 세기를 조절합니다. 수치가 클수록 효과가 많이 적용됩니다.

❸ **색조 보호** : 이미지의 밝기를 조절할 때 원본 이미지의 색상을 기준으로 그 색상보다 어둡게 보정됩니다. 즉, 원본 이미지
　　톤을 보호한 채 색상의 밝기를 조절합니다.

스폰지 도구 옵션 패널

❶ <u>**모드**</u>

　ⓐ **채도 감소** : 이미지의 채도를 낮춥니다.

　ⓑ **채도 증가** : 이미지의 채도를 높입니다.

❷ **흐름** : 브러쉬로 드래그 하여 문지르는 압력의 세기를 조절합니다.

❸ **활기** : 이미지의 채도를 조절할 때 원본 이미지의 색상을 기준으로 맑거나 탁하게 보정합니다. 즉, 원본 이미지 톤을 보호
　　한 채 색상의 채도 값을 조절합니다.

1

준비파일을 불러온 후 복제 도구들을 사용하여 이미지를 복사해 보세요.

▲ 준비파일 : 섹션 03〉샘플〉기초01.jpg

▲ 완성파일 : 섹션 03〉완성〉기초01.psd

힌트 • 내용 인식 이동 도구, 복구 브러쉬 도구

2

준비파일을 불러온 후 복제 도구를 사용하여 이미지를 복제해 보세요.

▲ 준비파일 : 섹션 03〉샘플〉기초02.jpg

▲ 완성파일 : 섹션 03〉완성〉기초02.psd

힌트 • 복제 도장 도구

3

준비파일을 불러온 후 복제 도구를 사용하여 주름을 없애보세요.

▲ 준비파일 : 섹션 03〉샘플〉기초03.jpg

▲ 완성파일 : 섹션 03〉완성〉기초03.psd

힌트 • 복구 브러쉬 도구

① 준비된 파일을 불러온 후 완성파일처럼 이미지를 표현해 보세요.

▲ 준비파일 : 섹션 03〉샘플〉심화01.jpg

▲ 완성파일 : 섹션 03〉완성〉심화01.psd

힌트 • 손가락 도구, 스폰지 도구를 사용한 채도 조절

② 준비파일을 완성파일처럼 채도를 보정시켜 보세요.

▲ 준비파일 : 섹션 03〉샘플〉심화02.jpg

▲ 완성파일 : 섹션 03〉완성〉심화02.psd

힌트 • 자석 올가미 도구와 [선택] – [반전] 기능을 사용한 이미지 선택, 스폰지 도구로 채도 감소

③ 준비된 파일들을 불러온 후 완성파일처럼 이미지를 합성해 보세요.

▲ 준비파일 : 섹션 03〉샘플〉심화03-01.jpg, 심화03-02.jpg

▲ 완성파일 : 섹션 03〉완성〉심화03.psd

힌트 • 복제 도장 도구와 복구 브러쉬 도구를 사용한 바나나 정리, 자석 올가미 도구로 바나나 선택 후 이동, [변형] – [자유 변형] 기능을 이용한 크기 조절 및 회전

04 패스와 도형 활용하기

펜 도구의 가장 큰 장점은 사용자가 직선과 곡선을 자유롭게 사용하여 복잡한 형태의 선택 영역을 쉽게 만들 수 있으며, 작업된 패스는 패스 패널에 저장하여 언제든지 재사용할 수 있다는 것입니다. 펜 도구를 능숙하게 다루기 위해서는 형태 제작을 위한 펜 도구 사용법을 꾸준히 연습해야 합니다. 도형 도구는 다양한 형태의 도형을 만드는데 있어서 매우 편리한 옵션 기능을 제공합니다. 도형은 셰이프 레이어가 생성되므로 언제든지 수정, 편집이 가능하며, 벡터 방식이기 때문에 확대, 축소에도 손상 없이 사용할 수 있습니다.

Preview

〈학습내용〉

따라하기 01. 펜 도구를 사용한 이미지 선택하기　　따라하기 02. 패스를 활용한 선 그리기
따라하기 03. 도형 도구 사용하기　　따라하기 04. 펜과 도형 도구 활용하기

▲ 완성파일 : 섹션 04〉완성〉실습01.psd

▲ 완성파일 : 섹션 04〉완성〉실습02.psd

▲ 완성파일 : 섹션 04〉완성〉실습03.psd

▲ 완성파일 : 섹션 04〉완성〉실습04.psd

체크포인트

- 펜 도구를 사용하여 이미지를 선택해 봅니다.
- 펜 도구를 사용하여 직선과 곡선을 직접 그려봅니다.
- 여러 가지 도형 도구 사용법을 익힙니다.
- 패스와 도형을 활용하여 이미지를 꾸며봅니다.

01 [파일]-[열기] 메뉴를 선택하여 '섹션 04〉샘플〉실습01.jpg' 파일을 불러옵니다. 도구 패널에서 펜 도구를 선택하고 옵션 패널에서 '패스' 항목을 지정합니다. 그리고 [창] 메뉴에서 패스 메뉴를 선택하여 패스 패널을 불러옵니다.

02 돋보기 도구로 화면을 확대하고 마우스를 이미지 외곽에 클릭하여 시작점을 만든 후 다른 지점에 진행하고자 하는 방향으로 마우스를 클릭한 채로 드래그하면 진행 방향으로 방향선이 생기면서 곡선의 패스가 만들어집니다.

03 그런 다음 Alt 키를 누른 채 생성된 기준점을 클릭하면 진행하는 쪽의 방향선이 삭제됩니다.

04 계속하여 위와 동일한 방법으로 이미지 외곽을 따라 패스 작업을 하고, 처음 클릭하였던 시작점과 연결하여 패스를 완성합니다.

TIP
패스 작업이 잘못됐을 경우 직접 선택 도구를 이용하여 패스의 포인트를 선택하거나 핸들을 이동시켜 모양을 수정하면 됩니다.

05 이번에는 손잡이 부분 안쪽의 영역을 제외시키기 위해서 옵션 패널에서 '모양 오버랩 제외' 항목을 선택하고 손잡이 안쪽 부분을 패스 작업합니다.

06 작업된 패스를 저장하기 위해서 패스 패널에서 작업 패스를 더블클릭한 후 이름을 입력하고 확인 버튼을 클릭하면 패널에 저장됩니다.

TIP
패스 작업을 하기 전에 패스 패널에서 '새 패스를 만듭니다.' 버튼을 클릭하여 저장된 패스를 미리 생성한 후에 작업하여도 됩니다.

07 이제 패스 패널 하단의 '패스를 선택 영역으로 불러옵니다.' 버튼을 클릭하여 선택 영역으로 활성화시킵니다.

Tip

패스 패널에 등록된 패스 영역을 선택 영역으로 활성화하기 위해서는 패널 하단의 '패스를 선택 영역으로 불러옵니다.' 버튼으로 드래그 하여 선택 영역을 잡을 수도 있지만, 키보드의 Ctrl 키를 누른 채 패널에서 해당 패스 영역을 클릭하면 좀 더 용이하게 패스 영역을 선택할 수 있습니다.

memo

펜 도구 옵션 패널

패스 작업할 때의 옵션 패널

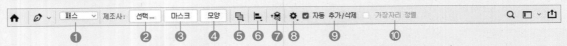

모양 작업할 때의 옵션 패널

❶ 선택 도구 모드

ⓐ **모양** : 패스를 제작할 때 도형으로 만듭니다. 레이어 패널과 패스 패널에 모양 창이 생성됩니다.

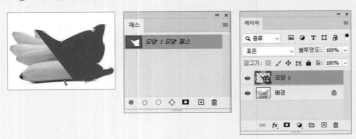

ⓑ **패스** : 패스로 만들어줍니다. 레이어와는 상관없이 패스 패널에 작업 패스 창이 생성됩니다.

ⓒ **픽셀** : 패스, 도형이 아닌 픽셀 이미지로 만들어지면서 전경색이 채워집니다. 펜 도구에서는 지정되지 않고, 도형 도구에서만 지정하여 사용할 수 있습니다.

❷ 선택 : 선택한 패스를 선택 영역으로 설정합니다.

❸ 마스크 : 선택한 레이어에 선택한 패스의 모양으로 벡터 마스크를 만듭니다.

❹ 모양 : 선택한 패스를 모양 레이어로 만듭니다.

❺ 패스 작업 : 선택한 패스들의 모양을 합치거나 빼기, 또는 교차하여 모양을 만듭니다.

❻ 패스 정렬 : 선택한 패스들을 정렬합니다.

❼ 패스 배열 : 선택한 패스들을 정돈합니다.

❽ 추가 펜 및 패스 옵션 설정

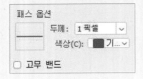

ⓐ **두께** : 패스의 두께를 설정할 수 있습니다.
ⓑ **색상** : 기존의 회색에서 벗어나 다양한 색상으로 패스 색상을 지정할 수 있습니다.
ⓒ **고무 밴드** : 패스를 그리는 동안 마우스 포인터를 가져간 지점에 클릭할 경우 만들어지는 모양이 미리 표시됩니다.

Power Upgrade

⑨ **자동 추가/삭제** : 패스를 제작할 때 자동으로 포인트를 추가하거나 삭제할 수 있습니다.

⑩ **가장자리 정렬** : 이 항목을 체크하면 픽셀 격자에 맞게 벡터 모양의 가장자리를 정렬하고 선명하게 만듭니다.

⑪ **칠/획** : 패스의 면색과 선색을 지정합니다.

ⓐ 투명하게 만듭니다.
ⓑ 면색을 칠합니다.
ⓒ 그레이디언트 색상을 칠합니다.
ⓓ 패턴을 칠합니다.
ⓔ 색상 피커 대화상자가 나타납니다.
ⓕ 최근 사용한 색상 : 최근 사용한 색상 목록입니다.
ⓖ 견본 패널에 등록되어 있는 색상 견본입니다.

⑫ **모양 획 폭 설정** : 선의 두께를 지정합니다.

⑬ **모양 획 유형 설정** : 선의 모양을 지정합니다.

 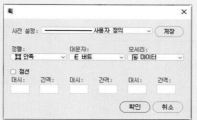

ⓐ 등록된 선 스타일 목록입니다.
ⓑ 정렬, 대문자, 모서리 : 패스를 기준으로 외곽선을 안쪽, 중앙, 바깥쪽의 위치를 설정하는 옵션과 선의 양쪽 끝 모양, 선의
　　모서리 모양을 지정합니다.
ⓒ 사전 설정 : 선 스타일에서 원하는 모양을 선택합니다.
ⓓ 점선 : 점선을 만들 경우 선의 길이와 간격을 조절합니다.

⑭ **W/H** : 만들어진 패스 모양의 가로, 세로 크기를 확인하고 변경할 수 있습니다.

자유 형태 펜 도구, 곡률 도구, 기준점 추가 도구, 기준점 삭제 도구, 기준점 변환 도구

❶ **자유 형태 펜 도구** : 마우스로 자유롭게 드래그 하여 패스를 만드는 도구입니다.
❷ **곡률 펜 도구** : 곡선 제작 시 미리 보기 하며 패스를 만들 수 있는 도구입니다.
❸ **기준점 추가 도구** : 만들어진 패스에 앵커 포인트를 추가합니다.
❹ **기준점 삭제 도구** : 만들어진 패스에 앵커 포인트를 삭제합니다.
❺ **기준점 변환 도구** : 핸들을 삭제시키거나 생성시켜 앵커 포인트의 속성을 바꾸면서 형태를
　　변형합니다.

패스 선택 도구, 직접 선택 도구

❶ **패스 선택 도구** : 패스를 전체 선택합니다.
❷ **직접 선택 도구** : 패스의 포인트를 선택하거나 핸들을 이동시켜 모양을 변형시킬 수 있습니다.

01 [파일]-[열기] 메뉴를 선택하여 '섹션 04〉샘플〉실습02.jpg' 파일을 불러옵니다. 패스 패널을 불러온 후 도구 패널에서 펜 도구를 선택하고 옵션 패널에서 '패스' 항목을 지정합니다.

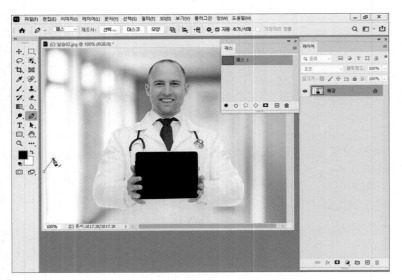

02 패스 패널 하단의 '새 패스를 만듭니다.' 버튼을 클릭하여 새로운 패스를 생성한 후 이미지에 마우스를 클릭하여 시작점을 만듭니다. 그런 다음 다른 지점에 마우스를 클릭하면 직선이 그려집니다.

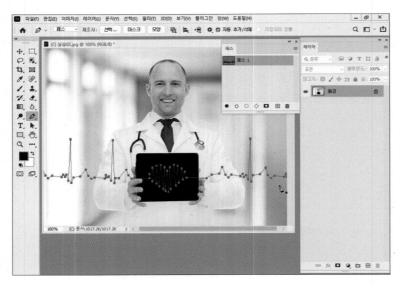

03 계속하여 위와 동일한 방법으로 마우스를 클릭해 가며 하트 모양과 직선을 연결하여 그려줍니다.

04 작업 후 모양을 수정하고자 할 경우 직접 선택 도구를 사용하여 기준점을 이동시켜 원하는 모양으로 수정합니다.

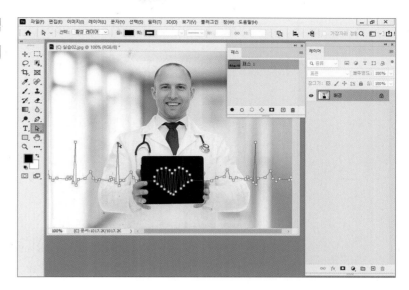

05 이제 패스에 선색을 적용하기 위해서 도구 패널에서 브러쉬 도구를 선택하고 옵션 패널에서 브러쉬의 모양과 크기를 조절합니다.

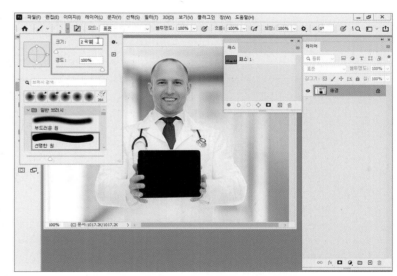

06 또한 전경색을 원하는 색으로 지정하고, 레이어 패널에서 '새 레이어를 만듭니다.' 버튼을 클릭하여 새로운 투명 레이어를 추가합니다.

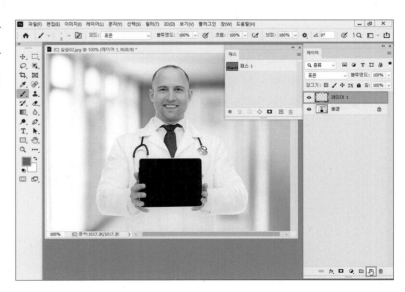

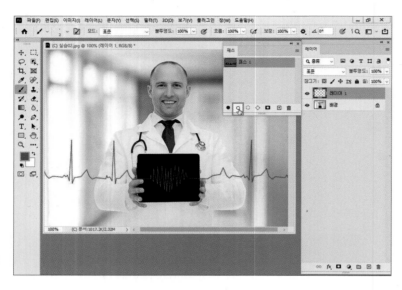

07 그런 다음 앞서 작업한 패스를 선택하고 패스 패널 하단의 '브러쉬로 획 패스를 만듭니다.' 버튼을 클릭하여 선색을 적용합니다.

패스 패널

❶ **전경색으로 패스를 칠합니다.** : 전경색을 패스 영역에 면색으로 채워줍니다.

❷ **브러쉬로 획 패스를 만듭니다.** : 전경색을 패스 영역에 선색으로 적용합니다.

❸ **패스를 선택 영역으로 불러옵니다.** : 작업한 패스를 선택 영역으로 활성화시킵니다.

❹ **선택 영역으로부터 작업 패스를 만듭니다.** : 선택 영역을 패스로 만들어줍니다.

❺ **레이어 마스크를 추가합니다.** : 선택 영역에 레이어 마스크를 적용합니다.

❻ **새 패스를 만듭니다.** : 작업할 새로운 패스를 만듭니다.

❼ **현재 패스를 삭제합니다.** : 선택된 패스를 삭제합니다.

01 [파일]-[열기] 메뉴를 선택하여 '섹션 04〉샘플〉실습03.jpg' 파일을 불러옵니다.

02 도구 패널에서 전경색을 지정하고 타원 도구를 선택합니다. 그리고 옵션 패널에서 선택 도구 모드를 '모양' 항목으로 지정합니다.

> **강의노트** 타원 도구는 정원이나 타원 모양을 그릴 수 있는 도형 도구입니다.

03 Shift 키를 누른 채 이미지에 마우스를 드래그 하여 정원 모양으로 원을 그려줍니다. 그러면 패스 패널에 패스가 생성되고, 레이어 패널에는 레이어가 생성된 것을 볼 수 있습니다.

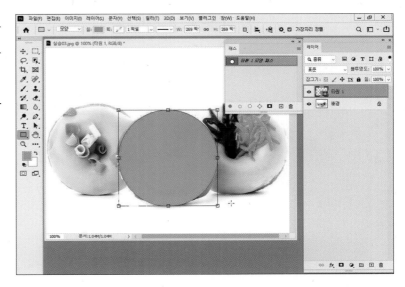

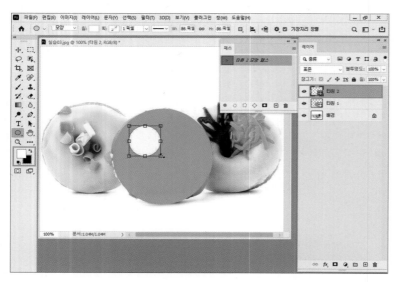

04 다시 전경색을 흰색으로 지정하고, 타
원 도구를 사용하여 Shift 키를 누른
채 원 안쪽에 드래그 하여 정원을 그려줍니다.
역시 레이어가 따로 생성됩니다.

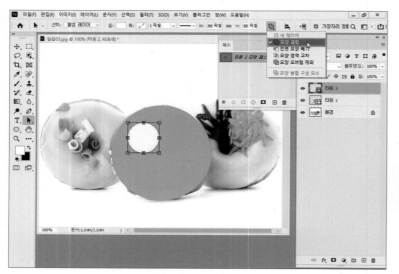

05 오른쪽에 하나를 더 복사하기 위해서
레이어와 패스가 선택되어 있는 상태
에서 도구 패널의 패스 선택 도구를 선택합니
다. 그리고 원을 선택하고 옵션 패널의 패스 작
업 항목에서 '모양 결합' 항목을 체크합니다.

Tip

옵션 패널의 '패스 작업' 항목은 도형을 그릴 때 모양을 합치거나 제
외시켜 다양한 형태로 도형을 그릴 수 있도록 활용하는 옵션입니다.

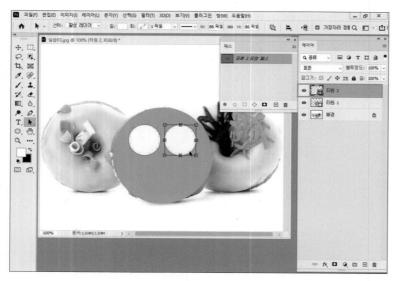

06 그런 다음 Alt 키를 누른 채 오른쪽
으로 드래그 하여 도형을 복사합니다.
레이어가 따로 생성되지 않고 기존의 레이어에
도형이 복사되는 것을 볼 수 있습니다.

계속하여 도구 패널에서 사각형 도구를 선택하고 옵션 패널의 패스 작업 항목에서 '전면 모양 빼기'를 선택한 후 앞서 작업해 놓은 원 위쪽에 드래그 하여 사각형을 그려줍니다.

강의노트 사각형 도구는 정사각형이나 직사각형 모양을 그릴 수 있는 도형 도구입니다.

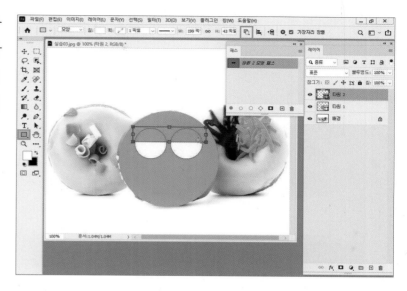

다시 옵션 패널의 패스 작업 항목에서 '모양 결합'을 선택하고 길쭉한 직사각형을 그려 안경 모양을 완성합니다.

입 모양을 만들기 위해서 도구 패널에서 사용자 정의 모양 도구를 선택하고, 전경색을 흰색으로 지정합니다.

강의노트 사용자 정의 모양 도구는 프로그램 내에 내장되어 있는 다양한 모양의 도형들을 사용할 수 있습니다.

10 또한 옵션 패널의 팝업 메뉴를 클릭하여 원형 프레임 모양을 선택합니다.

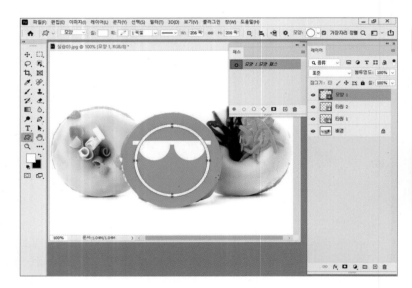

11 그런 다음 Shift 키를 누른 채 앞서 작업해 놓은 원 위에 드래그 하여 그려 주고 필요 시 [편집]-[자유 변형] 명령을 사용하여 크기를 조절해 줍니다.

Tip

사용자 정의 모양 도구를 사용할 때는 Shift 키를 누른 상태에서 모양을 그려주어야 저장된 모양 그대로 가로, 세로 비율을 유지한 채 그려지게 됩니다.

12 계속하여 도구 패널에서 사각형 도구를 선택하고 옵션 패널의 패스 작업 항목에서 '전면 모양 빼기'를 선택한 후 앞서 작업해 놓은 원 위쪽에 드래그 하여 사각형을 그려 주어 입 모양을 만들어 줍니다.

Power Upgrade

사각형 도구

사각형 도구 옵션 패널

① 선택 도구 모드

ⓐ 모양 : 패스를 제작할 때 도형으로 만듭니다. 레이어 패널과 패스 패널에 모양 창이 생성됩니다.

ⓑ 패스 : 패스로 만들어줍니다. 패스 패널에 작업 패스 창이 생성됩니다.

ⓒ 픽셀 : 패스, 도형이 아닌 픽셀 이미지로 만들어지면서 전경색이 채워집니다. 펜 도구에서는 지정되지 않고, 도형 도구 에서만 지정하여 사용할 수 있습니다.

② 칠/획 : 패스의 면색과 선색을 지정합니다.

③ W/H : 만들어진 패스 모양의 가로, 세로 크기를 확인하고 변경할 수 있습니다.

④ 패스 작업 : 선택한 패스들의 모양을 합치거나 빼기, 또는 교차하여 모양을 만듭니다.

⑤ 패스 정렬 : 선택한 패스들을 정렬합니다.

⑥ 패스 배열 : 선택한 패스를 정돈합니다.

⑦ 추가 모양 및 패스 옵션 설정

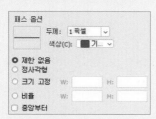

ⓐ 패스 옵션 : 패스의 두께와 색상을 지정할 수 있습니다.

ⓑ 제한 없음 : 마우스로 드래그 하여 자유롭게 사각형을 그립니다.

ⓒ 정사각형 : 정사각형으로 그려집니다.

ⓓ 크기 고정 : 가로, 세로 값을 입력하여 도형을 그립니다.

ⓔ 비율 : 가로 , 세로 비율 값을 입력하여 동일한 비례로 도형을 그립니다.

ⓕ 중앙부터 : 클릭한 점을 기준으로 사각형이 그려집니다.

⑧ 가장자리 정렬 : 이 항목을 체크하면 픽셀 격자에 맞게 벡터 모양의 가장자리를 정렬하고 선명하게 만듭니다.

Power Upgrade

모서리가 둥근 직사각형 도구

모서리가 둥근 직사각형 도구 옵션 패널

❶ 추가 모양 및 패스 옵션 설정

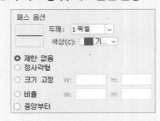

ⓐ 패스 옵션 : 패스의 두께와 색상을 지정할 수 있습니다.
ⓑ 제한 없음 : 마우스로 드래그 하여 자유롭게 사각형을 그립니다.
ⓒ 정사각형 : 정사각형으로 그려집니다.
ⓓ 크기 고정 : 가로, 세로 값을 입력하여 도형을 그립니다.
ⓔ 비율 : 가로 , 세로 비율 값을 입력하여 동일한 비례로 도형을 그립니다.
ⓕ 중앙부터 : 클릭한 점을 기준으로 사각형이 그려집니다.

❷ 반경 : 모서리의 둥근 정도를 조절합니다.

타원 도구

타원 도구 옵션 패널

❶ 추가 모양 및 패스 옵션 설정

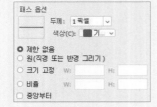

ⓐ 원(직경 또는 반경 그리기) : 정원으로 그려집니다.

Power Upgrade

삼각형 도구

삼각형 도구 옵션 패널

❶

❶ 추가 모양 및 패스 옵션 설정

ⓐ 등변 : 세 면의 길이가 모두 동일한 즉, 정삼각형으로 그려집니다.

다각형 도구

다각형 도구 옵션 패널

❶ ❷

❶ 옵션

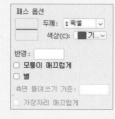

ⓐ 반경 : 다각형의 반지름 길이를 입력하여 다각형의 크기를 조절합니다.

ⓑ 모퉁이 매끄럽게 : 꼭짓점이 둥근 다각형을 그립니다.

ⓒ 별 : 별 모양을 만듭니다. '측면 들여쓰기 기준'의 수치 값을 높이면 폭이 좁아져서 날카로운 별모양을 만들 수 있습니다. '가장자리 매끄럽게'를 체크하면 안쪽으로 들어간 모서리 부분이 부드럽게 만들어집니다.

❷ 측면 : 원하는 모서리나 꼭짓점의 개수를 입력하여 다각형을 그릴 수 있습니다.

Power Upgrade

선 도구

선 도구 옵션 패널

❶ 추가 모양 및 패스 옵션 설정

ⓐ 두께 : 선의 굵기를 조절합니다.

ⓑ 시작 : 시작 부분에 화살표가 생깁니다.

ⓒ 끝 : 끝 부분에 화살표가 생깁니다.

ⓓ 폭 : 선의 굵기를 기준으로 화살촉의 폭을 조절합니다.

ⓔ 길이 : 선의 굵기를 기준으로 화살촉의 길이를 조절합니다.

ⓕ 오목한 정도 : 화살촉의 모양을 변형시킵니다. 수치가 높을수록 날카로운 화살촉이 됩니다.

사용자 정의 모양 도구

사용자 정의 모양 도구 옵션 패널

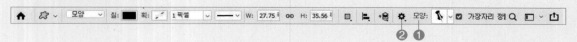

❶ 모양 : 여러 모양의 셰이프 중에서 원하는 셰이프를 지정합니다.

❷ 추가 모양 및 패스 옵션 설정

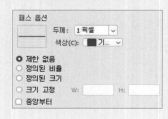

ⓐ 제한 없음 : 마우스로 드래그 하여 자유로운 도형을 그립니다.

ⓑ 정의된 비율 : 형태를 그대로 유지한 상태에서 크기 비율로 변경하여 그려집니다.

ⓒ 정의된 크기 : 정의되어 있는 도형의 크기 그대로 그려집니다.

ⓓ 크기 고정 : 가로, 세로 입력한 크기대로 그려집니다.

ⓔ 중앙부터 : 클릭한 점을 기준으로 그려집니다.

따라하기 04 펜과 도형 도구 활용하기

01 [파일]-[열기] 메뉴를 선택하여 '섹션 04>샘플>실습04.jpg' 파일을 불러옵니다. 펜 도구와 도형 도구를 사용하여 이미지를 꾸며보겠습니다.

02 먼저 이미지를 배경에서 분리하기 위해서 도구 패널에서 자동 선택 도구를 선택하고 옵션 패널에서 허용치를 기본 값만 지정한 후 배경 부분을 클릭하여 선택합니다.

03 계속하여 [Shift] 키를 누른 채 헤드셋 안쪽의 빈 공간을 연속적으로 클릭하여 선택 영역을 추가합니다.

04 그리고 [선택]-[반전] 명령을 실행하여 인물을 선택 영역으로 활성화시킵니다.

TIP
반전은 현재 선택된 영역을 제외한 나머지 영역을 선택하는 반전기능입니다.

05 [레이어]-[새로 만들기]-[복사한 레이어] 메뉴를 실행하여 이미지를 복사하면 레이어가 따로 분리되어 하나가 더 만들어진 것을 볼 수 있습니다.

TIP
복사한 레이어 기능은 선택된 이미지 영역을 복사하여 새로운 레이어로 만들어 주고, 오린 레이어 기능은 선택된 이미지 영역을 잘라내어 새로운 레이어로 만듭니다.

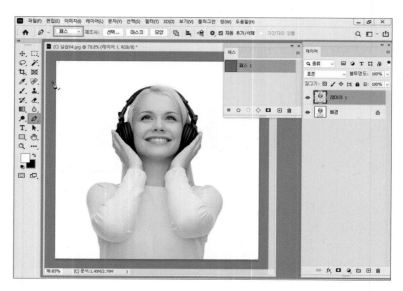

06 이제 배경을 꾸며보도록 하겠습니다. 먼저 패스 패널 하단의 '새 패스를 만듭니다.' 버튼을 클릭하여 새로운 패스를 만들고, 도구 패널에서 펜 도구를 선택합니다. 또한 옵션 패널에서 선택 도구 모드를 '패스'로 지정하고 시작점을 클릭합니다.

07 진행하고자 하는 방향으로 마우스를 클릭한 채로 드래그 하여 곡선을 만들고, [Alt] 키를 누른 채 생성된 기준점을 클릭하여 방향선을 삭제합니다.

TIP

[Alt] 키를 눌러 진행하는 방향의 방향선을 삭제하지 않고 방향선의 특징을 이용하여 매끄러운 곡선을 그릴 수 있습니다.

08 계속하여 위와 동일한 방법으로 곡선을 그린 후 처음 클릭하였던 시작점과 연결하여 곡선 면을 완성합니다.

TIP

모양을 수정하고자 할 경우에는 직접 선택 도구를 사용하여 기준점이나 방향선을 이동시켜 수정하면 됩니다.

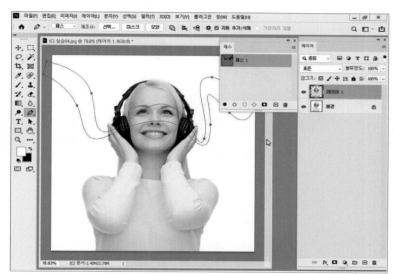

09 패스 패널 하단의 '패스를 선택 영역으로 불러옵니다.' 버튼을 클릭하거나, [Ctrl] 키를 누른 채 패널의 패스 영역을 클릭하여 선택 영역으로 활성화 시킵니다.

10 그런 다음 레이어 패널에서 분리해 놓은 이미지 하단에 '새 레이어를 만듭니다.' 버튼을 클릭하여 새로운 투명 레이어를 추가하고, 전경색을 원하는 색상으로 지정한 후 Alt + Delete 를 눌러 색을 채워 넣습니다.

> **TIP**
> Alt +Delete 키는 지정된 전경색을 한 번에 채워 넣기 위한 단축키이며, 반대로 Ctrl +Delete 키는 배경색을 채워 넣습니다.

11 위와 동일한 방법으로 두 개의 곡선 면 패스를 각각 다른 모양으로 제작한 후 레이어를 분리하여 색상을 채워 넣습니다.

12 도구 패널에서 사용자 정의 모양 도구를 선택하고 전경색을 검정색으로 지정한 후 옵션 패널에서 음표 모양을 선택합니다. 또한 선택 도구 모드를 '모양'으로 지정합니다.

13 앞서 작업한 곡선 면 위에 Shift 키를 누른 채 드래그 하여 음표를 그려주면 레이어 패널에 모양 레이어가 생성되며 그려집니다.

14 생성된 해당 레이어를 선택하고 [편집]-[자유 변형] 명령을 실행하여 크기를 조절하거나 회전시켜 줍니다.

15 나머지 음표 모양들 또한 위와 동일한 방법으로 각각 다른 모양과 크기로 여러 개 그려주어 작업을 완성합니다.

1

새로운 이미지 창을 만들어 햄버거 모양을 직접 만들어 보세요.

▲ 준비파일 : 섹션 04〉완성〉기초01.psd

힌트 • 모서리가 둥근 직사각형 도구, 타원 도구와 직접 선택 도구를 사용한 모양 수정, 펜 도구 또는 다각형 도구를 사용한 삼각형 모양 제작과 수정

2

주어진 파일을 불러온 후 이미지를 하나로 합성시켜 보세요.

▲ 준비파일 : 섹션 04〉샘플〉기초02-01.jpg, 기초02-02.jpg   ▲ 완성파일 : 섹션 04〉완성〉기초02.psd

힌트 • 펜 도구와 패스 패널을 이용하여 전구 선택, [편집] – [자유 변형]으로 크기 조절, 레이어 복사 후 각각 회전 후 불투명도 조절

3

준비된 이미지에 도형 도구를 사용하여 꾸며 보세요.

▲ 준비파일 : 섹션 04〉샘플〉기초03.jpg   ▲ 완성파일 : 섹션 04〉완성〉기초03.psd

힌트 • 타원 도구의 칠과 획 옵션을 통한 눈동자 제작, 선 도구로 입 모양 제작, 브러쉬 도구로 볼터치

1) 준비된 파일을 불러온 후 완성파일처럼 다양한 도형들을 사용하여 그려 보세요.

▲ 준비파일 : 섹션 04>샘플>심화01.jpg

▲ 완성파일 : 섹션 04>완성>심화01.psd

 • 다각형 도구와 사용자 정의 모양 도구를 사용한 간판 모양 그리기, [편집] – [변형] – [왜곡] 기능을 사용한 모양 변형, 사각형 선택 윤곽 도구를 사용하여 직사각형 모양 제작 후 그레이디언트 도구 또는 번 도구 등을 사용하여 명암 제작

2) 준비된 파일들을 이용하여 이미지를 합성하고 꾸며 보세요.

▲ 준비파일 : 섹션 04>샘플>심화02-01.jpg, 심화02-02.jpg

▲ 완성파일 : 섹션 04>완성>심화02.psd

 • 자동 선택 도구를 사용한 이미지 선택과 반전 기능으로 이미지 이동, 변형 기능을 사용하여 크기 조절, 사용자 정의 모양 도구를 사용한 화살표 모양 제작, 펜 도구와 패스 패널, 브러쉬 도구를 사용하여 각각의 선 제작

3) 학습한 기능을 사용하여 이미지를 합성하고 꾸며 보세요.

▲ 준비파일 : 섹션 04>샘플>심화03-01.jpg, 심화03-02.jpg

▲ 완성파일 : 섹션 04>완성>심화03.psd

• 자동 선택 도구를 사용한 이미지 선택과 반전 기능으로 이미지 이동 후 변형 기능으로 크기 조절, 펜 도구를 사용하여 망토 모양과 구름 모양 제작, 레이어 각각 분리하여 색상 적용 및 선색 적용

05 문자 입력 및 활용

디자인 실무에서 진행되는 광고, 편집, 포스터, 웹 디자인 등을 살펴보면 문자 요소를 활용한 타이포그래피가 매우 중요한 역할을 하고 있는 것을 알 수 있습니다. 이 파트에서는 문자를 입력하는 다양한 테크닉과 활용 예제를 통하여 좀 더 멋있는 이미지를 꾸밀 수 있도록 학습해 보겠습니다.

Preview

〈학습내용〉

따라하기 01. 문자 입력과 속성 조절하기   따라하기 02. 왜곡 기능을 이용한 문자 디자인하기

따라하기 03. 패스를 따라 흐르는 문자 입력하기   따라하기 04. 문자 도형화 작업하기

따라하기 05. 어도비에서 제공하는 폰트 사용하기   따라하기 06. 문자를 이용한 프레임 작업하기

▲ 완성파일 : 섹션 05〉완성〉실습01.psd

▲ 완성파일 : 섹션 05〉완성〉실습02.psd

▲ 완성파일 : 섹션 05〉완성〉실습03.psd

▲ 완성파일 : 섹션 05〉완성〉실습04.psd

▲ 완성파일 : 섹션 05〉완성〉실습05.psd

▲ 완성파일 : 섹션 05〉완성〉실습06.psd

 체크포인트

- 수평 문자 도구 사용법을 입힙니다.
- 왜곡 기능을 이용하여 문자의 모양을 변형시켜 봅니다.
- 펜 도구와 패스를 이용하여 곡선을 따라 흐르는 문자를 입력합니다.
- 문자를 도형으로 전환시켜 모양을 변형시켜 봅니다.
- 어도비에서 제공하는 무료 폰트를 사용해 봅니다.
- 문자를 프레임으로 전환시켜 이미지를 삽입해 봅니다.

01 [파일]–[열기] 메뉴를 선택하여 '섹션 05〉샘플〉실습01.jpg' 이미지를 불러옵니다. 도구 패널에서 수평 문자 도구를 선택하고, 옵션 패널에서 원하는 글꼴을 지정한 후 크기도 조절합니다.

강의노트 수평 문자 도구는 문자를 수평방향으로 입력할 때 사용하고, 세로 문자 도구는 문자를 수직 방향으로 입력할 때 사용합니다.

02 이미지 위에 마우스를 클릭한 후 'Sweet' 문자를 입력하고, Enter 키를 눌러 다음 단어를 입력합니다. 문자 입력을 마친 후에는 옵션 패널의 '확인' 버튼을 클릭하거나 도구 패널의 이동 도구를 선택합니다.

Tip 문자 입력 시 자리 표시자를 나타나지 않게 하려면 [편집] – [환경 설정] – [문자] 메뉴에서 '자리 표시자 텍스트로 새로운 유형 레이어 채우기' 항목을 체크하지 않으면 됩니다.

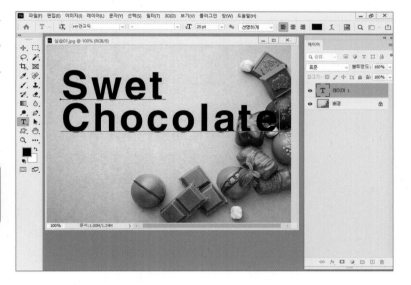

03 레이어 패널을 확인해 보면 문자 레이어가 생성된 것을 볼 수 있습니다. 입력된 문자의 글꼴이나 크기 등을 조절하기 위해서 [창] 메뉴에서 문자 패널을 불러옵니다.

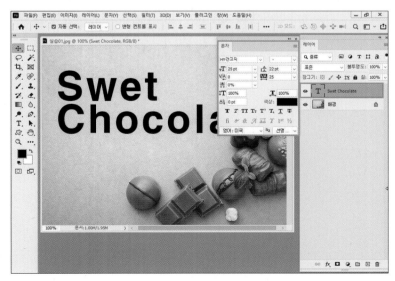

04 수평 문자 도구를 선택하고 텍스트에 드래그 하여 블록을 잡거나, 텍스트 레이어를 더블클릭하여 영역을 잡은 후 문자 패널에서 글꼴과 크기, 색상 등을 조절합니다.

Tip

최신 버전에서는 이동 도구로 문자 레이어를 두 번 클릭하여 문서의 텍스트 편집을 빠르게 시작할 수 있습니다. 더 이상 텍스트 편집을 위해 도구를 전환할 필요가 없습니다.

Power Upgrade

수평 문자 도구 옵션 패널

❶ **텍스트 방향 켜기/끄기** : 입력한 문자의 방향을 바꿉니다.

❷ **글꼴 검색 및 선택** : 적용하려는 글꼴을 지정합니다.

❸ **글꼴 스타일 설정** : 글꼴의 유형(스타일)을 지정합니다.

❹ **글꼴 크기 설정** : 문자의 크기를 지정합니다.

❺ **앤티 앨리어싱 방법 설정** : 문자의 외곽선에 앤티 앨리어싱을 적용하는 방법을 지정합니다..

❻ **문단 정렬** : 문자의 정렬 방식을 지정합니다.

❼ **텍스트 색상 설정** : 문자의 색상을 지정합니다.

❽ **뒤틀어진 텍스트 만들기** : 문자를 왜곡시켜 변형시키는 효과입니다.

❾ **문단 및 단락 패널 켜기/끄기** : 문자 패널과 단락 패널을 보여줍니다.

Power Upgrade

문자 패널

① **글꼴 검색 및 선택** : 글꼴의 종류를 선택합니다.

② **글꼴 스타일 설정** : 각 글꼴에 따른 스타일(굵기, 기울임)을 선택합니다.

③ **폰트 크기 설정** : 글꼴의 크기를 조절합니다.

④ **행간 설정** : 행과 행 사이의 간격을 조절합니다.

⑤ **두 문자간 커닝 설정** : 커서가 위치한 좌우에 있는 문자 사이의 간격을 조절합니다.

⑥ **선택 문자의 자간 설정** : 문자들 사이의 간격을 조절합니다.

⑦ **세로 비율** : 문자의 세로 길이를 조절합니다.

⑧ **가로 비율** : 문자의 가로 길이를 조절합니다.

⑨ **기준선 이동 설정** : 문자의 기준선인 베이스 라인을 기준으로 문자의 상하 위치를 조절합니다.

⑩ **텍스트 색상 설정** : 문자의 색상을 조절합니다.

⑪ **스타일** : 문자의 굵기, 기울임, 대문자, 위첨자, 아래첨자, 밑줄, 취소선 등의 스타일을 적용합니다.

⑫ **하이픈 넣기 및 맞춤법 검사를 위해 설정한 문자의 언어 설정** : 각 언어별로 하이픈 설정과 맞춤법 검사 기능 등을 설정합니다.

⑬ **앤티 앨리어싱 방법 설정** : 문자의 외곽선을 부드럽게 해주는 앤티 앨리어싱을 설정합니다.

단락 패널

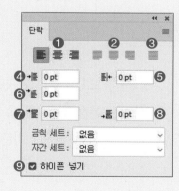

① **정렬** : 문단을 왼쪽, 가운데, 오른쪽을 기준으로 정렬합니다.

② **마지막 줄 강제 정렬** : 문단의 맨 마지막 줄을 왼쪽, 가운데, 오른쪽을 기준으로 정렬합니다.

③ **모두 강제 정렬** : 문단의 양쪽 끝을 일정하게 정렬합니다.

④ **왼쪽 여백 들여쓰기** : 문단을 입력한 숫자만큼 들여쓰기 합니다.

⑤ **오른쪽 여백 들여쓰기** : 문단의 오른쪽 여백을 설정합니다.

⑥ **첫 줄 들여쓰기** : 문단의 첫 줄을 들여쓰기 합니다.

⑦ **단락 앞에 공간 추가** : 문단의 앞부분에 공백을 추가합니다.

⑧ **단락 뒤에 공간 추가** : 문단의 뒷부분에 공백을 추가합니다.

⑨ **하이픈 넣기** : 영문에서 줄을 바꿀 때 하이픈을 삽입합니다.

따라하기 02 왜곡 기능을 이용한 문자 디자인하기

01 [파일]-[열기] 메뉴를 선택하여 '섹션 05〉샘플〉실습02.jpg' 이미지를 불러옵니다. 도구 패널에서 수평 문자 도구를 선택하고 라벨 부분에 클릭하여 문자를 입력합니다.

02 입력된 단어를 문자 패널에서 글꼴과 크기, 장평 등을 조절합니다.

03 수평 문자 도구로 입력된 단어를 드래그 하여 블록을 잡은 후 옵션 패널 상단의 '뒤틀어진 텍스트 만들기' 버튼을 클릭합니다.

04 대화상자에서 스타일을 '아치'로 지정하고 구부리기 값을 조절하여 라벨 형태 안쪽에 불룩하게 문자를 변형시킵니다.

05 문자에 명암을 주기 위해서 레이어 패널의 해당 레이어를 선택하고 마우스 오른쪽 키를 눌러 '문자 래스터화' 명령을 실행하여 이미지로 변환시켜줍니다.

TIP

문자 래스터화는 문자를 이미지로 변환시키는 기능입니다.

06 그런 다음 도구 패널에서 그레이디언트 도구를 선택하고 옵션 패널에서 그레이디언트 편집기를 불러옵니다. 사전 설정 항목에서 기본사항을 클릭 후 '전경색에서 배경색으로' 색상을 선택한 후 하단의 색상 바에서 색상 정지점 버튼을 더블클릭하여 원하는 색상을 지정합니다.

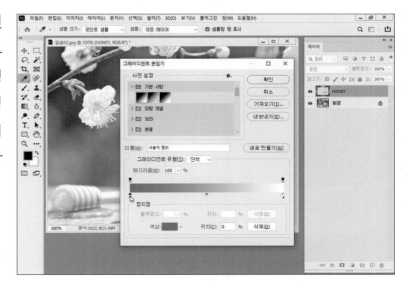

07 위와 동일한 방법으로 오른쪽 색상 또한 더블클릭하여 색상을 지정한 후 확인 버튼을 누릅니다. 그리고 **Ctrl** 키를 누른 상태에서 해당 레이어의 축소판을 클릭하여 선택 영역을 잡아줍니다.

강의노트 그레이디언트 색상을 여러 가지 색으로 만들어 사용하고자 하는 경우에는 슬라이드를 더블클릭하여 색상을 지정하고 슬라이드를 추가 또는 삭제하여 원하는 색상을 만들어 사용할 수 있습니다.

08 또한 옵션 패널에서 '선형 그레이디언트'를 선택하고 마우스를 드래그 하여 색상을 채워 넣습니다.

09 위와 동일한 방법으로 상단의 문자 또한 입력 후 모양을 변형시켜 완성합니다.

뒤틀어진 텍스트 만들기

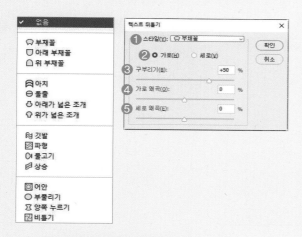

① **스타일** : 효과의 종류를 선택합니다.

② **가로/세로** : 굴절 방향을 가로 또는 세로로 지정합니다.

③ **구부리기** : 휘는 정도를 조절합니다.

④ **가로 왜곡** : 좌우로 굴절되는 정도를 조절합니다.

⑤ **세로 왜곡** : 상하로 굴절되는 정도를 조절합니다.

PHOTOSHOP CC	PHOTOSHOP CC	PHOTOSHOP CC	PHOTOSHOP CC
원본	부채꼴	아래 부채꼴	위 부채꼴
PHOTOSHOP CC	PHOTOSHOP CC	PHOTOSHOP CC	PHOTOSHOP CC
아치	돌출	아래가 넓은 조개	위가 넓은 조개
PHOTOSHOP CC	PHOTOSHOP CC	PHOTOSHOP CC	PHOTOSHOP CC
깃발	파형	물고기	상승
PHOTOSHOP CC	PHOTOSHOP CC	PHOTOSHOP CC	PHOTOSHOP CC
어안	부풀리기	양쪽 누르기	비틀기

01 [파일]–[열기] 메뉴를 선택하여 '섹션 05〉샘플〉실습03.jpg' 이미지를 불러옵니다. [창] 메뉴에서 패스 패널을 불러오고 패널 하단의 '새 패스를 만듭니다.' 버튼을 클릭하여 패스를 생성합니다.

02 도구 패널에서 펜 도구를 선택하고 옵션 패널에서 선택 도구 모드를 '패스'로 지정한 후 화면처럼 곡선 패스를 만듭니다.

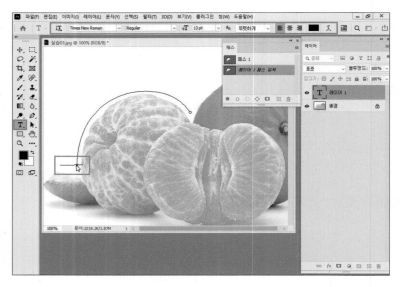

03 그런 다음 수평 문자 도구를 선택한 후 글꼴이나 크기, 색상 등을 지정하고 패스의 시작 부분에 클릭합니다. 그러면 패스 위에 커서가 깜박이는 것이 보입니다.

04 원하는 문자를 입력하면 미리 만들어 놓은 곡선 패스를 따라 문자가 흐르듯 입력됩니다.

Tip

직접 선택 도구로 패스의 형태를 변경하면 자동으로 입력된 문자도 패스의 모양대로 변형되어 나타납니다.

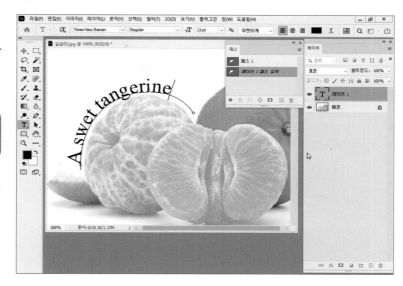

05 입력된 문자의 속성을 변경하고자 할 경우에는 문자 패널에서 글꼴이나 크기, 색상 등을 조절하면 됩니다.

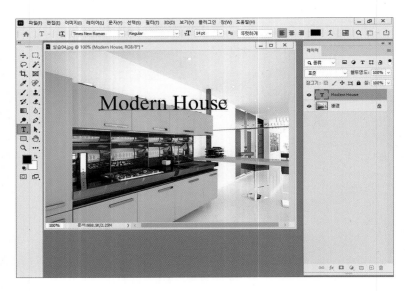

01 [파일]-[열기] 메뉴를 선택하여 '섹션 05>샘플>실습04.jpg' 이미지를 불러옵니다. 도구 패널에서 수평 문자 도구를 선택하고 이미지 상단에 클릭하여 문자를 입력합니다.

02 입력된 문자를 [창] 메뉴에서 문자 패널을 불러와 글꼴과 크기, 색상 등을 조절합니다.

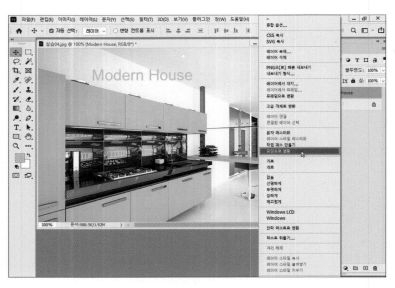

03 레이어 패널에서 문자 레이어에 위에 마우스 오른쪽 키를 눌러 '모양으로 변환'을 선택합니다.

> **강의노트** 모양으로 변환 기능은 문자를 도형으로 바꿔주어 크기를 조절하거나 회전 등 변형 시켰을 경우에도 문자가 깨지지 않는 장점이 있습니다.

04 레이어 패널의 축소판을 보면 문자가 도형으로 바뀌게 된 것을 확인할 수 있습니다.

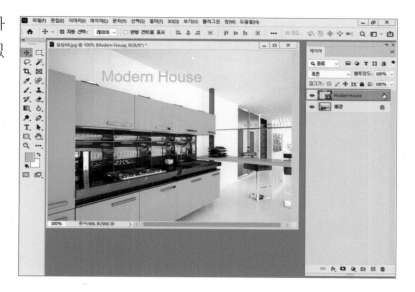

05 계속하여 [편집]-[변형]-[왜곡] 메뉴를 클릭하여 원근감 있게 이미지를 변형시켜주고 Enter 키를 누릅니다.

06 그림자를 만들기 위해서 하나의 레이어를 더 복사한 후 조금 이동시켜 색상을 다르게 지정합니다.

01 [파일]-[열기] 메뉴를 선택하여 '섹션 05〉샘플〉실습03.jpg' 이미지를 불러옵니다.

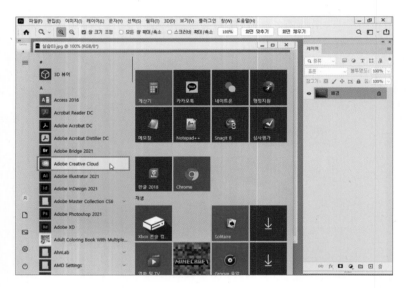

02 어도비에서 제공하는 무료 폰트를 설치하기 위해서 Adobe Creative Cloud를 실행합니다.

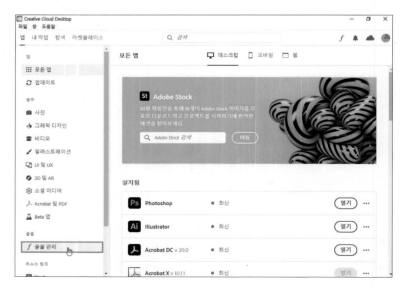

03 화면 왼쪽 메뉴에서 글꼴의 '글꼴 관리'를 클릭합니다.

강의노트 어도비 크리에이티브 클라우드에서는 가입자에 한하여 무료로 폰트(Adobe Fonts)를 제공하고 있습니다.

04 글꼴 검색 버튼을 클릭하여 Adobe Fonts 페이지가 나타나면 왼쪽 분류를 먼저 클릭하고 오른쪽에서 원하는 폰트를 선택합니다.

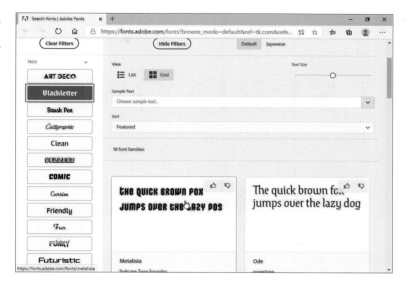

05 그러면 화면이 바뀌면서 'Deactivate font'를 활성화시켜 주면 문자 패널에 해당 폰트가 삽입되어 나타납니다.

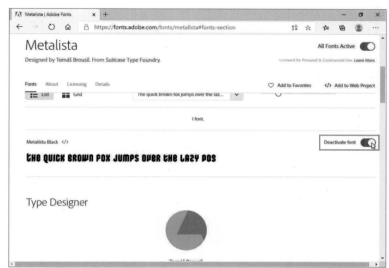

06 수평 문자 도구를 사용하여 문자를 입력한 후 추가한 폰트로 변경시켜 봅니다.

01 [파일]-[열기] 메뉴를 선택하여 '섹션 05〉샘플〉실습06-01.jpg' 이미지를 불러옵니다. 도구 패널에서 수평 문자 도구를 선택하고 문자를 입력한 후 문자 패널에서 글꼴과 크기 등을 조절합니다.

02 레이어 패널에서 문자 레이어에 위에 마우스 오른쪽 키를 눌러 '프레임으로 변환'을 선택합니다.

03 프레임으로 변형된 문자 형태를 선택하고 라이브러리 또는 [파일]-[연결 가져오기] 메뉴를 실행하여 '섹션 05〉샘플〉실습 06-02.jpg' 이미지를 불러옵니다. 마스크 기능을 사용하지 않아도 프레임을 이용하여 원하는 형태 안에만 이미지를 삽입할 수 있습니다.

memo

1

준비된 파일을 불러와 단어를 입력해 보세요.

▲ 준비파일 : 섹션 05〉샘플〉기초01.jpg

▲ 완성파일 : 섹션 05〉완성〉기초01.psd

힌트 • 수평 문자 도구와 문자 패널을 사용한 내용 입력 및 속성 설정

2

준비된 파일을 불러온 후 완성파일처럼 이미지를 꾸며 보세요.

▲ 준비파일 : 섹션 05〉샘플〉기초02.jpg

▲ 완성파일 : 섹션 05〉완성〉기초02.psd

힌트 • 수평 문자 도구와 문자 패널 사용, 뒤틀어진 텍스트 만들기 활용

3

준비된 파일을 불러와 문자를 이용하여 이미지를 꾸며 보세요.

▲ 준비파일 : 섹션 05〉샘플〉기초03.jpg

▲ 완성파일 : 섹션 05〉완성〉기초03.psd

힌트 • 수평 문자 도구와 문자 패널 사용, 모양으로 변환 사용, 변형 기능과 혼합 모드를 이용한 자연스런 합성

심화문제

1) 준비된 파일을 불러온 후 완성파일처럼 문자들을 입력해 보세요.

▲ 준비파일 : 섹션 05〉샘플〉심화01.jpg

▲ 완성파일 : 섹션 05〉완성〉심화01.psd

힌트 • 수평 문자 도구와 문자 패널 사용, 뒤틀어진 텍스트 만들기를 활용한 모양 변형, 사용자 정의 모양 도구 사용

2) 준비 파일을 불러온 후 완성파일처럼 다양한 기능을 사용하여 표현해 보세요.

▲ 준비파일 : 섹션 05〉샘플〉심화02.jpg

▲ 완성파일 : 섹션 05〉완성〉심화02.psd

힌트 • 펜 도구를 사용한 이정표 모양 제작 후 레이어 분리하여 색상 적용, 변형 도구로 모양 수정 후 레이어 복사, 수평 문자 도구로 문자 입력 후 모양으로 변환 기능 적용 후 변형기능 사용, 나머지 앞서 작업한 레이어 복사 후 각각 변형과 크기 조절

3) 준비된 파일을 불러온 후 완성파일처럼 이미지를 꾸며 보세요.

▲ 준비파일 : 섹션 05〉샘플〉심화03.jpg

▲ 완성파일 : 섹션 05〉완성〉심화03.psd

힌트 • 수평 문자 도구와 문자 패널을 사용한 문자 입력, 모양으로 변환 기능 적용 후 패스 선택 도구로 각각 선택 후 자유 변형 기능을 이용하여 회전, 올가미 도구를 사용하여 흙 이미지 부분 선택 후 [레이어] – [새로 만들기] – [복사한 레이어] 적용하여 레이어 위치 변경

Section

06 이미지 색상 보정하기

이번 학습에서는 사진의 색상을 보정하는 방법에 대해 알아보겠습니다. 어두운 사진을 밝게, 흐릿한 사진을 선명하게, 또는 흑백 사진을 컬러 사진으로 보정하는 등의 여러 가지 색상 보정 기능을 이용하여 독특한 이미지 표현과 색상 보정 사용법을 학습하겠습니다.

Preview

〈학습내용〉

따라하기 01. 이미지 부분 색상 보정하기   따라하기 02. 조정 레이어를 이용한 색상 보정하기
따라하기 03. 선택하기 어려운 부분의 색상 보정하기   따라하기 04. 컬러 사진을 흑백으로 만들기

▲ 완성파일 : 섹션 06〉완성〉실습01.psd

▲ 완성파일 : 섹션 06〉완성〉실습02.psd

▲ 완성파일 : 섹션 06〉완성〉실습03.psd

▲ 완성파일 : 섹션 06〉완성〉실습04.psd

 체크포인트

– 색조/채도 기능으로 이미지의 색상을 보정해 봅니다.
– 조정 레이어를 이용하여 이미지를 보정해 봅니다.
– 선택 색상 기능으로 선택하기 어려운 이미지의 색상을 보정해 봅니다.
– 컬러 이미지를 흑백 이미지로 보정 후 꾸며 봅니다.

01 [파일]–[열기] 메뉴를 선택하여 '섹션 06〉샘플〉실습01.jpg' 이미지를 불러옵니다.

02 도구 패널에서 자석 올가미 도구를 선택하고 옵션 패널에서 빈도수를 조절합니다. 그런 다음 과일 이미지 외곽을 따라 마우스를 이동시켜 선택 영역을 만듭니다.

TIP
자석 올가미 도구 사용 시 옵션 패널의 빈도수를 조절하여 사용하게 되면 좀 더 정확하게 이미지를 선택할 수 있습니다.

03 [이미지]–[조정]–[색조/채도] 메뉴를 선택하여 나타난 대화상자에서 화면처럼 색조 값을 조절하여 이미지 색상을 보정합니다.

강의 노트 색조/채도 색의 3속성인 색상, 채도, 명도를 조절합니다. 대화상자 하단의 '색상화' 항목을 체크하게 되면 이미지의 색상이 듀오톤으로 바뀌고 체크 하지 않았을 경우에는 기존의 색상에 새롭게 조절하는 색상이 추가적으로 적용됩니다.

01 [파일]-[열기] 메뉴를 선택하여 '섹션 06〉샘플〉실습02.jpg' 이미지를 불러옵니다.

02 도구 패널에서 자석 올가미 도구를 선택하고 옵션 패널에서 빈도수를 조절합니다. 그런 다음 이미지 외곽을 따라 마우스를 이동시켜 선택 영역을 만듭니다.

03 레이어 패널 하단의 '새 칠 또는 조정 레이어를 만듭니다.' 버튼을 클릭한 후 색조/채도를 선택합니다.

04 그러면 속성 패널이 나타나는데 색상 슬라이드를 움직여 원하는 색으로 보정합니다. 또한 레이어 패널을 보면 조정 레이어가 생성된 것을 볼 수 있습니다.

강의 노트 조정 레이어는 속성 패널을 이용하여 원본을 그대로 유지하면서 이미지의 색상과 톤을 보정할 수 있는 기능으로 언제든지 수정이 가능하며, 이미지 제어 기능과 다양한 설정 기능으로 손쉽게 이미지를 보정할 수 있습니다.

05 보정된 이미지의 색상을 변경하고자 할 경우에는 조정 레이어의 레이어 축소판 부분을 더블클릭하면 다시 속성 패널이 열려 색상을 변경할 수 있습니다.

06 또한 Ctrl 키를 누른 채 조정 레이어의 축소판을 클릭하면 선택 영역을 다시 활성화 시켜 편집도 가능합니다.

색상 보정과 밝기 보정의 대표적인 기능

포토샵에서 명도나 채도 조절 및 색상을 보정할 수 있는 많은 기능들이 있습니다. 그중에서 대표적으로 사용되는 색상 보정 기능과 밝기 보정 기능에 대해서 알아보겠습니다.

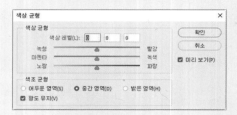

❶ **색상 균형** : 어두운 영역, 중간 영역, 밝은 영역을 선택하여 이미지의 톤에 따라 색상의 밸런스를 조절하는 기능으로 컬러 이미지인 RGB, CMYK, LAB 모드에서만 사용이 가능합니다.

❷ **색조/채도** : 색의 3속성인 색상, 채도, 명도를 조절합니다. 색상화 항목을 체크하게 되면 이미지의 색상이 듀오톤으로 바뀌고 체크 하지 않았을 경우에는 기존의 색상에 새롭게 조절하는 색상이 추가적으로 적용됩니다.

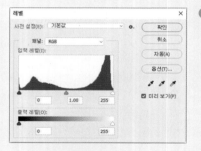

❸ **레벨** : 이미지의 밝기와 어둡기를 조절할 뿐만 아니라 대비차를 조절하여 명암 상태를 확연하게 드러나도록 보정할 수 있는 기능입니다.

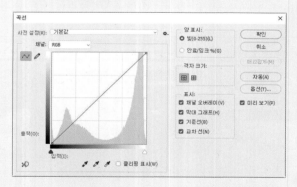

❹ **곡선** : 곡선은 어두운 톤과 밝은 톤의 중간 값의 색상을 세밀하게 조절할 수 있는 감마 곡선을 이용하여 명도는 물론 색조까지 조절할 수 있는 기능입니다. 그래프의 작은 움직임에도 색상이 민감하게 반응하므로 세밀한 보정 시에 사용되며, 과도한 조절은 오히려 색상을 전혀 다른 색으로 바꿔 좋지 않습니다.

❺ **명도/대비** : 이미지의 명암(Brightness)과 색상 대비(Contrast)를 조정하는 기능으로 가장 쉽고 간단하게 이미지의 명암과 색상 대비를 조절할 수 있는 기능이기도 합니다.

❻ **어두운 영역/밝은 영역 :** 이미지에서 밝거나 어두운 부분을 각각 조정할 수 있습니다.

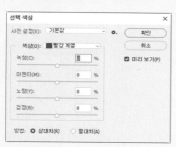

❼ **선택 색상 :** 선택 도구를 사용하지 않고 대화상자에서 지정된 색상에 해당하는 부분만 색상 보정이 이루어집니다. 선택 도구를 사용하여 어려운 경우 매우 유용하게 사용할 수 있는 기능입니다.

❽ **활기 :** 활기는 생동감이란 의미로 채도와 유사하게 색조를 강하게 혹은 약하게 조절할 수 있는 기능입니다.

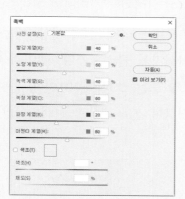

❾ **흑백 :** 흑백은 컬러 이미지에서 각각의 원하는 색상 값의 채도를 조절하여 흑백으로 변환시키는 기능입니다.

속성 패널

조정 패널을 이용하여 원본을 그대로 유지하면서 이미지의 색상과 톤을 보정할 수 있습니다. 메뉴 보정 기능을 사용면 원본 이미지 자체에 영향을 주게 되므로 수정이 어려웠으나, 따로 분리되어 나온 조정 패널을 이용하게 되면 작업이 쉬울 뿐만 아니라 레이어가 따로 분리되면서 작업이 이루어지기 때문에 이미지 조정 작업이 간단합니다. 또한 이미지 제어 기능과 다양한 설정 기능으로 손쉽게 이미지 보정을 할 수 있습니다.

01 [파일]-[열기] 메뉴를 선택하여 '섹션 06〉샘플〉실습03.jpg' 이미지를 불러옵니다. 빨간색 부분을 다른 색상으로 보정시켜 보겠습니다.

02 선택하고자 하는 이미지의 경계부분이 뚜렷하지 않기 때문에 선택 도구를 사용하여 이미지를 선택하기 어렵습니다. 그래서 [이미지]-[조정]-[선택 색상] 메뉴를 클릭하여 대화상자를 불러오거나, 레이어 패널 하단의 '새 칠 또는 조정 레이어를 만듭니다.' 버튼을 클릭하여 '선택 색상'을 선택합니다.

03 색상 항목에서 빨강 계열을 선택하고 색상 슬라이드를 조절하여 원하는 색상으로 보정해 봅니다.

강의 노트 선택 색상은 선택 도구로 선택하기 어려운 이미지의 색상을 보정하고자 할 때 용이한 기능입니다.

따라하기 04 컬러 사진을 흑백으로 만들기

01 [파일]-[열기] 메뉴를 선택하여 '섹션 06〉샘플〉실습04.jpg' 이미지를 불러옵니다. 컬러 이미지의 일부분을 흑백으로 표현해 보겠습니다.

02 먼저 틀을 만들기 위해 도구 패널에서 사각형 도구를 선택하고, 옵션 패널의 선택 도구 모드에서 '모양'을 선택합니다. 또한 전경색을 흰색으로 지정한 후 마우스로 드래그하여 직사각형을 그려줍니다.

03 중앙 부분을 뚫기 위해서 패스와 레이어가 선택된 상태에서 옵션 패널의 패스 작업에서 '모양 오버랩 제외' 항목을 선택하고 안쪽에 마우스를 드래그 하여 제외시켜줍니다.

TIP
그려놓은 도형의 모양을 수정하고자 할 경우에는 패스 선택 도구를 사용하여 해당 모양만 선택하고 크기를 조절하거나, 직접 선택 도구로 모양을 수정하면 됩니다.

04 이동 도구를 선택하고 [편집]-[자유 변형] 명령을 실행하여 회전시키고 크기를 조절합니다.

TIP

기존에는 이미지 크기를 조절할 때 `Shift` 키를 누른 채 드래그하여야 가로, 세로 비율이 유지된 채로 조절되었지만, CC 2019 버전에서는 `Shift` 키를 누르지 않아도 비례적으로 크기가 조절됩니다.

05 도구 패널에서 다각형 올가미 도구를 선택하고 틀 안쪽에 해당하는 영역을 클릭해 가며 선택합니다.

06 그런 다음 [선택]-[반전] 명령을 실행하고, 레이어 패널에서 배경 레이어를 선택한 후 [이미지]-[조정]-[채도 감소] 메뉴를 실행하여 흑백으로 변환시켜줍니다.

memo

1

준비된 파일의 일부분을 다른 색상으로 보정해 보세요.

▲ 준비파일 : 섹션 06〉샘플〉기초01.jpg

▲ 완성파일 : 섹션 06〉완성〉기초01.psd

힌트 • 페더 값을 사용한 자석 올가미 도구와 조정 레이어의 색조/채도를 사용한 색상 보정

2

준비된 파일을 불러와 이미지를 밝게 보정해 보세요.

▲ 준비파일 : 섹션 06〉샘플〉기초02.jpg

▲ 완성파일 : 섹션 06〉완성〉기초02.psd

힌트 • 조정 레이어를 이용한 활기 기능 사용

3

준비파일을 불러와 일부분을 다른 색상으로 보정시켜 보세요.

▲ 준비파일 : 섹션 06〉샘플〉기초03.jpg

▲ 완성파일 : 섹션 06〉완성〉기초03.psd

힌트 • 자석 올가미 도구와 올가미 도구를 사용한 이미지 선택, 조정 레이어의 색조/채도를 활용한 색상 보정

1) 준비된 파일을 이용하여 멋진 이미지로 꾸며 보세요.

▲ 준비파일 : 섹션 06〉샘플〉심화01.jpg

▲ 완성파일 : 섹션 06〉완성〉심화01.psd

힌트 • 자석 올가미 도구로 꽃잎 선택 후 [레이어] – [새로 만들기] – [복사한 레이어] 기능으로 이미지 복사 후 자유 변형으로 크기 조절, 꽃잎 영역
선택 영역으로 활성화 후 [선택] – [반전] 기능으로 배경 선택 후 [이미지] – [조정] – [채도 감소] 적용

2) 주어진 이미지를 이용하여 독특한 느낌을 표현해 보세요.

▲ 준비파일 : 섹션 06〉샘플〉심화02.jpg

▲ 완성파일 : 섹션 06〉완성〉심화02.psd

힌트 • 조정 명령 중 한계값 기능 사용 후 자동 선택 도구로 이미지 선택과 Alt + Delete 로 채색, 사각형 도구와 옵션을 이용하여 테두리 만들기
또는 옵션 패널의 칠과 획 기능을 활용한 테두리 제작

3) 조정 레이어를 이용하여 색상을 보정시켜 보세요.

▲ 준비파일 : 섹션 06〉샘플〉심화03.jpg

▲ 완성파일 : 섹션 06〉완성〉심화03.psd

힌트 • 페더 값을 이용한 자석 올가미 도구 사용, 조정 레이어를 이용한 색조/채도로 색상 보정

07 변형 기능과 레이어 스타일 익히기

변형 기능은 이미지 편집 프로그램인 포토샵에서 매우 중요한 부분입니다. 특히 서로 다른 이미지들을 합성할 때 크기를 조절하거나 모양을 변형시켜 자연스럽게 표현해야만 합니다. 또한 레이어 스타일은 이미지에 그림자 효과나 엠보싱 효과 등을 적용하여 좀 더 입체적이고 사실적인 이미지를 표현하는데 훌륭한 역할을 하는 기능입니다. 레이어 스타일과 함께 각종 관련된 여러 가지 기능들에 대해서 학습해 보겠습니다.

P·r·e·v·i·e·w

〈학습내용〉

따라하기 01. 변형 기능을 이용한 이미지 합성하기　　따라하기 02. 레이어 스타일 적용하기
따라하기 03. 레이어 스타일과 변형 기능 활용하기　　따라하기 04. 퍼펫 뒤틀기 기능을 사용한 이미지 변형시키기
따라하기 05. 스킨 만들기

▲ 완성파일 : 섹션 07〉완성〉실습01.psd

▲ 완성파일 : 섹션 07〉완성〉실습02.psd

▲ 완성파일 : 섹션 07〉완성〉실습03.psd

▲ 완성파일 : 섹션 07〉완성〉실습04.psd

▲ 완성파일 : 섹션 07〉완성〉실습05.psd

 체크포인트

　– 다양한 변형 기능을 사용해 봅니다.
　– 다양한 레이어 스타일 효과를 적용해 봅니다.
　– 레이어 스타일과 레이어 만들기 기능을 사용하여 이미지를 합성해 봅니다.
　– 퍼펫 뒤틀기 기능을 사용하여 이미지를 변형시킵니다.
　– 다양한 기능을 사용하여 스킨을 만들어 봅니다.

01 [파일]-[열기] 메뉴를 선택하여 '섹션 07〉샘플〉실습01-01.jpg, 실습01-02.jpg' 이미지를 불러옵니다.

02 휴대폰 이미지를 이동시키기 위해서 도구 패널에서 이동 도구를 선택하고 간판 이미지로 드래그 하여 이동시킵니다.

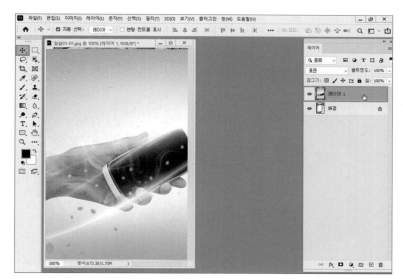

03 [편집]-[변형]-[비율] 메뉴를 클릭하고 변형 컨트롤의 모서리 부분을 드래그 하여 크기를 축소합니다.

TIP

기존에는 이미지 크기를 조절할 때 Shift 키를 누른 채 드래그하여야 가로, 세로 비율이 유지된 채로 조절되었지만, 최신 버전은 Shift 키를 누르지 않아도 비례적으로 크기가 조절됩니다.

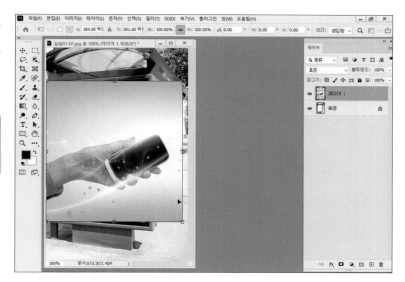

04 계속하여 변형 컨트롤이 활성화된 상태에서 [편집]-[변형]-[왜곡] 메뉴를 클릭하여 간판 형태에 맞춰 모양을 변형시킨 뒤 Enter 키를 누릅니다.

05 문자를 입력하기 위해서 도구 패널에서 수평 문자 도구를 선택하고 문장을 입력하고, 문자 패널에서 글꼴과 크기 등을 조절합니다.

06 간판 모양에 맞게 문자를 변형시키기 위해서 레이어 패널에서 문자 레이어 위에 마우스 오른쪽 키를 눌러 '모양으로 변환' 명령을 실행하여 도형으로 만들어줍니다.

TIP

모양으로 변환 기능은 문자를 도형으로 바꿔주어 크기를 조절하거나 회전 등 변형시켰을 경우에도 문자가 깨지지 않는 장점이 있습니다.

07 [편집]-[변형]-[왜곡] 메뉴를 클릭하여 모양을 변형시켜주고 **Enter** 키를 누릅니다.

08 위와 동일한 방법으로 하단의 문자 또한 도형으로 변환시켜준 뒤 왜곡 기능을 이용하여 자연스럽게 변형시켜줍니다.

변형 메뉴

[편집] 메뉴의 [변형] 명령은 선택된 이미지를 다양한 모양으로 변형시킬 수 있는 기능들입니다.

반복(A)	Shift+Ctrl+T
비율(S)	
회전(R)	
기울이기(K)	
왜곡(D)	
원근(P)	
✓ 뒤틀기	
뒤틀기를 수평으로 분할	
뒤틀기를 수직으로 분할	
뒤틀기를 십자형으로 분할	
뒤틀기 분할 제거	
180도 회전(1)	
시계 방향으로 90° 회전(9)	
시계 반대 방향으로 90° 회전(0)	
가로로 뒤집기(H)	
세로로 뒤집기(V)	

① **비율** : 이미지의 크기를 조절합니다.

② **회전** : 이미지를 회전시킵니다.

③ **기울이기** : 이미지의 기울기를 조절합니다.

④ **왜곡** : 변형 컨트롤을 이동시켜 이미지를 자유롭게 변형시킵니다.

⑤ **원근** : 이미지의 원근감을 조절합니다.

⑥ **뒤틀기** : 핸들이나 포인트를 움직여 자유롭게 이미지를 변형시킵니다.

⑦ **뒤틀기를 수평으로 분할, 뒤틀기를 수직으로 분할, 뒤틀기를 십자형으로 분할, 뒤틀기 분할 제거** : 원하는 모양으로 이미지를 변형시키기 위해 분할하여 사용할 수 있습니다.

⑧ **180도 회전** : 이미지를 180도 회전시킵니다.

⑨ **시계방향으로 90° 회전** : 이미지를 시계 방향으로 90도 회전시킵니다.

⑩ **시계 반대방향으로 90° 회전** : 이미지를 시계 반대방향으로 90도 회전시킵니다.

⑪ **가로로 뒤집기** : 이미지를 수평 반사시킵니다.

⑫ **세로로 뒤집기** : 이미지를 수직 반사시킵니다.

원본

비율

회전

기울이기

왜곡

원근

뒤틀기

180도 회전

시계방향으로 90도 회전

시계 반대방향으로 90도 회전

가로로 뒤집기

세로로 뒤집기

레이어 스타일 적용하기

01 [파일]-[열기] 메뉴를 선택하여 '섹션
07>샘플>실습02-01.jpg, 실습02-02.
jpg' 이미지를 불러옵니다. 두 이미지를 하나로
자연스럽게 합성시켜 보겠습니다.

02 먼저 과자 이미지를 선택하고 도구 패
널에서 자석 올가미 도구를 선택합니
다. 옵션 패널에서 빈도수를 높게 설정하고 과
자 외곽을 따라 마우스를 이동합니다.

03 만약 잘못 지정된 부분은 Delete 키를
눌러 포인터를 삭제하면 됩니다. 작업
을 계속하여 시작점과 연결시키면 선택 영역으
로 전환되고, 만일 처음 시작하였던 시작점을
찾을 수 없을 경우에는 마우스를 더블클릭 하
면 됩니다.

TIP
자석 올가미 도구 대신 개체 선택 도구를 선택하고 옵션 패널에서
'피사체 선택' 버튼을 클릭하여 선택하여도 됩니다.

04 도구 패널에서 이동 도구를 선택하고 컵 이미지로 드래그 하여 이동시킨 후 [편집]─[자유 변형] 메뉴를 클릭하여 크기를 축소시킨 다음 Enter 키를 누릅니다.

TIP

[편집] ─ [자유 변형] 메뉴의 단축키는 Ctrl + T 로 자주 사용하는 기능이므로 단축키를 외워두는 것이 좋습니다.

05 이제 이미지에 그림자 효과를 적용하기 위해서 레이어 패널에서 해당 레이어를 선택하고, 패널 하단의 '레이어 스타일을 추가합니다.' 버튼을 클릭하여 그림자 효과를 선택합니다.

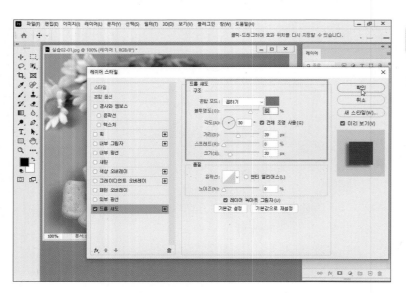

06 레이어 스타일 대화상자에서 그림자의 색상과 거리, 크기 등을 설정하고 확인 버튼을 눌러 완성합니다.

01 [파일]-[열기] 메뉴를 선택하여 '섹션 07〉샘플〉실습03-01.jpg, 실습03-02. jpg' 두 이미지를 불러옵니다.

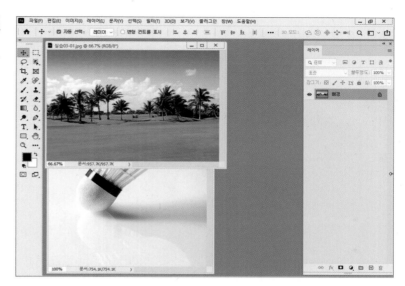

02 배드민턴 콕 이미지를 선택하고 도구 패널에서 자석 올가미 도구를 선택한 후 옵션 패널에서 빈도수를 높게 설정합니다. 그리고 콕 외곽을 따라 마우스를 움직여 선택합니다.

> **TIP**
> 잘못 지정된 부분은 Delete 키를 눌러 포인터를 삭제하여 다시 선택하면 되고, 처음 시작점을 찾을 수 없을 경우에는 더블클릭하면 됩니다.

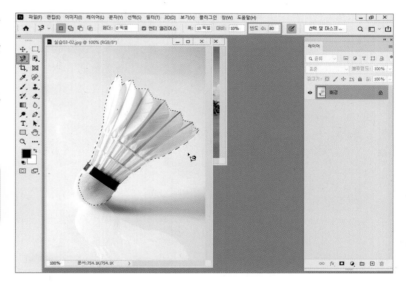

03 좀 더 자세히 선택 영역을 편집하고자 할 경우에는 올가미 도구를 선택하고 Shift 키를 누른 채 드래그 하여 선택 영역을 추가하거나, Alt 키를 누른 채 드래그 하여 제외시켜주면 됩니다.

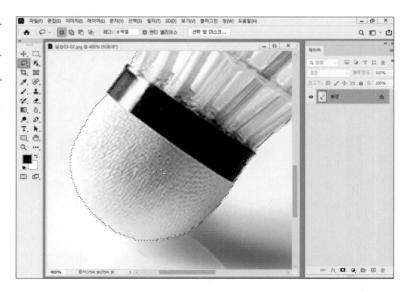

04 도구 패널에서 이동 도구를 선택하고 잔디 이미지로 드래그 하여 이동시킨 후 [편집]-[변형]-[가로로 뒤집기] 명령을 실행하여 수평으로 반사시켜줍니다.

05 이제 이미지에 그림자 효과를 적용하기 위해서 레이어 패널에서 해당 레이어를 선택하고 패널 하단의 '레이어 스타일을 추가합니다.' 버튼을 클릭하여 그림자 효과를 선택합니다.

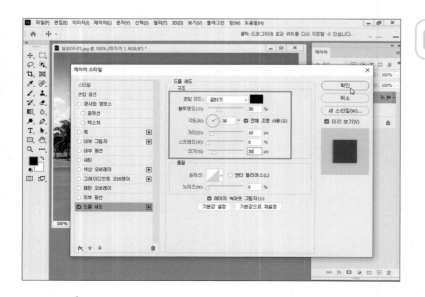

06 레이어 스타일 대화상자에서 불투명도와 거리, 크기 등을 조절합니다.

07 계속하여 내부 그림자 메뉴를 클릭하여 불투명도와 거리, 크기 등을 조절한 후 확인 버튼을 클릭합니다.

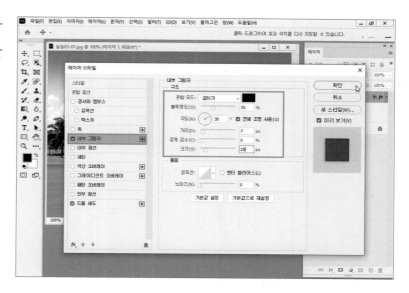

08 레이어 패널을 보면 레이어 스타일 효과가 적용된 리스트가 나타나는데, 이 효과 또는 fx 아이콘 위에 마우스 오른쪽 버튼을 클릭하여 '레이어 만들기'를 선택합니다.

강의 노트 레이어 만들기는 레이어 스타일 효과를 일반 레이어로 변환시키는 기능입니다.

09 레이어 패널에 내부 그림자 레이어와 그림자 레이어가 따로 분리되는 것이 보일 것입니다. 그림자를 좀 더 자연스럽게 표현하기 위해서 해당 레이어를 선택하고 [편집]–[변형]–[왜곡] 메뉴를 클릭하여 그림자 모양을 변형시켜 줍니다.

01 [파일]-[열기] 메뉴를 선택하여 '섹션 07〉샘플〉실습04.jpg' 파일을 불러옵니다. 도구 패널에서 자석 올가미 도구를 선택하고 옵션 패널에서 빈도수를 높게 설정합니다.

02 꽃 이미지에 마우스를 클릭한 후 외곽을 따라 이동시켜 선택합니다. 잘못 선택된 부분이 있다면 올가미 도구를 사용하여 Shift 키를 누른 채 드래그 하여 선택 영역을 추가하거나 Alt 키를 누른 채 드래그 하여 선택 영역을 제외시켜 좀 더 정확하게 선택합니다.

03 [레이어]-[새로 만들기]-[복사한 레이어] 명령을 실행하여 꽃 이미지를 하나 더 복사합니다.

TIP

복사한 레이어 기능은 선택된 이미지 영역을 복사하여 새로운 레이어로 만들어 주고, 오린 레이어 기능은 선택된 이미지 영역을 잘라내어 새로운 레이어로 만듭니다.

04 복사된 레이어를 선택하고 [편집]-[퍼펫 뒤틀기] 메뉴를 클릭합니다. 그러면 꽃 이미지에 삼각형의 그물 모양이 생기는 것을 볼 수 있습니다.

강의노트 퍼펫 뒤틀기는 삼각형의 그물 모양을 드래그 하여 이미지를 자유롭게 변형시킬 수 있는 기능입니다.

05 그물 모양에 마우스를 클릭하여 움직이지 않을 부분을 압정 모양으로 고정시킵니다.

Tip 움직이지 않도록 고정시켜 놓은 압핀 모양의 고정점은 Alt 키를 누른 채 클릭하면 삭제가 가능합니다.

06 그리고 고정시켜 놓은 부분을 제외한 꽃잎 부분을 마우스로 드래그 하여 모양을 변형시키고 Enter 키를 눌러줍니다.

07 마지막으로 배경을 정리하기 위해서 복제 도장 도구를 선택하고 옵션 패널에서 브러쉬의 종류와 크기를 지정한 후 Alt 키를 누른 채 복제하고자 하는 배경을 클릭합니다.

08 그런 다음 꽃 이미지 위에 마우스를 드래그 하여 배경을 복제합니다.

09 동일한 방법으로 브러쉬의 크기를 조절해 가면서 여러 번 반복 작업하여 배경을 깨끗이 복원시켜 줍니다.

01 [파일]-[열기] 메뉴를 선택하여 '섹션 07>샘플>실습05-01.jpg, 실습05-02. jpg, 실습05-03.jpg' 파일을 불러옵니다.

02 꽃다발을 든 어린이 이미지를 선택하고 레이어 패널 하단의 '새 레이어를 만듭니다.' 버튼으로 드래그 하여 배경 이미지를 복사합니다.

03 그런 다음 [이미지]-[조정]-[채도 감소] 명령을 실행하여 흑백으로 변환시켜줍니다.

04 다시 위와 동일한 방법으로 컬러 배경 이미지를 하나 더 복사한 후 [편집]-[자유 변형] 명령을 실행하여 크기를 축소하고 회전시켜줍니다.

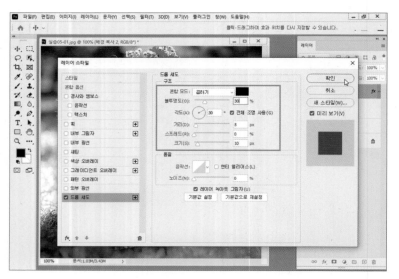

05 축소된 이미지의 레이어를 선택하고 레이어 패널 하단의 '레이어 스타일을 추가합니다.' 버튼을 클릭하여 그림자 효과를 클릭한 후 불투명도와 거리, 크기 등을 설정합니다.

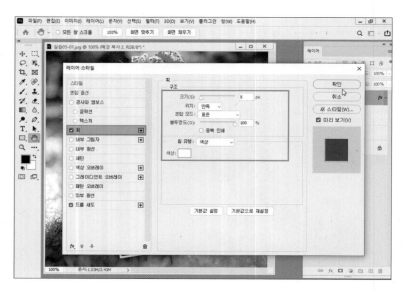

06 계속하여 '획' 메뉴를 선택하여 선의 크기와 위치(안쪽), 색상을 지정한 후 확인 버튼을 클릭합니다.

07 다른 소녀 이미지를 선택하고 이동 도구로 작업 중인 이미지로 끌어온 후 [편집]-[자유 변형] 명령을 실행하여 크기를 축소하고 회전시켜줍니다.

08 [편집]-[변형]-[뒤틀기] 명령을 실행하여 하단 부분을 출력형태와 같이 모양을 변형시켜주고 Enter 키를 누릅니다.

09 계속하여 레이어 패널 하단의 '레이어 스타일을 추가합니다.' 버튼을 클릭하여 그림자 효과와 획 스타일을 적용합니다.

10 그림자 모양을 자연스럽게 표현하기 위해서 레이어 패널의 레이어 스타일 효과가 적용된 효과 부분 또는 fx 아이콘 위에 마우스 오른쪽 버튼을 클릭하여 '레이어 만들기'를 적용합니다.

11 분리된 그림자 레이어를 선택하고 [편집]-[변형]-[왜곡] 명령을 실행하여 모양을 변형시켜줍니다.

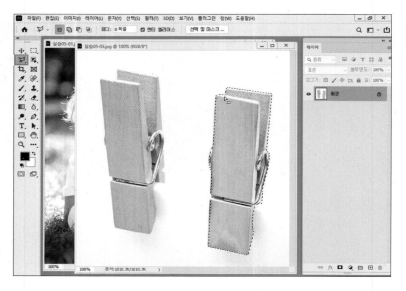

12 이제 집게 이미지를 합성하기 위해서 도구 패널에서 다각형 올가미 도구를 선택하고 이미지 외곽을 따라 클릭해 가며 선택합니다.

13 이동 도구로 작업 중인 이미지로 끌어온 후 [편집]-[자유 변형] 명령을 실행하여 크기를 축소하고 회전시켜줍니다.

14 그리고 레이어 패널 하단의 '레이어 스타일을 추가합니다.' 버튼을 클릭하여 그림자 효과를 선택하여 불투명도와 크기 등을 설정합니다.

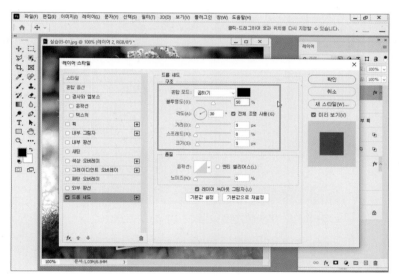

15 레이어 스타일을 활용하여 좀 더 다양한 모양의 스킨을 만들 수 있습니다.

1

준비된 두 파일을 합성하여 재미난 이미지를 만들어 보세요.

▲ 준비파일 : 섹션 07〉샘플〉기초01-01.jpg, 기초01-02.jpg   ▲ 완성파일 : 섹션 07〉완성〉기초01.psd

힌트 • 자석 올가미 도구를 사용한 이미지 선택, 자유 변형 기능으로 크기 축소 후 외부 광선 레이어 스타일 적용

2

변형 기능을 사용하여 두 파일을 하나로 합성해 보세요.

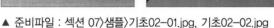

▲ 준비파일 : 섹션 07〉샘플〉기초02-01.jpg, 기초02-02.jpg   ▲ 완성파일 : 섹션 07〉완성〉기초02.psd

힌트 • 자동 선택 도구를 사용한 야자수 선택, 자유 변형 기능으로 크기 조절, 레이어 복사 후 가로로 뒤집기와 크기 조절하여 하나 더 배치, 수평 문자 도구와 문자 패널을 사용한 내용 입력

3

두 이미지를 합성하고 문자 입력 후 레이어 스타일을 적용해 보세요.

▲ 준비파일 : 섹션 07〉샘플〉기초03-01.jpg, 기초03-02.jpg   ▲ 완성파일 : 섹션 07〉완성〉기초03.psd

힌트 • 펜 도구와 패스 패널을 사용한 이미지 선택, 변형 기능을 사용하여 크기 조절과 가로로 뒤집기, 수평 문자 도구로 문자 입력 후 레이어 스타일 적용

심화문제

1) 준비된 파일을 이용하여 그림자 효과를 만들어 보세요.

▲ 준비파일 : 섹션 07〉샘플〉심화01-01.jpg, 심화01-02.jpg   ▲ 완성파일 : 섹션 07〉완성〉심화01.psd

힌트 • 이미지 이동 후 변형 기능으로 모양 변형, 자석 올가미 도구 등을 사용하여 전등 선택 후 [레이어] – [새로 만들기] – [복사한 레이어] 명령을 실행하여 복사, 그림자 효과 레이어 스타일을 적용하여 일반 레이어화 시킨 후 각각 크기 조절, 수평 문자 도구로 문자 입력 후 그레이디언트 오버레이 적용

2) 레이어 스타일을 사용하여 스킨 모양을 만들어 보세요.

▲ 준비파일 : 섹션 07〉샘플〉심화02.jpg   ▲ 완성파일 : 섹션 07〉완성〉심화02.psd

힌트 • 배경 레이어 복사 후 사각형 선택 윤곽 도구로 페더 값 적용하여 선택, 반전 기능 적용 후 삭제, 필터에서 가우시한 흐림 효과 적용, 다시 배경 레이어 복사 후 필요한 부분만 편집, 레이어 스타일 적용

3) 준비된 파일을 이용하여 이미지 합성 후 문자를 입력 해 보세요.

▲ 준비파일 : 섹션 07〉샘플〉심화03-01.jpg, 심화03-02.jpg   ▲ 완성파일 : 섹션 07〉완성〉심화03.psd

힌트 • 자동 선택 도구로 상자 선택 후 이동, 그림자 효과 레이어 스타일 적용 후 일반 레이어화 시켜 왜곡 기능으로 그림자 모양 변형, 수평 문자 도구로 문자 입력 후 모양으로 변환 후 변형 기능을 모양 수정

08

마스크 기능을 활용한 이미지 합성

그동안 도구 패널과 레이어에 대한 개념이나 변형, 레이어 스타일 등의 다양한 기능을 학습하였습니다. 이번 학습에서는 앞서 학습하였던 모든 기능과 마스크 기능, 혼합 모드 기능을 이용하여 여러 개의 이미지를 자연스럽게 합성해 보겠습니다.

Preview

〈학습내용〉

따라하기 01. 클리핑 마스크 적용하기 　　　　따라하기 02. 레이어 마스크 적용하기
따라하기 03. 마스크와 혼합 모드 적용하기 　　따라하기 04. 액자 스킨 만들기
따라하기 05. 혼합 모드를 활용한 배경 만들기

▲ 완성파일 : 섹션 08〉완성〉실습01.psd

▲ 완성파일 : 섹션 08〉완성〉실습02.psd

▲ 완성파일 : 섹션 08〉완성〉실습03.psd

▲ 완성파일 : 섹션 08〉완성〉실습04.psd

▲ 완성파일 : 섹션 08〉완성〉실습05.psd

 체크포인트

- 클리핑 마스크를 적용하여 이미지를 합성해 봅니다.
- 레이어 마스크 기능으로 자연스럽게 이미지를 합성해 봅니다.
- 클리핑 마스크와 혼합 모드를 사용하여 독특한 이미지를 표현해 봅니다.
- 필터와 레이어 스타일, 마스크 기능을 사용하여 스킨을 만들어 봅니다.
- 선택 도구와 변형 기능, 혼합 모드를 사용하여 배경을 만들어 봅니다.

01 [파일]–[열기] 메뉴를 선택하여 '섹션 08〉샘플〉실습01-01.jpg, 실습01-02.jpg' 이미지를 불러옵니다. 마스크 기능을 이용하여 두 이미지를 합성해 보겠습니다.

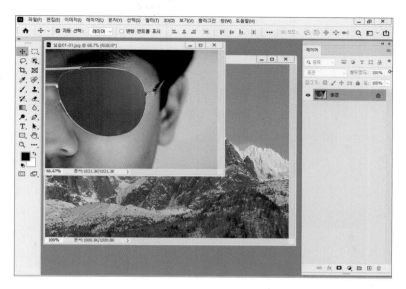

02 먼저 [창] 메뉴에서 패스 패널을 불러와 하단의 '새 패스를 만듭니다.' 버튼을 클릭하여 새로운 패스 영역을 만듭니다. 그런 다음 펜 도구를 사용하여 안경을 따라 곡선 작업을 합니다.

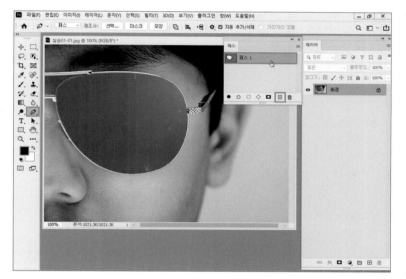

03 Ctrl 키를 누른 채 패스 패널의 작업 패스 영역의 축소판 부분을 클릭하여 선택 영역을 활성화 시키고, 레이어 패널에서 '새 레이어를 만듭니다.' 버튼을 클릭하여 투명 레이어를 추가합니다.

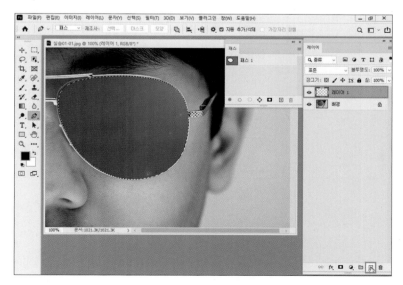

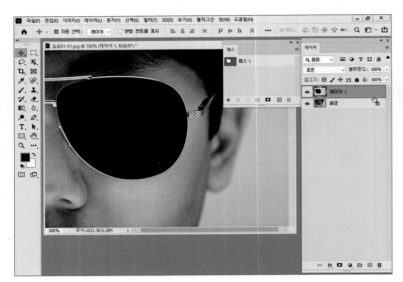

04 그런 다음 [Alt] + [Delete]를 눌러 임의의 색상을 채워 넣습니다.

Tip
[Alt] + [Delete] 키는 지정된 전경색을 한 번에 채워 넣기 위한 단축키이며, 반대로 [Ctrl] + [Delete] 키는 배경색을 채워 넣습니다.

05 산 이미지를 선택하고 이동 도구로 작업 중인 이미지로 끌어옵니다. 이때 전경색을 채워 넣은 레이어 바로 위에 위치하도록 해야 합니다.

06 레이어 패널에서 산 이미지를 선택하고, [레이어]-[클리핑 마스크 만들기] 메뉴를 클릭합니다. 그러면 하단의 이미지 영역 안에만 산 이미지가 보이게 됩니다.

 클리핑 마스크는 선택된 레이어 이미지를 하위 레이어 안으로 넣어 하위 레이어의 이미지 안쪽 영역에만 보이도록 하는 기능입니다.

07 [편집]-[자유 변형] 메뉴를 실행하여 크기를 조절하고, 표현하고자 하는 이미지만큼 이동시켜줍니다.

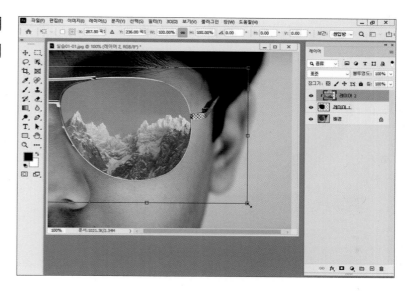

08 좀 더 자연스런 합성을 위해서 산 이미지 레이어를 선택하고, [필터]-[렌더]-[렌즈 플레어] 메뉴를 클릭하여 빛의 종류와 위치를 변경합니다.

09 다양한 빛의 종류를 활용하여 자연스런 빛 효과를 적용할 수 있습니다.

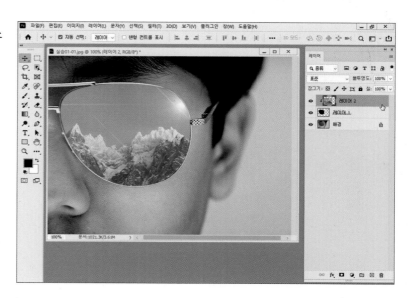

01 [파일]-[열기] 메뉴를 선택하여 '섹션 08〉샘플〉실습02-01.jpg, 실습02-02. jpg' 이미지를 불러옵니다.

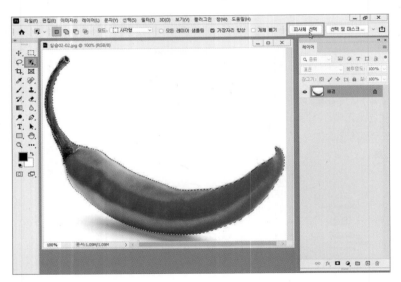

02 먼저 고추 이미지에서 개체 선택 도구를 선택하고 옵션 패널의 '피사체 선택' 버튼을 클릭하여 고추 이미지를 선택합니다.

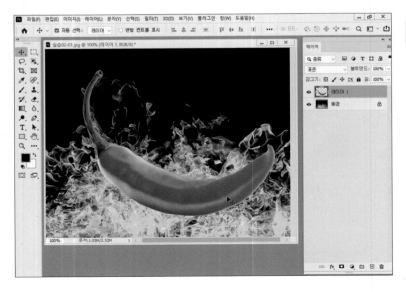

03 이동 도구를 사용하여 불 이미지로 이동시킨 후 [편집]-[자유 변형] 명령을 실행하여 크기를 축소합니다.

04 고추 이미지 레이어가 선택된 상태에서 패널 하단의 '레이어 마스크를 추가합니다.' 버튼을 클릭하면 레이어 마스크 축소판이 생성되는 것을 볼 수 있습니다.

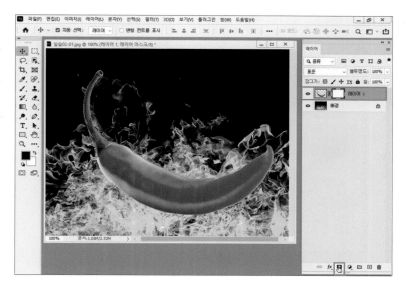

05 이미지의 경계 부분을 자연스럽게 합성하기 위해서 도구 패널에서 브러쉬 도구를 선택합니다. 그리고 옵션 패널에서 브러쉬의 종류와 크기를 조절한 후 전경색이 검정색임을 확인한 후 이미지 하단 부분을 드래그 합니다.

 레이어 마스크는 이미지를 가려주는 기능으로 검정색 영역은 마스크 되어 가려지게 되고, 흰색 영역은 이미지가 그대로 보이게 됩니다.

06 전경색을 검정색과 흰색으로 바꿔가면서 반복적으로 마우스를 터치하여 고추 이미지를 자연스럽게 합성합니다.

01 [파일]-[열기] 메뉴를 선택하여 '섹션 08〉샘플〉실습03-01.jpg, 실습03-02. jpg' 이미지를 불러옵니다.

02 사람 이미지를 선택하고 도구 패널에서 자석 올가미 도구를 선택한 후 옵션 패널에서 빈도수를 높게 지정하고 이미지 외곽을 따라 마우스를 드래그 하여 선택합니다.

Tip
선택 영역을 편집하고자 할 경우에는 올가미 도구를 선택하고 **Shift** 키를 누른 채 드래그 하여 영역을 추가하거나 **Alt** 키를 누른 채 드래그 하여 영역을 제외시켜 주면 됩니다.

03 [레이어]-[새로 만들기]-[복사한 레이어] 메뉴를 실행하여 선택된 이미지를 하나 더 복사합니다. 레이어 패널을 보면 이미지가 복제되어 하나의 레이어가 따로 분리된 것을 볼 수 있습니다.

Tip
복사한 레이어 기능은 선택된 이미지 영역을 복사하여 새로운 레이어로 만들어 주고, 오린 레이어 기능은 선택된 이미지 영역을 잘라내어 새로운 레이어로 만듭니다.

04 야경 이미지를 선택하고 이동 도구를 사용하여 작업 중인 창으로 드래그 하여 끌어옵니다. 이때 레이어 패널에서 앞서 복사해 놓은 사람 이미지 레이어 위쪽에 위치하도록 해야 합니다.

05 그런 다음 [레이어]-[클리핑 마스크 만들기] 메뉴를 실행하여 하단의 이미지 영역 안에만 야경 이미지가 보이도록 적용합니다.

06 계속하여 레이어 패널 상단의 혼합 모드에서 '오버레이'를 적용하여 하단의 이미지와 혼합 되도록 표현합니다.

 강의 노트 혼합 모드는 선택된 레이어와 하단 레이어와의 색상 합성 방법을 다양한 모드로 적용하여 나타낼 수 있습니다. 또한 최신 버전에서는 마우스를 스크롤 하면 실시간으로 이미지가 어떻게 변하는지 미리 확인하여 적용할 수 있습니다

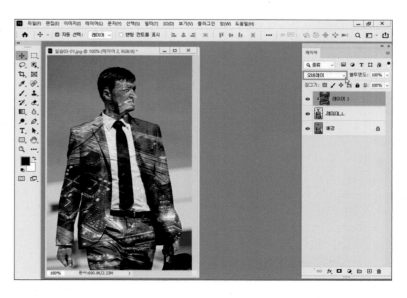

01 [파일]-[열기] 메뉴를 선택하여 '섹션 08>샘플>실습04.jpg' 이미지를 불러옵니다. 다양한 기능을 활용하여 스킨 이미지를 만들어 보겠습니다.

02 배경을 흑백으로 처리하기 위해서 먼저 배경 레이어를 선택하고 패널 하단의 '새 레이어를 만듭니다.' 버튼으로 드래그 하여 하나의 레이어를 복사한 후 [이미지]-[조정]-[채도 감소] 메뉴를 실행하여 흑백으로 바꿔줍니다.

03 도구 패널에서 사각형 도구를 선택하고 옵션 패널에서 선택 도구 모드를 '모양'으로 지정한 후 직사각형을 그려줍니다.

04 그리고 위와 동일한 방법으로 컬러 배경 이미지를 하나 더 복사한 후 앞서 그려놓은 직사각형 위쪽으로 이동시켜줍니다.

05 컬러 이미지가 선택된 상태에서 [레이어]-[클리핑 마스크 만들기] 메뉴를 실행하여 직사각형 안에만 이미지가 보이도록 합니다.

06 계속하여 [편집]-[자유 변형] 메뉴를 실행하여 이미지 크기를 축소시켜 줍니다.

07 레이어 패널에서 직사각형 레이어와 클리핑 마스크를 적용한 컬러 이미지 레이어를 Ctrl 키를 사용하여 같이 선택한 다음 [편집]-[자유 변형] 메뉴를 실행하여 회전시켜줍니다.

Tip

레이어 패널에서 Shift 키를 누른 채 다른 레이어를 클릭하면 연결된 다른 레이어들도 모두 선택되고, 반대로 Ctrl 키를 누른 채 레이어를 클릭하면 개별적으로 다중 선택이 가능합니다.

08 사각형 안쪽에 컬러 이미지를 하나 더 복사한 후 [필터]-[흐림 효과]-[동작 흐림 효과]를 적용하여 움직임 효과를 적용합니다.

09 그런 다음 레이어 패널 하단의 '레이어 마스크를 추가합니다.' 버튼을 클릭하여 마스크를 씌운 후 도구 패널에서 브러쉬 도구를 선택하고 옵션 패널에서 브러쉬의 종류와 크기를 조절합니다. 또한 전경색을 검정색으로 지정합니다.

10 하단의 이미지가 보이도록 브러쉬를 여러 번 터치하여 뒤쪽에만 움직임 효과가 나타나도록 자연스럽게 정리해 줍니다.

11 마지막으로 사각형 레이어를 선택하고 패널 하단의 '레이어 스타일을 추가합니다.' 버튼을 클릭하여 '획'을 선택한 후 대화상자에서 크기와 위치, 색상 등 옵션을 조절합니다.

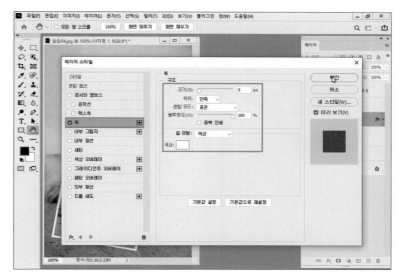

12 또한 그림자 효과를 선택하여 세부 옵션을 조절하여 작업을 마무리 합니다.

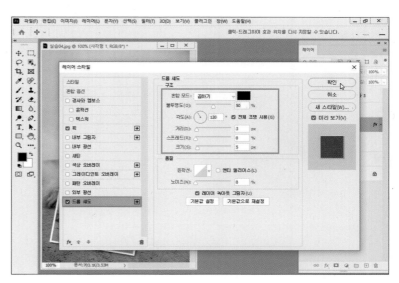

따라하기 (05) 혼합 모드를 활용한 배경 만들기

01 [파일]-[열기] 메뉴를 선택하여 '섹션 08〉샘플〉실습05-01.jpg, 실습05-02. jpg' 이미지를 불러옵니다.

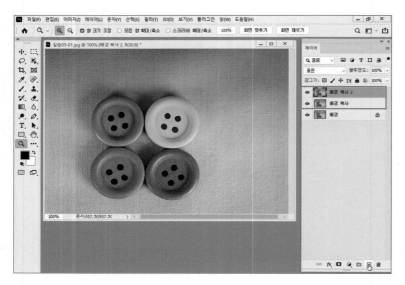

02 먼저 체크무늬 배경을 만들기 위해서 레이어 패널에서 배경 레이어를 '새 레이어를 만듭니다.' 버튼으로 드래그 하여 두 개를 더 복사합니다.

03 복사된 레이어의 상단 레이어를 선택하고 도구 패널에서 단일 행 선택 윤곽 도구를 선택한 후 이미지에 클릭하여 선택합니다.

강의 노트 도구 패널의 단일 행 선택 윤곽 도구와 단일 열 선택 윤곽 도구는 가로와 세로 방향의 1픽셀만 선택할 수 있는 도구들입니다.

04 [편집]-[자유 변형] 메뉴를 선택하고 옵션 패널에서 가운데 '종횡비를 유지합니다.'를 해제한 상태에서 변형 컨트롤을 드래그 하여 픽셀 이미지가 세로로 늘어나도록 합니다.

Tip

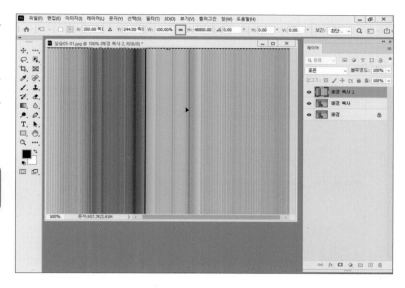

05 Enter 키를 누르고 다시 Ctrl + D를 눌러 선택 영역을 해제합니다. 그리고 방금 작업하였던 레이어의 눈 아이콘을 클릭하여 화면에서 보이지 않도록 숨겨놓은 후 하단의 레이어를 선택합니다.

06 이번에는 단일 열 선택 윤곽 도구를 사용하여 세로 방향의 선택 영역을 만들어 [편집]-[자유 변형] 명령을 사용하여 이미지를 가로로 늘어뜨립니다.

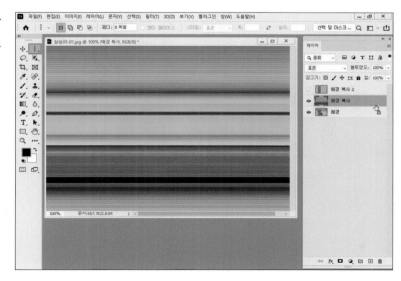

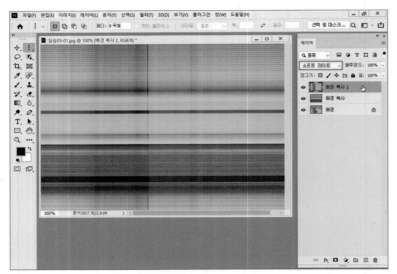

07 앞서 화면에 보이지 않도록 숨겨놓았던 레이어를 선택하고 다시 화면에 보이도록 눈 아이콘을 클릭한 후 레이어 패널 상단의 혼합 모드에서 '소프트 라이트'를 선택하여 하단의 레이어와 색상을 혼합합니다.

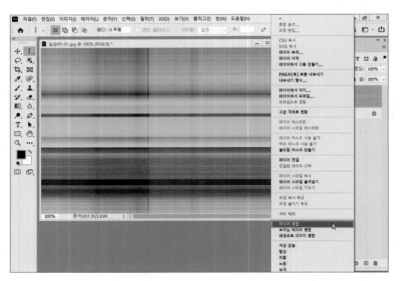

08 혼합된 두 개의 레이어를 하나로 합쳐주기 위해서 Shift 키를 사용하여 두 개의 레이어를 다중 선택한 후 마우스 오른쪽 키를 눌러 '레이어 병합'으로 합쳐줍니다.

09 이번에는 사진 이미지를 가져오기 위해서 이동 도구를 선택하고 Shift 키를 누른 채 작업 중인 이미지로 이동시킵니다.

TIP
여기서 Shift 키를 사용하는 이유는 이미지를 중앙에 끌어오기 위해서입니다.

10 [편집]-[자유 변형] 메뉴를 선택하고 Alt + Shift 키를 누른 상태에서 변형 컨트롤을 드래그 하여 크기를 축소하고 Enter 키를 누릅니다.

Tip

크기를 조절할 경우 Alt 키를 누르면 변형 컨트롤 사용 시 중앙을 기준으로 크기를 조절하기 위해서이고 Shift 키는 가로, 세로 비율을 유지한 채로 크기를 조절하기 위해서입니다.

11 이제 레이어 패널 하단의 '레이어 스타일을 추가합니다.' 버튼을 눌러 획을 선택한 후 화면처럼 옵션을 조절합니다.

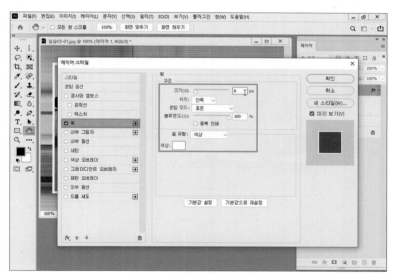

12 계속하여 그림자 효과를 선택하여 옵션을 조절하고 확인 버튼을 클릭합니다.

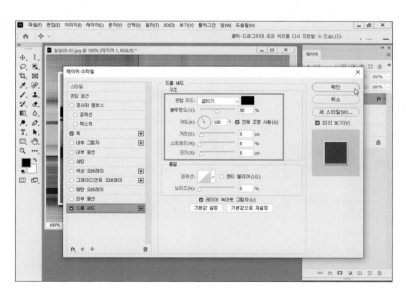

13 마지막으로 레이어 패널에서 앞서 작업해 놓은 배경 레이어를 선택하고, 도구 패널에서 다각형 올가미 도구를 선택한 후 삼각형 모양으로 선택 영역을 만듭니다.

14 그런 다음 [레이어]-[새로 만들기]-[복사한 레이어] 메뉴를 실행하여 하나의 레이어를 복사한 후 패널에서 가장 위쪽으로 이동시켜줍니다.

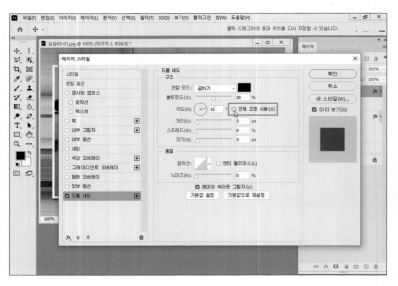

15 레이어 패널 하단의 '레이어 스타일을 추가합니다.' 버튼을 클릭하여 그림자 효과를 선택하고, 대화상자에서 '전체 조명 사용' 옵션을 체크하지 않은 채로 그림자의 방향과 퍼짐 정도를 조절합니다.

Tip

전체 조명 사용 옵션을 체크한 채로 그림자 효과의 방향을 적용하면 다른 레이어에 적용한 그림자 효과에도 영향을 주게 됩니다.

16 레이어 스타일 효과가 적용된 리스트에서 효과 또는 fx 아이콘 위에 마우스 오른쪽 버튼을 클릭하여 '레이어 만들기'를 적용합니다.

Tip

레이어 스타일 효과를 일반 레이어로 변환시키는 기능입니다.

17 분리된 그림자 레이어를 선택하고, 도구 패널에서 지우개 도구를 선택한 후 옵션 패널에서 브러쉬의 모양과 크기, 불투명도를 설정합니다.

18 그런 다음 그림자 부분을 반복적으로 터치하여 자연스럽게 지워줍니다. 혼합 모드를 사용하여 다양한 색상과 모양의 이미지를 만들어 사용할 수 있습니다.

1

준비파일을 불러온 후 레이어 마스크 기능을 사용하여 합성시켜 보세요.

▲ 준비파일 : 섹션 08〉샘플〉기초01-01.jpg, 기초01-02.jpg

▲ 완성파일 : 섹션 08〉완성〉기초01.psd

힌트 • 이미지 끌어온 후 레이어 패널에서 레이어 마스크 적용 후 브러쉬로 터치

2

준비된 파일들을 불러와 하나의 이미지로 합성해 보세요.

▲ 준비파일 : 섹션 08〉샘플〉기초02-01.jpg, 기초02-02.jpg

▲ 완성파일 : 섹션 08〉완성〉기초02.psd

힌트 • 자석 올가미 도구를 사용하여 안쪽의 흰색 영역 선택 후 투명 레이어 생성 후 색상 채색, 레이어 스타일에서 내부 그림자 효과 적용, 사람 이미지 끌어와 영역 안쪽만 보이도록 레이어 마스크 적용 후 브러쉬 도구 사용하여 머리 부분만 보이도록 흰색으로 터치

3

주어진 이미지들을 불러온 후 혼합 모드를 사용하여 합성해 보세요.

▲ 준비파일 : 섹션 08〉샘플〉기초03-01.jpg, 기초03-02.jpg

▲ 완성파일 : 섹션 08〉완성〉기초03.psd

힌트 • 자동 선택 도구로 시계 영역만 선택 후 끌어와 크기 조절, 혼합 모드 적용

심화문제

1) 준비된 파일을 이용하여 하나의 이미지로 자연스럽게 합성해 보세요.

▲ 준비파일 : 섹션 08〉샘플〉심화01-01.jpg, 심화01-02.jpg

▲ 완성파일 : 섹션 08〉완성〉심화01.psd

힌트 • 자동 선택 도구를 사용하여 나뭇잎 영역만 선택한 후 '복사한 레이어' 기능으로 레이어 복사, 배경 이미지 끌어온 후 클리핑 마스크 적용하고, 혼합 모드로 합성

2) 주어진 이미지들을 불러와 재미난 이미지를 만들어 보세요.

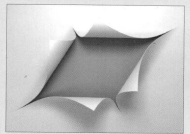

▲ 준비파일 : 섹션 08〉샘플〉심화02-01.jpg, 심화02-02.jpg

▲ 완성파일 : 섹션 08〉완성〉심화02.psd

힌트 • 펜 도구와 패스 패널을 사용하여 찢어진 부분 선택, 인물 이미지 끌어와 크기 조절 후 레이어 마스크 적용, 인물 이미지 복사 후 크기 조절과 회전, 수평 문자 도구로 문자 입력 후 뒤틀어진 텍스트 만들기 기능으로 모양 변형

3) 준비파일들을 불러온 후 이미지를 자연스럽게 하나로 합성시켜 보세요.

▲ 준비파일 : 섹션 08〉샘플〉심화03-01.jpg, 심화03-02.jpg

▲ 완성파일 : 섹션 08〉완성〉심화03.psd

힌트 • 자석 올가미 도구로 간판 모양 선택하고 투명 레이어에 채색, 배경 이미지 끌어온 후 클리핑 마스크 적용하고 모양 변형, 간판 영역만 선택 후 조정 레이어 사용하여 색상 보정, 수평 문자 도구로 문자 입력, 배경 이미지 복사하여 클리핑 마스크로 문자 영역 안에만 보이게 적용, 문자 레이어 선택 하고 획과 그림자 효과 적용

09 필터 및 다양한 기능 응용하기

필터 기능은 창조적인 이미지 작업을 위해 활용되며 필터 갤러리를 통하여 포토샵에서 제공하는 다양한 필터의 모양을 미리보기 할 수 있습니다. 또한 스마트 필터 기능을 이용하여 이미 적용되었던 필터의 옵션 값을 조절할 수도 있습니다. 앞서 다양한 채색 방법에 대해 학습해 보았습니다. 마지막으로 다양한 고급 기능과 패턴을 등록하여 활용하는 방법에 대해 학습해 보고자 합니다.

〈학습내용〉

따라하기 01. 유화느낌 표현하기
따라하기 03. 패턴 등록 및 적용하기
따라하기 05. 채널과 필터를 활용한 입체 효과 표현하기
따라하기 07. 패턴 미리보기와 패널 사용하기

따라하기 02. 필터를 활용한 이미지 합성하기
따라하기 04. 알파 채널을 이용한 선택 영역 저장하기
따라하기 06. Neural Filters 사용하기
따라하기 08. 하늘 대체 기능 활용하기

▲ 완성파일 : 섹션 09〉완성〉실습01.psd

▲ 완성파일 : 섹션 09〉완성〉실습02.psd

▲ 완성파일 : 섹션 09〉완성〉실습03.psd

▲ 완성파일 : 섹션 09〉완성〉실습04.psd

▲ 완성파일 : 섹션 09〉완성〉실습05.psd

▲ 완성파일 : 섹션 09〉완성〉실습06.psd

▲ 완성파일 : 섹션 09〉완성〉실습07.psd

▲ 완성파일 : 섹션 09〉완성〉실습08.psd

체크포인트

– 고급 필터용으로 변환 기능을 활용하여 유화느낌을 표현해 봅니다.
– 다양한 필터를 사용하여 이미지를 합성해 봅니다.
– 패턴을 등록한 후 적용시켜 봅니다.
– 알파 채널의 개념과 사용법을 익힙니다.
– 채널과 필터를 사용하여 입체 효과를 만들어 봅니다.
– 새롭게 추가된 Neural Filters를 사용해 봅니다.
– 패턴 미리보기 기능을 활용하여 패턴 등록 및 적용시켜 봅니다.
– [편집] 메뉴의 하늘 대체 기능을 사용해 봅니다.

01 [파일]-[열기] 메뉴를 선택하여 '섹션 09〉샘플〉실습01.jpg 이미지를 불러온 후 배경 레이어를 패널 하단의 '새 레이어를 만듭니다.' 버튼으로 드래그 하여 복사합니다.

02 복사된 레이어를 선택하고, [필터]-[고급 필터용으로 변환] 메뉴를 실행합니다.

강의노트 고급 필터용으로 변환 기능을 사용하면 필터 효과를 적용한 후에도 레이어 패널에 작업 리스트가 남아있어 수정할 수 있다는 장점이 있습니다.

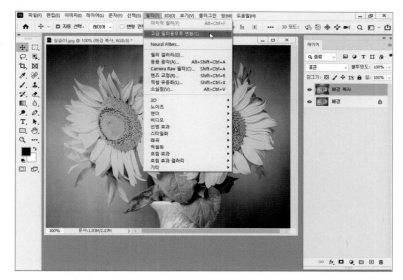

03 계속하여 [필터]-[스타일화]-[유화] 메뉴를 실행하여 대화상자에서 세부 옵션을 조절합니다.

04 그 결과 유화 느낌의 이미지로 표현됩니다. 레이어 패널의 리스트 부분을 더블클릭하여 세부 옵션을 조절하여 다양한 느낌으로 이미지를 표현할 수 있습니다.

05 레이어 패널 하단의 '레이어 마스크를 추가합니다.' 버튼을 클릭하여 마스크를 적용하고, 도구 패널에서 브러쉬 도구를 선택한 후 옵션 패널에서 브러쉬의 종류와 크기를 지정합니다.

06 또한 전경색을 검정색으로 지정하고 꽃 중앙 부분을 터치하여 하단의 원본 이미지가 보이도록 자연스럽게 가려줍니다.

01 [파일]-[새로 만들기] 메뉴를 실행하여 가로, 세로가 일정한 정사각형 모양의 이미지 창을 만듭니다.

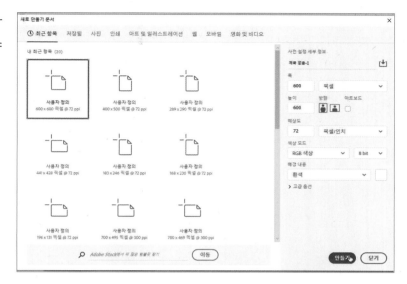

02 레이어 패널에서 투명 레이어를 추가한 후 Alt + Delete 키를 눌러 흰색을 채워 넣거나, 배경 레이어를 복사하여 흰색 배경을 만듭니다.

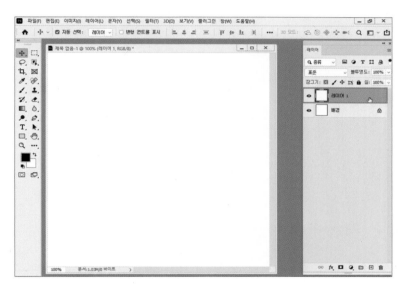

03 전경색과 배경색을 흰색과 원하는 색상으로 지정한 후 [필터]-[필터 갤러리]-[스케치 효과]-[하프톤 패턴]을 실행하여 선 유형으로 크기와 대비 값을 조절합니다.

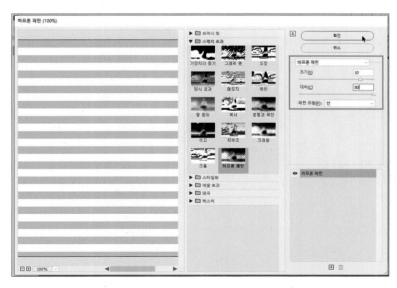

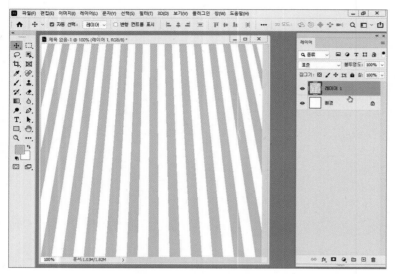

04 그리고 [편집]−[자유 변형] 메뉴를 실행하여 가로 무늬를 세로가 되도록 회전시켜 주고, 계속하여 [편집]−[변형]−[원근] 메뉴를 실행하여 원근감이 느껴지도록 모양을 변형시켜줍니다.

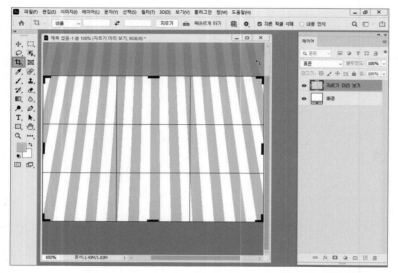

05 도구 패널에서 자르기 도구를 선택하고 영역 설정을 한 후 Enter 키를 눌러 상단 부분을 잘라줍니다.

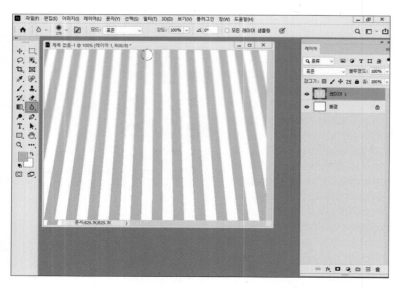

06 배경 뒷부분을 흐릿하게 처리하기 위해서 도구 패널에서 흐림 효과 도구를 선택하고, 옵션 패널에서 브러쉬의 종류와 크기를 설정한 후 반복적으로 터치하여 흐릿하게 처리해 줍니다.

07 [파일]-[열기] 메뉴를 선택하여 '섹션 09〉샘플〉실습02.jpg 이미지를 불러옵니다.

08 펜 도구를 선택하고 옵션 패널에서 선택 도구 모드를 '패스'로 지정합니다. 또한 패스 패널에서 '새 패스를 만듭니다.' 버튼을 클릭하여 패스를 생성한 후 이미지 외곽을 따라 패스 작업을 합니다.

09 잎사귀 중앙에 패스 영역을 제외시키기 위해서 옵션 패널에서 패스 작업을 '모양 오버랩 제외'를 선택하고 패스 작업을 합니다.

TIP

패스 작업 후 수정이 필요할 경우에는 직접 선택 도구를 사용하여 모양을 수정하면 됩니다.

10 ［Ctrl］ 키를 누른 채 패스 패널의 작업 패스 영역의 축소판 부분을 클릭하여 선택 영역을 활성화 시키고, 이동 도구를 사용하여 작업 중인 창으로 끌어옵니다.

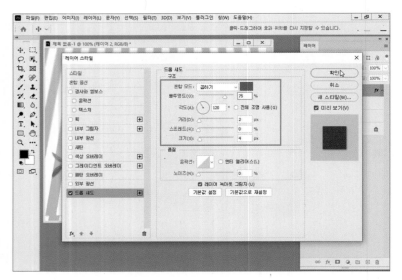

11 레이어 패널 하단의 '레이어 스타일을 추가합니다.' 버튼을 클릭하고 그림자 효과를 선택하여 세부 옵션을 조절합니다.

12 다양한 필터를 이용하거나 혼합하여 특별한 느낌을 표현할 수도 있습니다.

01 [파일]-[열기] 메뉴를 선택하여 '섹션 09>샘플>실습03.jpg 이미지를 불러옵니다.

02 격자 무늬 패턴을 만들기 위해서 레이어 패널 하단의 '새 레이어를 만듭니다.' 버튼을 클릭하여 투명 레이어를 추가하고, 돋보기 도구를 사용하여 화면을 크게 확대합니다.

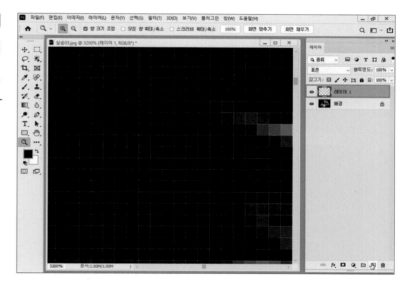

03 사각형 선택 윤곽 도구를 선택하고 길쭉하게 선택 영역을 잡아주고, 전경색을 회색으로 지정한 후 [Alt] + [Delete] 키를 눌러 채워줍니다.

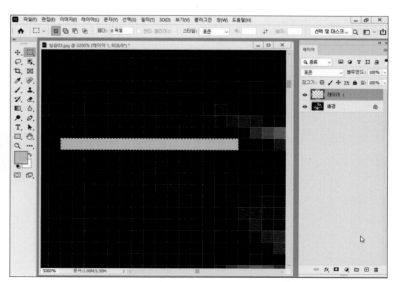

> **TIP**
> [Alt] + [Delete] 키는 지정된 전경색을 한 번에 채워 넣기 위한 단축키이며, 반대로 [Ctrl] + [Delete] 키는 배경색을 채워 넣습니다.

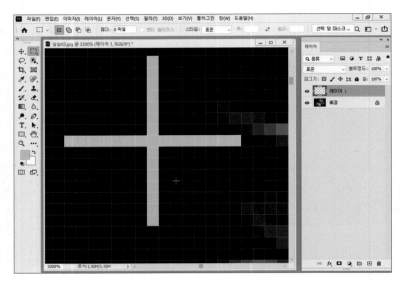

04 위와 동일한 방법으로 가로 선 또한 선택 후 회색으로 채워 넣습니다.

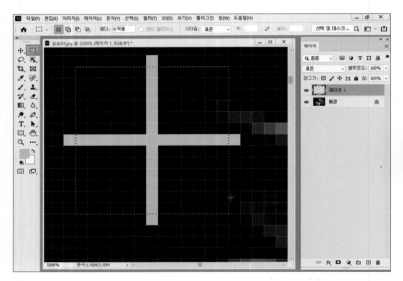

05 이제 패턴으로 등록하기 위해서 사각형 선택 윤곽 도구를 선택하고 Alt + Shift 를 누른 채 중앙에서부터 마우스로 드래그 하여 선택 영역을 만듭니다.

TIP

패턴 등록 시에는 반드시 사각형 선택 윤곽 도구를 사용해야 하며 이때 옵션 패널에서 페더 값이 설정되어 있으면 안됩니다.

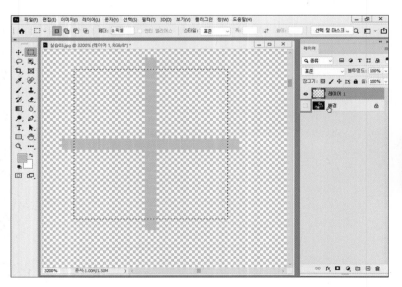

06 그리고 레이어 패널에서 현재 등록하고자 하는 회색 선 부분을 제외한 나머지 레이어는 눈 아이콘을 클릭하여 화면에 보이지 않도록 가려줍니다.

TIP

여기서 모든 레이어를 화면에서 가려주는 이유는 회색 라인을 제외한 나머지 부분을 투명하게 패턴으로 등록하여 하단의 배경 이미지가 투과되어 보이도록 하기 위해서입니다.

07 그런 다음 [편집]-[패턴 정의] 메뉴를 실행하여 투명 패턴으로 등록합니다.

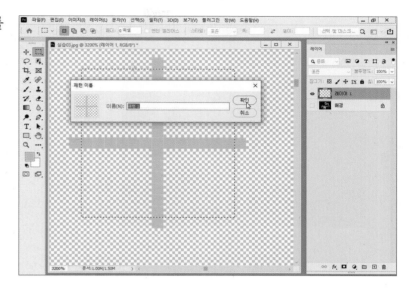

08 레이어 패널에서 투명 레이어를 하나 더 추가하고, 기존에 사용하였던 레이어는 삭제하거나 화면이 보이지 않도록 눈 아이콘을 클릭하여 보이지 않도록 처리합니다. 그런 다음 [편집]-[칠] 메뉴를 실행하여 나타난 대화상자에서 패턴 항목을 지정하고 앞서 등록했던 패턴 무늬를 선택한 후 확인 버튼을 클릭합니다.

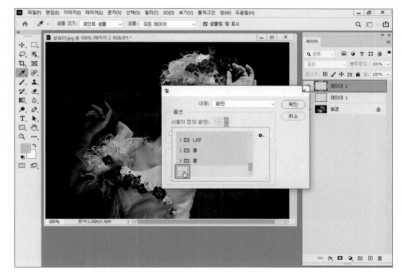

09 무늬를 좀 더 자연스럽게 합성하기 위해서 레이어 패널에서 혼합 모드를 적용합니다.

10 마지막으로 레이어 패널 하단의 '레이어 마스크를 추가합니다.' 버튼을 눌러 마스크 축소판을 불러오고, 전경색을 검정색으로 지정한 후 브러쉬 도구를 선택합니다. 또한 옵션 패널에서 브러쉬의 종류와 크기를 설정합니다.

11 중앙에 인물이 보이는 부분에 마우스를 터치하여 격자 무늬가 보이지 않도록 가려줍니다.

12 반대로 전경색을 흰색으로 지정한 후 터치하면 가려졌던 부분을 다시 보이게 할 수 있습니다.

01 [파일]-[열기] 메뉴를 선택하여 '섹션 09〉샘플〉실습04.jpg 이미지를 불러옵니다.

02 도구 패널에서 자석 올가미 도구를 선택하고 옵션 패널에서 빈도수를 높게 지정합니다. 그런 다음 이미지 외곽을 따라 마우스를 드래그 하여 선택합니다.

03 [선택]-[선택 영역 저장] 메뉴를 실행하여 확인 버튼을 클릭한 후, [창] 메뉴에서 채널 패널을 불러옵니다.

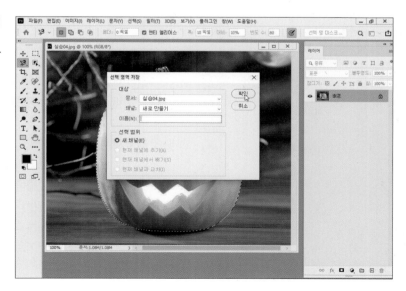

04 Ctrl + D를 눌러 선택 영역을 해제합니다. 채널 패널에 알파 채널이 등록된 것을 볼 수 있습니다.

> **Tip**
> 채널 패널이 흑백으로 보일 경우에는 [편집] – [환경 설정] – [인터페이스] – [색상 채널 표시] 항목을 체크하면 됩니다.

05 알파 채널에 등록한 흰색 부분을 다시 선택 영역으로 전환시키기 위해서 레이어 패널의 배경 레이어를 선택하고, Ctrl 키를 누른 채 알파 채널의 채널 축소판을 클릭합니다.

Power Upgrade

채널 패널

❶ **합성 채널** : RGB 또는 CMYK의 색상이 하나로 합쳐진 모드의 채널입니다.

❷ **색상 채널** : 각각의 색상 정보를 저장하는 채널이며, 이미지의 색상 모드에 따라 다르게 구성됩니다.

❸ **별색 채널** : 이미지에 별색을 적용하여 인쇄하는 경우에 사용하는 채널로 Spot 채널은 QuarkXpress, Indesign 같은 편집 프로그램으로 가져갈 수 있으며, 별색 분판 필름으로 출력 가능합니다. 알파 채널의 색상은 이미지에 영향을 주지 않지만 스팟 채널은 이미지에 직접 색상을 적용하게 됩니다.

❹ **알파 채널** : 선택 영역 또는 마스크 영역을 저장하는 채널입니다. 흰색과 검정, 회색으로 이루어진 256단계로만 이미지를 인식합니다.

01 [파일]-[열기] 메뉴를 선택하여 '섹션 09>샘플>실습05-01.jpg, 실습05-02. jpg 이미지를 불러옵니다.

02 먼저 배경 질감을 만들기 위해서 배경 이미지를 선택하고 채널 패널에서 하단의 '새 채널을 만듭니다.' 버튼을 클릭하여 알파 채널을 추가합니다.

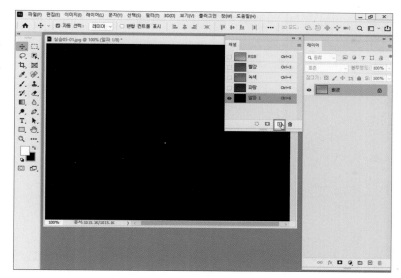

03 [필터]-[노이즈]-[노이즈 추가] 메뉴를 실행하여 노이즈 양을 조절합니다.

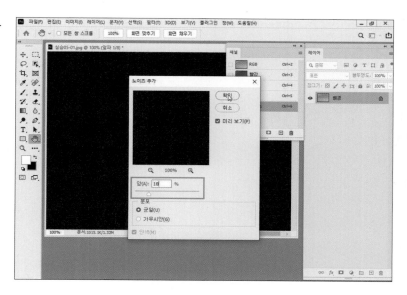

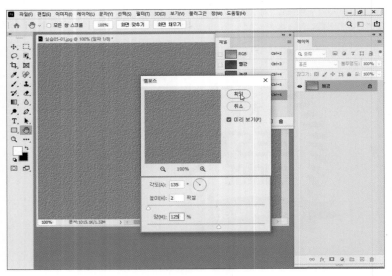

04 계속하여 [필터]-[스타일화]-[엠보스] 메뉴를 실행한 후 세부 옵션을 조절하여 입체적으로 표현합니다.

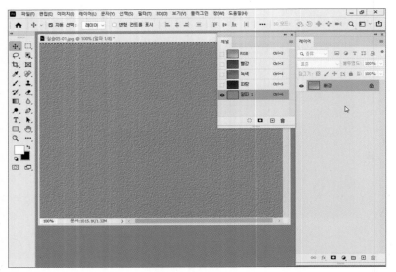

05 배경 이미지와 합성하기 위해서 [선택]-[모두] 메뉴를 실행하여 전체 영역을 선택한 후 [편집]-[복사] 명령을 실행합니다.

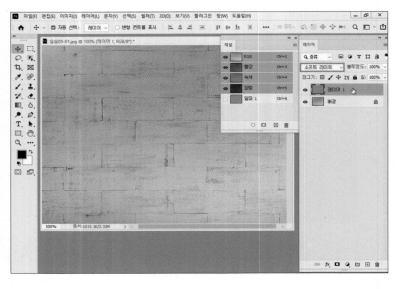

06 그런 다음 레이어 패널의 배경 레이어를 선택하여 채널 환경에서 벗어난후, [편집]-[붙여넣기]를 실행하여 입체 이미지를 불러온 후 패널 상단의 혼합 모드를 적용합니다.

07 이번에는 엠블럼 이미지에서 자동 선택 도구를 선하고 옵션 패널에서 인접 항목을 체크하지 않은 상태에서 검정색 무늬를 클릭하여 모두 선택합니다.

> **TIP**
> 인접 옵션은 클릭한 지점에 해당하는 이미지와 동일 색상만을 선택하고, 체크를 해제할 경우에는 이미지 전체에서 클릭한 지점과 동일한 색상을 모두 선택할 수 있습니다.

08 이동 도구를 사용하여 배경 이미지로 이동시킨 후 **Ctrl** 키를 누른 채 레이어 축소판을 클릭하여 선택 영역을 활성화 시킵니다.

09 [선택]–[선택 영역 저장] 메뉴를 실행 하고 채널 패널을 보면 흰색의 무늬 영역이 만들어진 알파 채널이 생성된 것을 볼 수 있습니다.

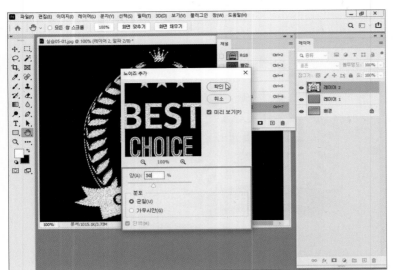

10 생성된 알파 채널을 선택하고, 선택 영역이 활성화 되어 있는 상태에서 [필터]-[노이즈]-[노이즈 추가] 메뉴를 실행하여 노이즈를 추가합니다.

11 Ctrl + D 를 눌러 선택 영역을 해제하고, [필터]-[스타일화]-[확산] 메뉴를 실행하여 거친 효과를 적용합니다.

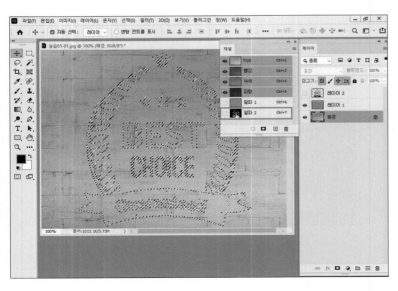

12 이제 레이어 패널에서 배경 레이어를 선택하고 Ctrl 키를 누른 채 '알파 2'의 채널 축소판을 클릭하여 선택 영역을 활성화 시킵니다.

13 가장 위쪽에 투명 레이어를 추가하고 전경색을 지정한 후 ⌐Alt⌐ + ⌐Delete⌐ 키를 눌러 선택 영역에 색상을 채워 넣습니다.

14 좀 더 자연스럽게 표현하기 위해서 레이어 패널 하단의 '레이어 스타일을 추가합니다.' 버튼을 클릭하여 내부 그림자를 선택 후 세부 옵션을 조절합니다.

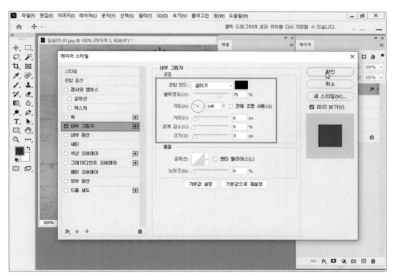

15 이와 같이 다양한 필터와 채널을 활용하여 다양한 느낌의 이미지를 표현할 수 있습니다.

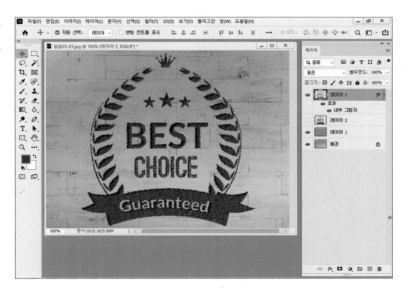

01 [파일]-[열기] 메뉴를 선택하여 '섹션 09〉샘플〉실습06.jpg 이미지를 불러옵니다.

02 [필터] 메뉴에서 [Neural Filters]를 클릭합니다.

강의노트 Neural Filters는 새롭게 추가된 기능으로 이미지를 좀 더 유동적이고 쉽게 변형시킬 수 있는 필터로 클라우드에서 적용 가능한 필터를 다운로드 받아 사용합니다.

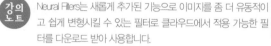

03 다운로드를 클릭하여 클라우드에서 다양한 필터를 다운로드하여 사용할 수 있습니다.

04 왼쪽에서 원하는 필터를 활성화시키고 오른쪽에 있는 패널의 옵션을 사용하여 효과를 적용합니다.

Neural Filters

새롭게 추가된 Neural Filters는 클라우드에서 필터를 다운로드하여 특수한 필터와 베타 필터 등을 사용하여 다양한 창의적인 아이디어를 표현할 수 있는 효과입니다
클릭하여 특수한 필터와 베타 필터를 모두 찾을 수 있습니다. 나중에 구현되는 필터를 직접 확인할 수도 있습니다.

❶ **기능적이고 완벽한 기능** : 클라우드에서 다운로드 된 실제 사용할 수 있는 필터입니다.

❷ **베타** : 실제 사용할 수 있으며 작업 과정이 계속해서 개선되고 있는 필터입니다.

❸ **출시 예정** : 아직 사용할 수 없지만 가까운 시일 내에 사용할 수 있는 필터입니다.

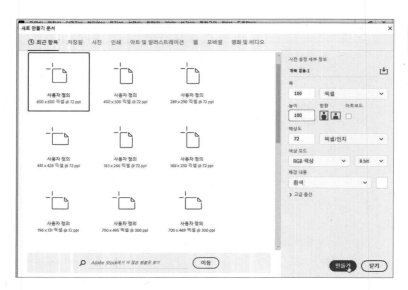

01 [파일]-[새로 만들기] 메뉴를 클릭하여 가로, 세로가 동일한 정사각형 이미지 창을 만듭니다.

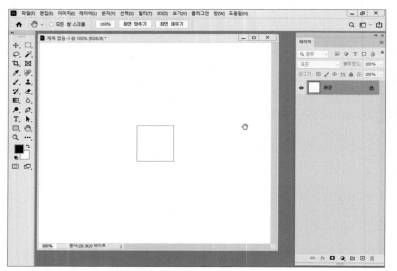

02 이미지 창 모서리를 드래그하여 대지가 화면에 크기 보이도록 하고, [보기] 메뉴에서 [패턴 미리 보기]를 클릭합니다.

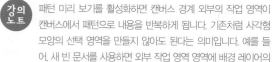

강의 노트 패턴 미리 보기를 활성화하면 캔버스 경계 외부의 작업 영역이 캔버스에서 패턴으로 내용을 반복하게 됩니다. 기존처럼 사각형 모양의 선택 영역을 만들지 않아도 된다는 의미입니다. 예를 들어, 새 빈 문서를 사용하면 외부 작업 영역 영역에 배경 레이어의 색상이 반복되고, 패턴 또한 반복시켜 보여줍니다.

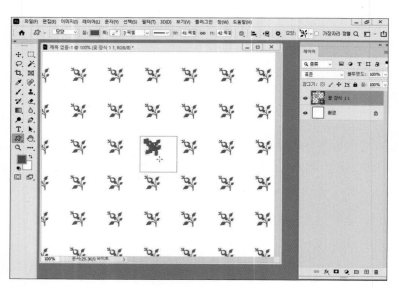

03 사용자 정의 모양 도구를 선택하고 전경색을 원하는 색으로 지정합니다. 옵션 패널에서 꽃 모양을 하나 선택하고 사각형 영역 안쪽에 Shift 키를 누른 채 드래그하여 그려줍니다.

04 영역 안쪽을 제외한 나머지 대지 부분에도 패턴이 표현되는 것을 볼 수 있습니다. 계속하여 다른 모양을 선택하고, 전경색을 바꿔준 뒤 사각형 영역 안쪽에 드래그하여 그려줍니다.

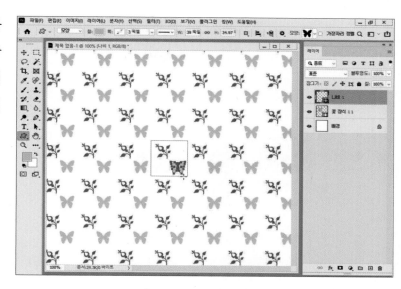

05 [편집]-[자유 변형] 메뉴를 클릭하여 나비 모양을 회전시켜봅니다. 패턴 미리보기 기능에 의해 전체적으로 패턴이 회전되는 것을 한 눈에 볼 수 있습니다.

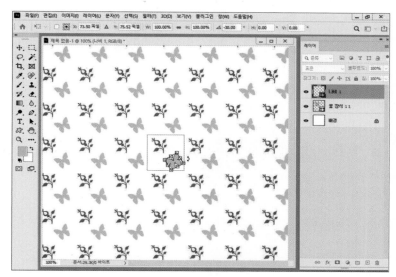

06 [창] 메뉴에서 [패턴]을 클릭하여 패턴 패널을 불러온 후 패널 하단의 '새 패턴 만들기' 버튼을 클릭하여 패턴으로 저장합니다.

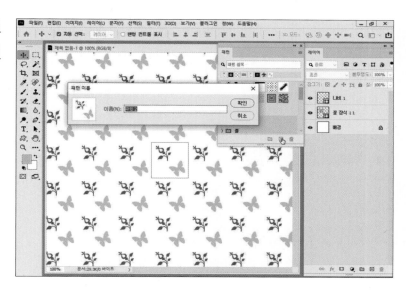

07 [파일]-[열기] 메뉴를 선택하여 '섹션09〉샘플〉실습07.jpg' 이미지를 불러옵니다.

08 레이어 패널에서 새로운 레이어를 추가하고 패턴 패널에서 앞서 등록한 패턴을 클릭하여 채워 넣습니다. 또한 혼합 모드에서 원하는 명령을 적용시켜 봅니다.

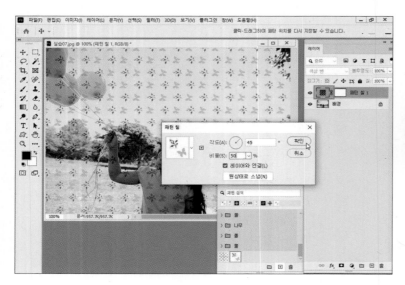

09 레이어 패널에서 레이어 축소판을 더블클릭하면 패턴 칠 대화상자가 나타나 각도와 크기 등을 조절할 수 있습니다.

Tip

기존에는 패턴 등록 후 회전이나 크기 조절이 자유롭지 못하였으나 패턴 칠 기능을 사용함으로써 등록된 패턴에 대하여 자유롭게 변형이 가능해졌습니다.

10 레이어 패널에서 오른쪽 마스크 영역을 선택하고, 도구 패널에서 브러쉬 도구를 선택합니다. 전경색을 검정색으로 지정하고 브러쉬 크기를 조절합니다.

11 인물 부분을 드래그하여 패턴이 보이지 않도록 가려줍니다.

12 나머지 부분 또한 브러쉬의 크기를 조절해 가며 배경을 정리해 줍니다.

01 [파일]-[열기] 메뉴를 선택하여 '섹션 09〉샘플〉실습08.jpg' 이미지를 불러옵니다.

02 [편집] 메뉴에서 [하늘 대체]를 클릭하면 대화상자가 나타납니다.

03 사용하고자 하는 하늘 모양을 선택한 후 세부 옵션을 조절하여 다양하게 표현해 봅니다.

Power Upgrade

하늘 대체

새롭게 추가된 하늘 대체 기능을 사용하여 손쉽게 다른 하늘 모양을 선택하고 세부 옵션을 조절하여 극적인 효과를 추가할 수 있습니다.

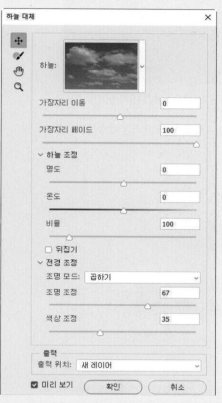 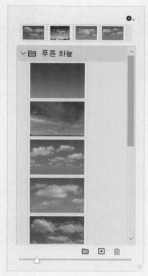

❶ **도구** : 하늘 이동 도구, 하늘 브러쉬, 손 도구, 돋보기 도구 등을 사용합니다.

❷ **가장자리 이동** : 하늘과 원본 이미지 사이의 테두리가 시작되는 위치를 결정합니다.

❸ **가장자리 페이드** : 하늘 이미지에서 가장자리를 따라 원본 사진으로 페이드 또는 페더링되는 양을 설정합니다.

❹ **명도** : 하늘의 밝기를 조정합니다.

❺ **온도** : 하늘의 온도를 따뜻하게 또는 차갑게 조정합니다.

❻ **비율** : 하늘 이미지 크기를 조정합니다.

❼ **뒤집기** : 하늘 이미지를 가로로 뒤집습니다.

❽ **조명 모드** : 조정에 사용되는 혼합 모드를 결정합니다.

❾ **조명 조정** : 하늘과 혼합되는 기본 이미지를 밝게 하거나 어둡게 하는 불투명도 슬라이더입니다.

❿ **색상 조정** : 불투명도 슬라이더는 전경이 하늘색과 얼마나 조화를 이루는지 결정합니다.

⓫ **출력** : 이미지의 변경 내용을 새 레이어(마스크가 있는 이름이 지정된 레이어 그룹)에 배치할지, 레이어 복제(단일 병합 레이어)에 배치할지 선택할 수 있습니다.

이미지를 불러온 후 필터 효과를 이용하여 자연스럽게 꾸며 보세요.

▲ 준비파일 : 섹션 09〉샘플〉기초01.jpg

▲ 완성파일 : 섹션 09〉완성〉기초01.psd

힌트 • 배경 레이어 복사 후 고급 필터용으로 변환 명령 적용 후 [필터] – [흐림 효과] – [동작 흐림 효과] 적용, 레이어 마스크 적용 후 하단 부분만 필터 효과가 보이도록 처리, [필터] – [렌더] – [렌즈 플레어] 적용

준비파일을 불러온 후 여러 가지 기능을 활용하여 자연스럽게 표현해 보세요.

▲ 준비파일 : 섹션 09〉샘플〉기초02.jpg

▲ 완성파일 : 섹션 09〉완성〉기초02.psd

힌트 • [이미지] – [캔버스 크기] 명령을 적용하여 하단 영역 키우기, 이미지 선택 후 복사한 레이어 기능을 사용하여 레이어 분리 후 변형 기능으로 뒤집기, [필터] – [왜곡] – [잔물결] 필터 적용 후 레이어 마스크 적용하여 자연스럽게 합성

준비파일을 이용하여 격자 무늬의 광고이미지를 만들어 보세요.

▲ 준비파일 : 섹션 09〉샘플〉기초03.jpg

▲ 완성파일 : 섹션 09〉완성〉기초03.psd

힌트 • 정사각형 모양의 새 창을 만든 뒤 [보기] – [표시] – [격자] 또는 안내선을 이용하여 가로 세로 삼등분, 준비파일을 끌어와 크기 조절 후 패턴 등록 및 칠하기, 각각 선택 한 후 조정 레이어 사용하여 색상 보정, 수평 문자 도구로 문자 입력 후 그레이디언트 오버레이 적용

1) 준비파일을 불러온 후 자연스럽게 합성해 보세요.

▲ 준비파일 : 섹션 09〉샘플〉심화01-01.jpg, 심화01-02.jpg

▲ 완성파일 : 섹션 09〉완성〉심화01.psd

힌트 • 태블릿 안쪽 영역만 선택 한 후 레이어 패널에 채색, 꽃 이미지 불러온 후 클리핑 마스크 적용한 후 크기 조절, 화면 확대하여 가는 선을 투명 패턴으로 등록 후 칠하기, 클리핑 마스크 적용 후 영역 안쪽으로 내부 그림자 적용

2) 다양한 기능을 사용하여 두 파일을 자연스럽게 합성해 보세요.

▲ 준비파일 : 섹션 09〉샘플〉심화02-01.jpg, 심화02-02.jpg

▲ 완성파일 : 섹션 09〉완성〉심화02.psd

힌트 • 펜 도구와 패널을 활용하여 안경과 반사광 영역 패스 작업, 레이어 분리하여 각각 채색 후 바다 이미지를 클리핑 마스크 적용, [필터] – [왜곡] – [핀치] 적용하여 입체적으로 표현, 안경 영역 안쪽에 내부 광선 적용, 반사광 부분에 채색 후 [필터] – [흐림 효과] – [가우시안 흐림 효과] 적용

3) 준비파일을 불러온 후 다양한 기능으로 합성하여 광고 이미지를 제작해 보세요.

▲ 준비파일 : 섹션 09〉샘플〉심화03-01.jpg, 심화03-02.jpg, 심화03-03.jpg

◀ 완성파일 : 섹션 09〉완성〉심화03.psd

힌트 • 펜 도구와 패스 패널 활용하여 패스 작업, 자석 올가미 도구를 사용한 이미지 선택, 사용자 정의 모양 도구를 사용한 모양 만들기, 클리핑 마스크를 적용하여 이미지 합성, 그레이디언트 색상 활용

일러스트레이터 CC

01 일러스트레이터 기본 익히기

일러스트레이터의 화면 구성과 도구 패널을 살펴보고 일러스트레이터를 익숙하게 다루기 위해 알아두어야 할 기본적인 인터페이스 관리와 파일 다루는 방법에 대해서 알아보겠습니다.

Preview

〈학습내용〉

따라하기 01. 새 아트보드 만들기 및 파일 저장하기   따라하기 02. 도구와 패널 등 인터페이스 설정하기
따라하기 03. 화면 확대 및 축소하기   따라하기 04. 아트보드 사이즈 조절하기

▲ 완성파일 : 섹션 01〉샘플〉실습01.ai

체크포인트

– 새로운 작업 창을 만들거나 파일 불러오기, 저장하기 등을 학습합니다.
– 프로그램을 용이하게 사용할 수 있도록 인터페이스를 관리합니다.
– 돋보기 도구를 이용하여 화면을 확대하거나 축소할 수 있습니다.
– 아트보드 도구를 이용하여 작업 사이즈를 자유롭게 조절합니다.

01 화면 하단의 작업표시줄 왼쪽에 있는 '시
작' 버튼을 클릭하고 Adobe Illustrator
CC를 클릭하여 프로그램을 실행합니다.

**강의
노트** 이 도서는 윈도10 환경이며 프로그램의 패키지 종류에 따라
Adobe Illustrator CC 프로그램을 실행하는 순서가 다를 수도 있습
니다.

02 왼쪽 상단의 '새로 만들기' 버튼을 클릭
하거나 [파일] 메뉴의 [새로 만들기]를
실행하면 모바일, 웹, 인쇄 등 다양한 형태를 선
택하여 작업할 수 있도록 탬플릿이 나타납니다.

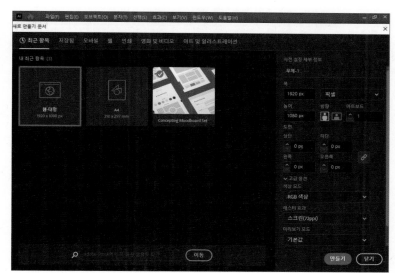

03 임의적으로 원하는 도큐먼트를 만들고
자 할 경우에는 대화상자 오른쪽에 폭
과 높이 값을 입력하고 원하는 기본 단위와 방
향 등을 지정하고 '만들기' 버튼을 클릭합니다.

04 새 아트보드가 나타나고 사용자가 원하는 작업을 한 후 파일로 저장하기 위해서 [파일]-[저장] 또는 [다른 이름으로 저장] 메뉴를 선택하면 컴퓨터와 클라우드 중 선택하여 파일을 저장할 수 있는 대화상자가 나타납니다.

05 '클라우드 문서에 저장' 버튼을 클릭하여 클라우드 문서로 저장해 두면 언제 어디서나 여러 장치에서 작업할 수 있습니다. 물론 컴퓨터에 저장하고자 한다면 '내 컴퓨터에 저장' 버튼을 클릭하여 파일 이름과 형식을 지정한 후 저장하면 됩니다.

06 이번에는 작업 화면에 파일을 불러오기 위해서 첫 화면의 '열기' 버튼을 클릭하거나, [파일]-[열기] 메뉴를 선택하여 '섹션 01〉샘플〉실습01.ai' 파일을 선택하고 '열기' 버튼을 클릭합니다.

Tip

클라우드에 저장된 파일을 불러오고자 할 경우에는 첫 화면에서 왼쪽 상단의 '클라우드 문서'를 선택하거나 [파일] – [열기] 메뉴에서 오른쪽 하단의 '클라우드 문서 열기' 버튼을 클릭하면 됩니다.

07 불러온 작업물이 화면의 탭에 붙어 열리는 것을 볼 수 있습니다.

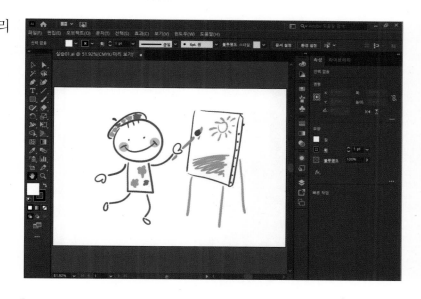

Power Upgrade

새로 만들기 문서 대화상자

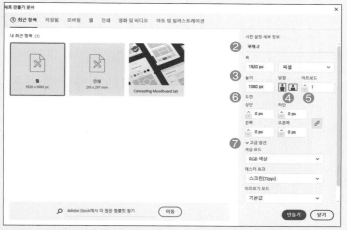

❶ **탬플릿** : Adobe Stock에서 제공하는 다양한 템플릿을 사용하여 문서를 만들 수 있습니다.

❷ 문서의 이름을 입력합니다. 저장 시 입력하는 파일명입니다.

❸ **폭, 높이, 단위** : 문서의 가로, 세로 크기를 설정하고, 단위를 지정합니다.

❹ **방향** : 문서의 가로, 세로 방향을 설정합니다.

❺ **아트보드** : 문서의 개수를 설정할 수 있습니다.

❻ **도련** : 문서의 여백을 설정합니다.

❼ **고급 옵션**

　– 색상모드 : 인쇄용은 'CMYK', 웹용은 'RGB', 색상 모드를 지정합니다.

　– 래스터 효과 : 해상도를 지정합니다.

　– 미리보기 모드 : 미리보기 상태를 지정합니다. '픽셀'을 선택하면 벡터 이미지를 비트맵 상태로 볼 수 있고, '중복인쇄'를 선택하면 인쇄되었을 때의 상태를 미리 보여줍니다.

❽ **추가 설정** : 추가 옵션을 지정할 수 있습니다.

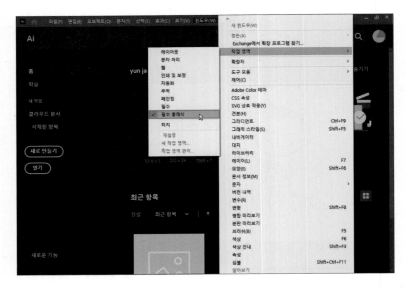

01 일러스트레이터 프로그램을 실행한 후 화면 상단의 [윈도우]-[작업 영역]-[필수 클래식] 메뉴를 선택하거나, 오른쪽 상단의 아이콘을 눌러 '필수 클래식'을 지정합니다.

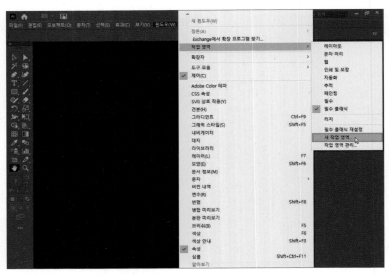

02 화면의 도구와 패널 등이 기본값 형태로 변경됩니다. 이러한 방법으로 사용자가 프로그램을 사용하기 편리한 환경을 지정하여 작업하거나, 사용자가 자주 사용하는 기능들로 작업 화면을 새롭게 구성하여 '새 작업 영역' 명령을 실행하여 저장 후 사용하시면 됩니다.

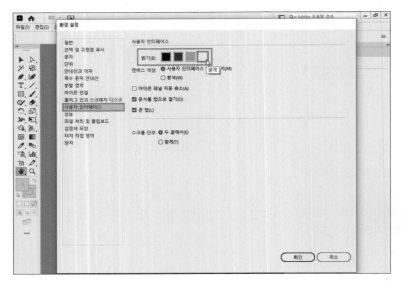

03 또한 검은색으로 설정된 인터페이스를 사용자가 원하는 색으로 여러 단계로 조절하여 사용할 수 있는 옵션을 이용하고자 할 경우에는 [편집]-[환경 설정]-[사용자 인터페이스] 메뉴를 실행하여 사용자가 원하는 밝기를 지정하면 됩니다.

TIP

본 도서는 가독성을 위해 가장 밝은 인터페이스로 설정하여 작업하도록 하겠습니다.

04 선택하고자 하는 도구 위에 마우스 커서를 올려놓으면 도구의 이름과 단축키가 나타납니다. 또한 추가적인 도구를 선택하고자 할 경우에는 마우스 버튼을 누르고 있으면 숨어있는 도구들이 나타나 선택할 수 있으며, 오른쪽 끝 작은 삼각형을 눌러 작업 화면에 오픈시켜 놓고 사용할 수 있는 티로프 기능을 지원합니다.

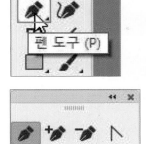

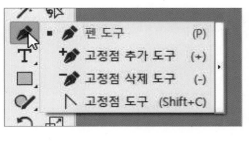

05 도구 패널은 좌측 상단의 이중 화살표를 클릭하여 한 줄로 정렬하여 사용이 가능하며, 다시 이중 화살표를 눌러 두 줄로 정렬하여 사용할 수 있습니다.

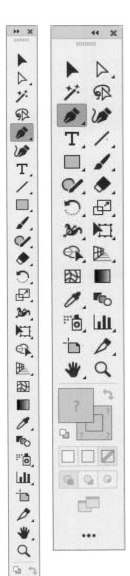

06 동일한 방법으로 아이콘 형태로 보이는 패널을 확장할 때는 패널 그룹 바의 오른쪽에 보이는 이중 화살표를 클릭하여 확장시켜 사용하고, 아이콘 형태의 패널 보기에서 선택한 패널만을 확장시켜 사용할 수도 있습니다.

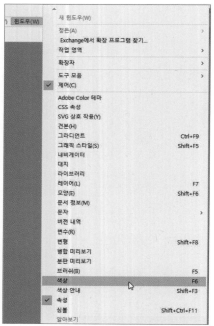

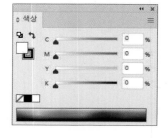

07 기본 패널에서 보이지 않는 패널을 사용할 경우에는 [윈도우] 메뉴에서 사용하고자 하는 패널을 선택하여 불러와 사용하고, 또한 도킹되어 있는 패널을 작업 화면으로 드래그 하여 따로 분리하여 사용할 수 있습니다.

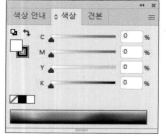

08 자주 사용하는 패널을 그룹으로 묶어서 패널 독에 배치하면 원하는 기능을 빠르게 적용할 수 있습니다.

》일러스트레이터 화면 모양 알아보기

❶ 메뉴 표시줄

각각의 기능별로 9개의 메뉴로 구성되어 있으며, 각 메뉴별로 하위 메뉴를 제공하고 있습니다.

❷ 애플리케이션 바

홈 버튼과 문서 정돈, 작업 화면 변경 등의 도구를 모아놓았습니다.

❸ 도구 패널

일러스트레이터의 작업을 도와주는 여러 가지 도구들로 구성되어 있습니다.

❹ 문서 창

실제 작업이 이루어지는 공간을 뜻하며, 파일의 이름과 화면 비율, 색상 모드 등이 표시됩니다.

❺ 아트보드

하나의 문서에 여러 개의 페이지를 작업할 수 있습니다.

❻ 패널

다양한 기능을 쉽게 사용할 수 있도록 사용자가 여러 가지의 패널들을 구성하여 사용할 수 있습니다.

❼ 상태 표시줄

작업 중인 아트보드의 화면 배율, 아트보드 번호, 선택한 도구에 대한 정보 등이 표시됩니다.

Power Upgrade

도구 패널 알아보기

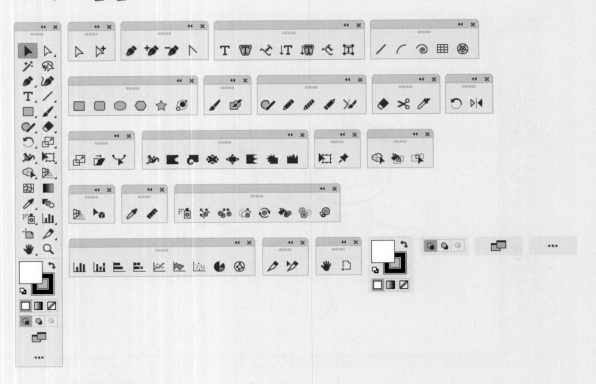

❶ 선택 도구 : 개체를 선택합니다.

❷ 직접 선택 도구 : 개체의 포인트와 패스를 선택하여 모양을 수정합니다.

그룹 선택 도구 : 그룹으로 묶여진 개체를 선택합니다.

❸ 자동 선택 도구 : 속성이 유사한 개체를 선택합니다.

❹ 올가미 도구 : 마우스를 자유롭게 드래그하여 포인트와 패스를 선택합니다.

❺ 펜 도구 : 개체를 그릴 때 사용합니다.

고정점 추가 도구 : 패스에 고정점을 추가합니다.

고정점 삭제 도구 : 고정점을 삭제합니다.

고정점 도구 : 고정점의 방향선을 변경합니다.

❻ 곡률 도구 : 패스 생성을 단순화하고 그리기 쉽습니다.

❼ 문자 도구 : 문자를 입력합니다.

영역 문자 도구 : 개체 영역 안에 문자를 입력합니다.

패스 상의 문자 도구 : 패스를 따라가는 흐르는 문자를 입력합니다.

세로 문자 : 세로 문자를 입력합니다.

세로 영역 문자 도구 : 개체 영역 안에 세로 문자를 입력합니다.

패스 상의 세로 문자 도구 : 패스를 따라가는 흐르는 세로 문자를 입력합니다.

문자 손질 도구 : 문자 작성 후 한 글자의 위치를 수정하거나 회전 등의 변화를 줄 수 있습니다.

❽ 선분 도구 : 직선을 그립니다.

호 도구 : 부채꼴 모양의 호 모양을 그립니다.

나선형 도구 : 나선형 모양을 그립니다.

　　사각형 격자 도구 : 사각형 격자를 그립니다.

　　극좌표 격자 도구 : 원형 그리드를 그립니다.

⑨ 사각형 도구 : 사각형을 그립니다.

　　둥근 사각형 도구 : 모서리가 둥근 사각형을 그립니다.

　　원형 도구 : 원형을 그립니다.

　　다각형 도구 : 다각형을 그립니다.

　　별모양 도구 : 별 모양을 그립니다.

　　플레어 도구 : 빛 효과를 적용합니다.

⑩ 페인트브러쉬 도구 : 다양한 붓 효과를 이용하여 모양을 그립니다.

　　물방울 브러쉬 도구 : 면의 속성으로 개체를 만들어 줍니다.

⑪ Shaper 도구 : 마우스를 자유롭게 드래그하여 벡터 모양으로 전환시킵니다.

　　연필 도구 : 마우스를 자유롭게 드래그하여 곡선을 그립니다.

　　매끄럽게 도구 : 고정점을 변경하여 선을 부드럽게 만들어 줍니다.

　　패스 지우개 도구 : 마우스를 자유롭게 드래그하여 패스를 지워줍니다.

　　연결 도구 : 패스와 패스를 연결시켜줍니다.

⑫ 지우개 : 마우스를 자유롭게 드래그하여 개체의 일부분을 지워줍니다.

　　가위 도구 : 패스에 포인트를 추가하여 잘라줍니다.

　　칼 : 마우스를 자유롭게 드래그하여 개체를 분리시켜줍니다.

⑬ 회전 도구 : 개체를 회전시킵니다.

　　반사 도구 : 개체를 반사시킵니다.

⑭ 크기 조절 도구 : 개체의 크기를 조절합니다.

　　기울이기 도구 : 개체에 기울이기를 적용합니다.

　　모양 변경 도구 : 고정점을 추가시켜 모양을 변형합니다.

⑮ 폭 도구 : 선 일부분의 두께를 조절합니다.

　　변형 도구 : 개체를 왜곡시킵니다.

　　돌리기 도구 : 개체를 소용돌이 모양으로 왜곡시킵니다.

　　오목 도구 : 마우스를 클릭한 방향으로 고정점이 모여 축소됩니다.

　　볼록 도구 : 수축 도구와 반대로 팽창합니다.

　　조개 도구 : 개체의 안쪽이 부채꼴 모양으로 왜곡됩니다.

　　수정화 도구 : 개체의 바깥쪽이 부채꼴 모양으로 왜곡됩니다.

　　주름 도구 : 개체에 주름이 생긴 것처럼 변형됩니다.

⑯ 자유 변형 도구 : 개체의 모양을 자유롭게 변형시킬 수 있습니다.

　　퍼펫 뒤틀기 도구 : 개체를 비틀고 왜곡시키는 등 변형이 자유롭습니다.

⑰ 도형 구성 도구 : 개체를 합치거나 제외시켜 간단하게 표현할 수 있는 도구입니다.

　　라이브 페인트 통 :　페인트 그룹을 만들어 색상 작업을 쉽게 할 수 있습니다.

　　라이브 페인트 선택 도구 : 라이브 페인트 그룹을 선택합니다.

⑱ 원근감 격자 도구 : 원근감 격자를 조절합니다.

　　원근감 선택 도구 : 개체에 원근감을 적용합니다.

⑲ 망 도구 : 메시를 만들어 다양한 색상을 적용합니다.

⑳ 그레이디언트 도구 : 그레이디언트 색상을 적용합니다.

㉑ 스포이드 도구 : 개체의 다양한 속성을 추출합니다.

Power Upgrade

측정 도구 : 거리와 크기, 각도를 측정합니다.

㉒ 블렌드 도구 : 두 개 이상의 개체가 자연스럽게 변화되도록 중간단계를 생성합니다.

㉓ 심볼 분무기 도구 : 심볼을 스프레이처럼 뿌려줍니다.

심볼 이동기 도구 : 심볼의 위치를 이동시킵니다.

심볼 분쇄기 도구 : 심볼을 모으거나 흩어지게 합니다.

심볼 크기 조절기 도구 : 심볼의 크기를 변형시킵니다.

심볼 회전기 도구 : 심볼을 회전시킵니다.

심볼 염색기 도구 : 심볼에 색상을 적용합니다.

심볼 투명기 도구 : 심볼에 투명도를 조절합니다.

심볼 스타일기 도구 : 심볼에 스타일을 적용합니다.

㉔ 막대 그래프 도구 : 세로 방향 막대 그래프를 만듭니다.

누적 막대 그래프 도구 : 비교되는 두 개의 값을 하나의 막대에 누적해서 보여줍니다.

가로 막대 그래프 도구 : 가로 방향 막대 그래프를 만듭니다.

가로 누적 막대 그래프 도구 : 비교되는 두 개의 값을 하나의 세로 막대에 누적해서 보여줍니다.

선 그래프 도구 : 데이터의 변화율을 쉽게 알 수 있도록 점으로 표시되어 점과 점을 직선으로 연결합니다.

영역 그래프 도구 : 영역으로 데이터를 표현합니다.

산포 그래프 도구 : 점으로 데이터를 표현합니다.

파이 그래프 도구 : 파이 모양의 원으로 데이터를 보여줍니다.

레이더 그래프 도구 : 중앙 지점에 상대 값을 나타냅니다.

㉕ 대지 도구 : 새로운 아트보드를 추가하거나 크기를 조절합니다.

㉖ 분할 영역 도구 : 문서를 여러 개의 영역으로 나눕니다.

분할 영역 선택 도구 : 분할된 영역을 선택합니다.

㉗ 손바닥 도구 : 작업 중 화면을 이동합니다.

타일링 인쇄 도구 : 인쇄 영역을 설정합니다.

㉘ 돋보기 도구 : 화면의 크기를 확대하거나 축소합니다.

㉙ 색 설정 : 개체에 면색과 선색을 설정합니다.

㉚ 그리드 모드 : 기존에 그려진 개체의 내부 또는 배경으로 새로운 개체를 그릴 수 있습니다.

㉛ 화면 모드 : 화면 모드를 3가지 형태로 전환합니다.

㉜ 도구 모음 편집 : 사용자가 원하는 도구를 직접 편집하여 사용할 수 있습니다.

일러스트레이터 기본 인터페이스

작업 중 화면 왼쪽 상단의 홈 화면 버튼을 누르면 빠르게 작업을 시작할 수 있도록 메인 화면으로 이동할 수 있습니다.

사용자 정의 가능 도구 모음

최신 버전에서는 두 개의 도구 모음(기본 및 고급)을 제
공합니다. 기본 도구 모음에는 일러스트레이션 제작 시
일반적으로 사용되는 도구 세트가 포함되어 있고, 다른
모든 도구는 도구 모음의 맨 아래에 있는 도구 모음 편
집 버튼(…)을 클릭하여 열 수 있습니다. 또한 도구 모음
에서 필요에 따라 도구를 추가하거나, 제거, 그룹화 또는
재정렬하여 자신만의 맞춤형 도구 모음을 만들 수도 있
습니다.

01 [파일]–[열기] 명령으로 "섹션 01〉샘플" 폴더 안의 "실습03.ai" 파일을 불러옵니다. 도구 패널에서 돋보기 도구를 선택하고 화면에 마우스를 클릭합니다. 클릭할 때마다 화면이 점점 확대되는 것을 볼 수 있습니다.

강의노트 돋보기 도구는 사용자의 필요에 따라 화면을 축소하거나 확대할 수 있는 도구입니다. 화면이 확대된 상태에서 축소하려면 Alt 키를 누르고 화면을 클릭하면 됩니다.
또한 Ctrl + Space Bar 키를 누르면 마우스 포인터가 +모양으로 바뀌면서 확대되는 돋보기로 전환되고 Ctrl + Alt + Space Bar 키를 누르면 마우스 포인터가 – 모양으로 바뀌면서 축소되는 돋보기 도구로 변경되어 좀 더 빠르게 사용 가능합니다. 그리고 돋보기 도구를 더블 클릭하면 아트보드를 100%로 되돌릴 수 있습니다.

02 반대로 돋보기 도구가 선택된 상태에서 Alt 키를 누른 채 화면을 클릭하면 축소됩니다.

03 또한 돋보기 도구가 선택된 상태에서 마우스의 왼쪽 키를 누른 채 화면을 드래그하면 클릭한 부분을 중심으로 화면을 확대할 수 있습니다.

04 아트보드가 확대된 상태에서 도구 패널에서 손 도구를 선택하고 아트보드를 클릭한 채로 드래그합니다. 화면이 이동되면서 오브젝트의 보여지는 부분이 달라집니다.

강의 노트 화면을 원하는 방향으로 이동시키는 도구로써 아트보드를 클릭하고 드래그하면 원하는 방향으로 이동됩니다. 작업 중에 도구 패널에서 손 도구를 매번 선택하여 사용하는 것보다는 키보드의 Space Bar 키를 눌러 일시적으로 전환하여 사용하는 것이 용이합니다.

05 손 도구를 더블클릭하면 현재 설정된 아트보드 영역이 화면에 모두 보입니다.

06 반대로 돋보기 도구를 더블클릭하면 개체의 실제 크기를 보여줍니다.

01 [파일]-[새로 만들기] 메뉴를 클릭하여 A4 사이즈의 새로운 아트보드를 만듭니다.

02 도구 패널에서 대지 도구를 선택하면 크기를 조절할 수 있는 조절점이 생성됩니다.

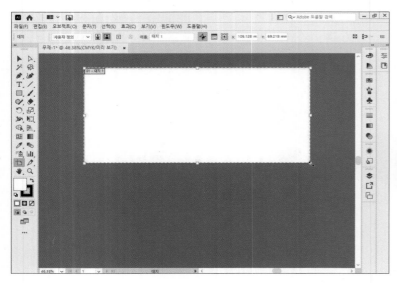

03 조절점을 드래그하거나 화면 상단의 제어 패널에서 아트보드의 종류와 방향, 대지 옵션 등을 클릭하여 폭과 높이를 조절하여 원하는 크기로 수정할 수 있습니다.

Tip

만일 제어 패널이 보이지 않을 경우에는 [윈도우] 메뉴에서 불러와 사용하시면 됩니다.

04 또한 [Alt] 키를 누른 상태에서 아트
보드를 드래그 하면 복사할 수 있고,
원하는 아트보드를 선택하여 크기를 조절할 수
도 있습니다.

05 최선 버전에서 업그레이드 된 부분으
로 같은 문서 또는 다른 문서에 아트보
드를 복사하여 붙여넣을 수도 있습니다. 복사하
고자 하는 아트보드를 선택하고 [편집]-[복사]
메뉴를 실행합니다.

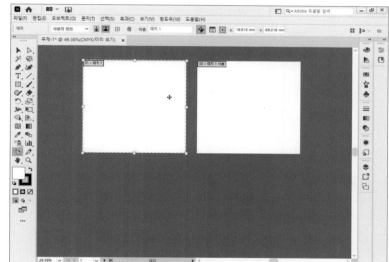

06 그런 다음 [파일]-[새로 만들기] 버튼
을 클릭하여 새로운 A4 크기의 아트보
드를 생성합니다.

07 [편집]-[붙이기] 명령을 실행하면 앞서 클립보드에 저장된 아트보드가 복사됩니다.

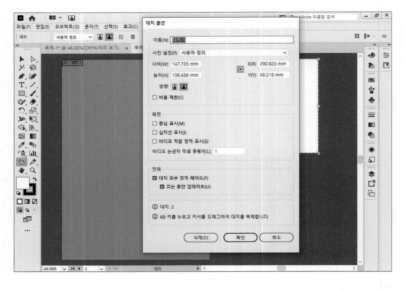

08 그리고 아트보드 편집 상태에서 Enter 키를 누르면 아트보드 옵션 대화 상자가 열리고, 변경된 아트보드의 정보와 표시 항목을 설정할 수 있습니다.

memo

개체 편집을 위한 다양한 선택 도구들과 일러스트레이터의 가장 큰 장점인 드로잉을 위한 펜 도구의 사용법에 대해서 알아보겠습니다. 선택 도구는 다양한 개체의 편집 기능을 갖추고 있으며 목적에 따라 사용하는 선택 도구가 달라지므로 각각의 선택 도구 사용법을 습득해야 하고, 펜 도구와 그와 관련된 여러 가지 부수적인 드로잉 도구들의 사용법을 학습해 보겠습니다.

Preview

〈학습내용〉

따라하기 01. 개체 선택 및 모양 수정하기　　따라하기 02. 선색과 면색 적용하기
따라하기 03. 테두리 상자를 이용한 개체 변형하기　　따라하기 04. 직선 그리기
따라하기 05. 곡선 그리기　　따라하기 06. 곡률 도구 사용하기
따라하기 07. 개체 모양 수정하기

▲ 완성파일 : 섹션 02〉완성〉실습01.ai

▲ 완성파일 : 섹션 02〉완성〉실습02.ai

▲ 완성파일 : 섹션 02〉완성〉실습03.ai

▲ 완성파일 : 섹션 02〉완성〉실습04.ai

▲ 완성파일 : 섹션 02〉완성〉실습05.ai

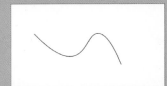

▲ 완성파일 : 섹션 02〉완성〉실습06.ai

◀ 완성파일 : 섹션 02〉완성〉실습07.ai

체크포인트

- 선택 도구와 직접 선택 도구 사용법을 익힙니다.
- 개체에 선 색과 면 색을 적용시켜 봅니다.
- 테두리 상자를 이용하여 개체의 모양을 변형시켜봅니다.
- 펜 도구를 사용하여 직선과 곡선을 그려봅니다.
- 곡률 도구 사용법을 익힙니다.
- 다양한 수정 도구들을 사용하여 개체의 모양을 수정해봅니다.

01 [파일]-[열기] 메뉴를 선택하여 '섹션 02〉샘플〉실습01.ai' 파일을 불러옵니다.

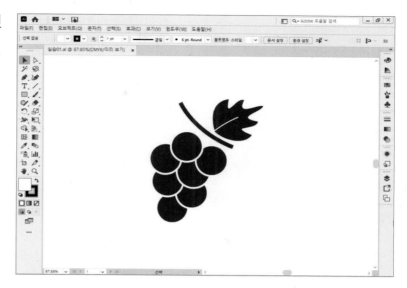

02 도구 패널에서 선택 도구를 선택하고 포도 알 하나를 클릭하여 선택하면 포인트 패스가 활성화되면서 테두리 상자가 표시됩니다.

Tip

환경설정에 따라 테두리 상자의 표시 유무가 달라지는데, [보기] 메뉴에서 테두리 상자 숨기기를 클릭하게 되면 테두리 상자가 사라집니다.

03 하나 이상의 개체를 선택하고자 할 경우에는 Shift 키를 누른 채 추가적으로 선택하고자 하는 오브젝트를 클릭하면 됩니다.

04 반대로 선택되어 있는 개체들 중에서 개별적으로 해제하고자 할 경우에도 Shift 키를 누른 채 클릭하면 됩니다.

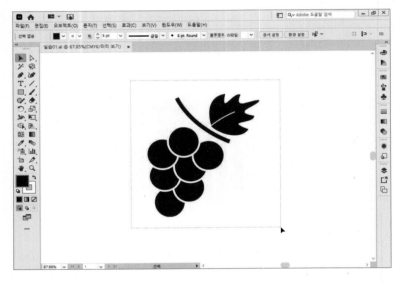

05 선택을 해제할 때는 아트보드의 빈 영역을 클릭하면 되고, 마우스로 드래그하여 개체를 한꺼번에 선택할 수도 있습니다.

06 개체를 복사하기 위해서 선택 도구로 포도알 하나를 선택합니다. 그런 다음 Alt 키를 누른 채 드래그 하여 복사합니다.

TIP

복사하고자 하는 개체를 선택하고 Alt 키를 누른 채 드래그 하면 복사됩니다. 이때 Shift 키를 같이 눌러주면 수평, 수직, 45° 방향으로 정확하게 이동됩니다.

TIP

작업 중 취소하고 이전 단계로 돌아가고자 할 경우에는 Ctrl + Z 를 누르면 됩니다.

07 이번에는 모양을 수정하기 위해서 직접 선택 도구를 선택하고 개체의 모서리 부분을 클릭하여 고정점을 선택하고 이동시켜 봅니다.

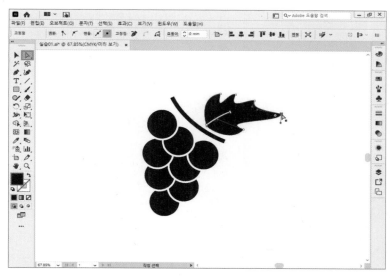

08 또한 방향점을 클릭한 채로 드래그 하여 모양을 수정시켜 봅니다.

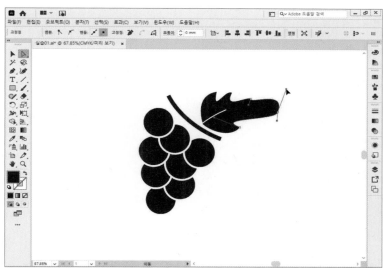

Power Upgrade

전역 편집 한 번에 모든 유사한 개체를 전체적으로 편집할 수 있는 기능으로 로고와 같은 개체의 여러 사본이 문서에 있는 경우 편리하게 사용할 수 있습니다. 속성 패널의 전역 편집 옵션을 사용하여 간단하고 쉬운 방법으로 전체를 편집할 수 있습니다.

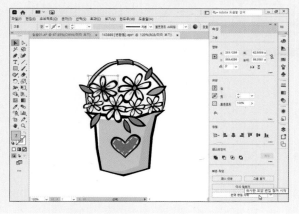
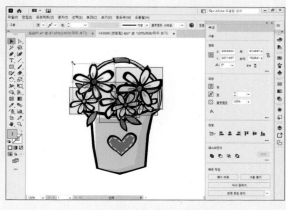

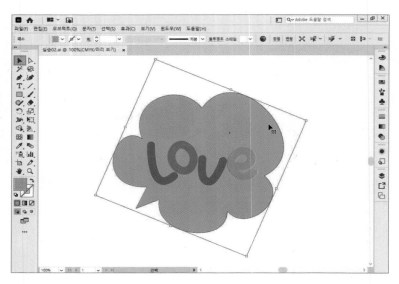

01 [파일]-[열기] 메뉴를 선택하여 '섹션 02〉샘플〉실습02.ai' 파일을 불러옵니다. 도구 패널에서 선택 도구를 선택하고 바깥쪽 개체 하나를 선택합니다.

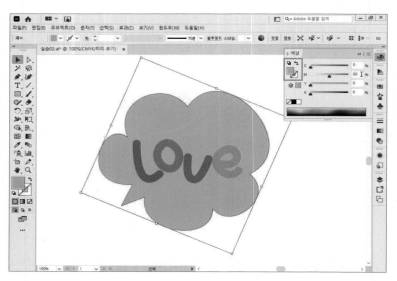

02 [윈도우] 메뉴에서 색상 패널을 불러온 후 칠 아이콘을 클릭하여 앞으로 보낸 뒤 하단의 색상 바 부분을 클릭하여 원하는 색상을 지정합니다.

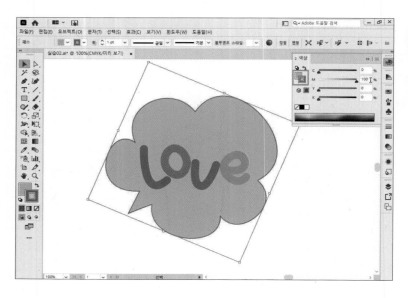

03 계속하여 개체가 선택된 상태에서 이번에는 색상 패널의 선 아이콘을 클릭하여 앞으로 보내고 원하는 색상을 지정하면 선색이 적용됩니다.

또한 [Window] 메뉴에서 획 패널을 불러와 두께 값을 조절하면 선의 두께를 다양하게 표현할 수 있습니다.

강의노트 일반적으로는 [윈도우] 메뉴의 색상과 획 패널을 사용하여 각각 선색과 면색, 선의 두께를 설정하지만, 속성 패널을 이용하여 각각 명령을 적용할 수도 있습니다.

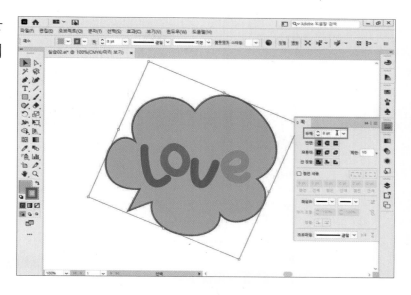

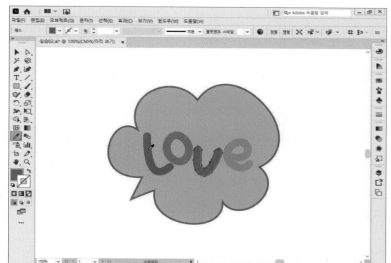

이번에는 'V' 모양의 개체를 선택하고 도구 패널에서 스포이드 도구를 선택한 후 다른 개체 부분을 클릭합니다.

 그러면 클릭한 부분의 면색이 그대로 선택된 개체에 적용되는 것을 볼 수 있습니다.

강의노트 스포이드 도구는 개체에 적용된 색상, 패턴, 그레이디언트 등의 속성을 추출, 복사하여 다른 개체에 그대로 적용시키는 도구입니다.

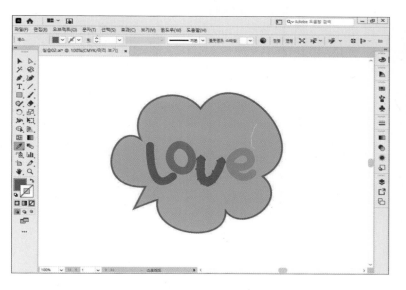

Power Upgrade

색상 모드와 색상 패널

일러스트레이터에서는 회색 음영, RGB, CMYK, HSB, 웹 적합 RGB 색상 모드를 지원합니다. 각각의 모드에 따른 색상 선택 방법이 다르고, 그 중 회색 음영은 검은색과 흰색 사이의 색상을 표현합니다. 또한 RGB는 빨강(Red), 초록(Green), 파랑(Blue) 의 빛의 3원색을 혼합하여 표현하며, CMYK는 청록색(Cyan), 자주색(Magenta), 노랑(Yellow), 검정(Black)의 색료 혼합을 통 하여 색상을 표현하는 방식입니다.

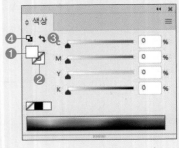

〈색상 패널〉

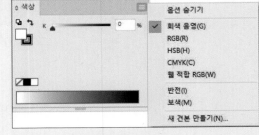

〈회색음영 모드〉

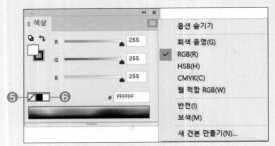

〈CMYK 모드〉

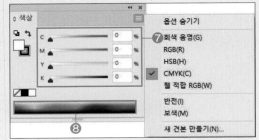

〈RGB 모드〉

❶ **칠** : 개체의 면에 단일 색상이나 패턴, 그레이디언트 색상으로 채웁니다.

❷ **선** : 개체의 테두리에 색상을 채웁니다.

❸ **칠과 선 교체** : 개체에 적용된 면과 선의 색상을 교체합니다.

❹ **초기값 칠과 선** : 초기 기본 색인 흰색과 검정색으로 변환됩니다.

❺ **없음** : 면과 선에 적용된 색상을 삭제하여 투명하게 만듭니다.

❻ 컬러를 검정색과 흰색으로 표현합니다.

❼ 모드에 따른 색상 값의 조합을 조정하는 곳입니다.

❽ **스펙트럼** : 클릭하여 색상을 선택할 수 있는 스펙트럼입니다.

Power Upgrade

선의 종류와 획 패널

다양한 모양의 선의 종류와 굵기, 모양 등을 설정합니다.

① 두께
선의 두께를 설정합니다.

② 단면
선의 끝 부분 모양을 선택합니다.

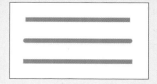

③ 모퉁이
선과 선이 만나는 모서리 부분의 모양을 선택합니다.

④ 제한
각진 모서리 부분을 깎아서 보여줍니다.

⑤ 선 정렬
패스를 기준으로 선의 위치를 지정합니다.

⑥ 점선 사용
이 항목을 체크하게 되면 점선을 제작할 수 있습니다.
점선은 선의 길이, 간격은 선과 선 사이의 간격을 나타냅니다.

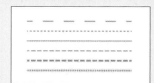

⑦ 화살표
다양한 모양의 화살표를 표현할 수 있습니다.

01 [파일]-[열기] 메뉴를 선택하여 '섹션 02〉샘플〉실습03.ai' 파일을 불러옵니다. 도구 패널에서 선택 도구를 선택하고 하트 모양 개체를 클릭하여 선택합니다.

02 Alt 키를 누른 상태에서 위로 이동시켜 하나를 더 복사합니다.

03 또한 Shift 키를 누른 채 테두리 상자의 모서리 부분을 드래그 하여 크기를 조금 축소시켜줍니다.

TIP

개체의 크기를 조절할 때 Shift 키를 누르게 되면 가로, 세로 동일한 비율로 크기 조절이 가능합니다.

04 계속하여 테두리 상자의 바깥쪽으로 마우스를 이동시켜 회전 표시가 나타나면 드래그 하여 회전시켜줍니다.

05 개체가 선택된 상태에서 [윈도우] 메뉴에서 색상 패널을 불러와 원하는 면색을 적용합니다. 위와 동일한 방법으로 나머지 하나를 더 복사하여 크기를 조절한 후 색상을 변경시켜봅니다.

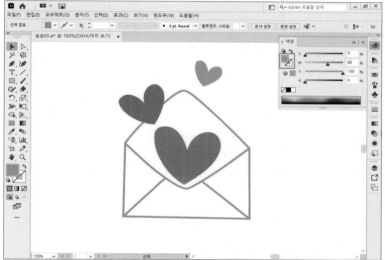

테두리 상자

선택 도구로 선택한 개체는 외곽을 감싸는 테두리 상자가 나타납니다. 8개의 조절 핸들을 이동시켜 모양을 변형하거나, 크기 조절 및 회전등의 작업을 할 수 있습니다. 만약, 선택 도구로 개체를 선택했을 때 테두리 상자가 보이지 않는다면 [보기] 메뉴에서 테두리 상자 보기를 클릭하여 실행하면 됩니다.

〈원본〉

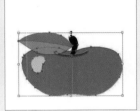
〈크기 조절〉

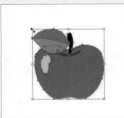
〈 Shift 크기 조절〉

〈회전〉

실시간 그리기 및 편집

실시간 그리기 기능 및 편집 기능은 개체 작업을 할 때 개체의 실제 모양을 미리 보여줍니다. 기존에는 개체의 비율을 조절하거나 효과를 적용할 때 테두리 윤곽만 보여줬지만 최신 버전에서는 완전히 렌더링됩니다. 단, 이 기능은 GPU 미리보기 모드가 활성화되었을 때만 사용할 수 있으며, [편집] – [환경 설정] – [성능]에서 '실시간 그리기 및 편집' 항목을 체크합니다.

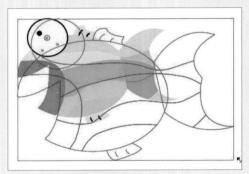
〈실시간 편집이 선택되지 않은 상태〉

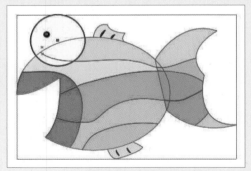
〈실시간 편집이 선택된 상태〉

Power Upgrade

01 [파일]-[새로 만들기] 메뉴를 선택하여 작업할 아트보드를 만듭니다. 도구 패널에서 펜 도구를 선택하고 색상 패널에서 면색을 '없음'으로 지정한 후 선색은 원하는 색상을 지정합니다.

02 아트보드에 마우스를 클릭하면 고정점이 생성되고, 다른 부분을 클릭하여 새로운 고정점을 만들면 두 고정점 사이에 세그먼트가 만들어집니다.

 강의 노트 펜 도구는 드로잉 프로그램인 일러스트레이터에서 가장 많이 사용하는 도구로써 직선과 곡선으로 된 패스를 그려 개체를 만들 수 있는 가장 중요한 도구입니다.

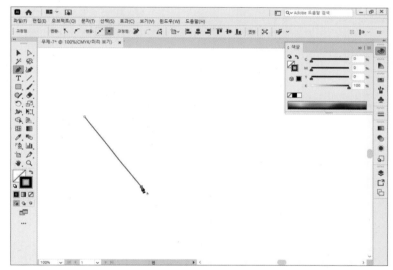

03 계속하여 다른 부분을 클릭하여 직선 모양의 패스를 만들어 봅니다. 작업이 끝나면 [Ctrl] 키를 누르고, 빈 영역을 클릭하거나 [Esc] 키를 눌러 패스 작업을 종료합니다.

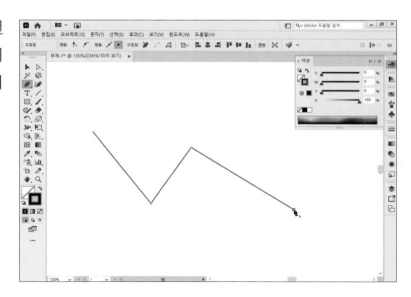

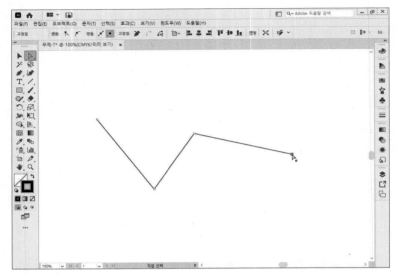

04 도구 패널에서 직접 선택 도구를 선택하고 앞서 그려놓은 오브젝트의 고정점을 드래그 하여 위치를 이동시켜 모양을 수정합니다.

강의노트 직접 선택 도구는 개체의 포인트를 선택하여 모양을 변형시키거나 이동, 삭제할 수 있는 수정 도구입니다.

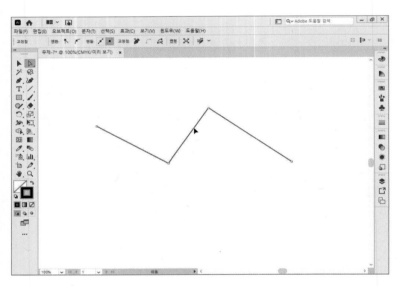

05 고정점과 고정점 사이의 세그먼트도 드래그 하여 선택하거나 클릭하여 이동이 가능합니다.

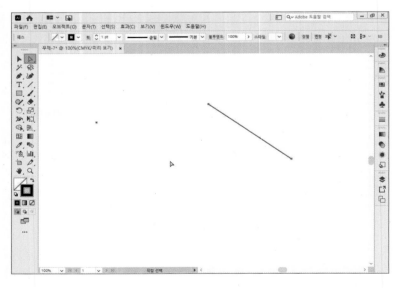

06 직접 선택 도구가 선택된 상태에서 고정점 하나를 클릭하여 선택한 후 Delete 키를 눌러 삭제하면, 포인트에 연결된 양쪽의 세그먼트가 삭제됩니다.

07 펜 도구를 다시 선택하고 끊어진 패스 고정점에 마우스를 올리면 대각선 표시가 보입니다. 이때 클릭하여 연결된 패스 작업을 할 수 있습니다.

TIP
패스 작업 도중 패스가 끊어졌을 경우 펜 도구로 끊어진 마지막 포인트에 마우스를 올리면 대각선 표시가 보입니다. 이때 클릭하면 연결하여 계속 작업이 가능합니다.

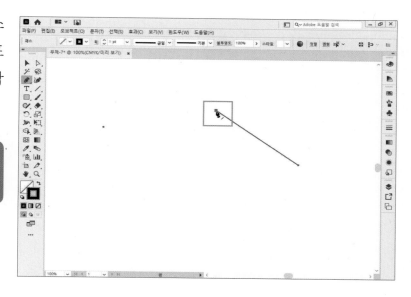

08 직선을 그릴 때는 Shift 키를 누른 상태에서 마우스를 클릭하면 수평, 수직, 45°각도로 정확한 패스를 그릴 수 있습니다.

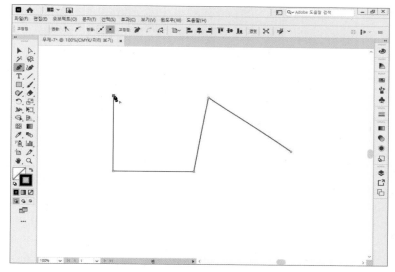

Power Upgrade

베지어 곡선

고정점과 고정점을 연결하여 세그먼트를 만들고, 이 세그먼트가 이어져 패스를 이루며, 개체가 만들어지게 됩니다.

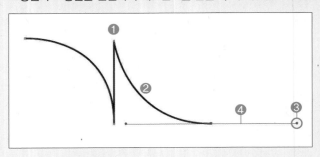

❶ 고정점
펜 도구로 클릭했을 때 만들어지는 작은 사각형 모양의 점

❷ 선분(세그먼트)
두 포인트 사이를 연결하는 직선, 사선, 곡선

❸ 방향점
곡선을 그릴 때 고정점을 중심으로 만들어지는 방향선 끝 두 개의 점

❹ 방향선
곡선을 그릴 때 고정점과 방향점을 이어주는 선으로 베지어 곡선의 형태를 조절하는 선

펜 도구의 모양

❶ 펜 도구를 선택하고 아트보드에 마우스를 가져가면 나타나는 모양으로 새롭게 포인트를 시작합니다.

❷ 패스 위에 마우스를 올렸을 때 고정점을 추가할 수 있는 모양입니다.

❸ 기존의 고정점을 삭제할 때 사용합니다.

❹ 끊어진 패스를 연결할 때 마지막 고정점에 마우스를 위치시키면 나타나는 모양입니다.

❺ 드로잉 중인 고정점에 마우스를 위치시키면 나타납니다.

❻ 처음 시작한 고정점에 마우스를 위치시키면 나타나는 모양으로 닫힌 패스를 만듭니다.

01 [파일]-[새로 만들기] 메뉴를 선택하여 작업할 도큐먼트를 만듭니다. 도구 패널에서 펜 도구를 선택하고 색상 패널에서 면색을 '없음'으로 지정한 후 선색은 원하는 색상을 지정합니다.

02 시작점을 클릭하여 고정점을 생성한 다음 다른 위치에 마우스를 클릭한 상태로 드래그 합니다. 그러면 고정점에 방향선이 나타나며 곡선의 패스가 만들어집니다.

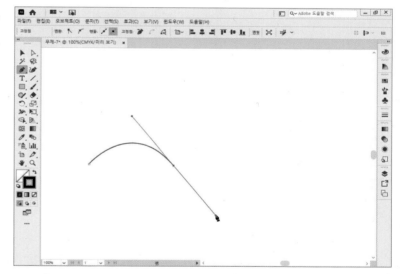

03 계속하여 다른 부분을 클릭한 채로 드래그 하면 추가적으로 곡선을 그릴 수 있습니다.

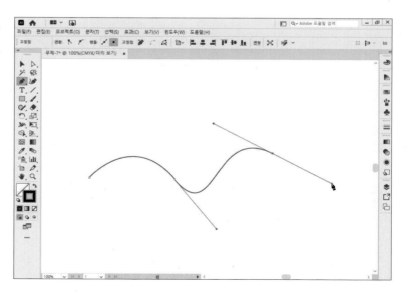

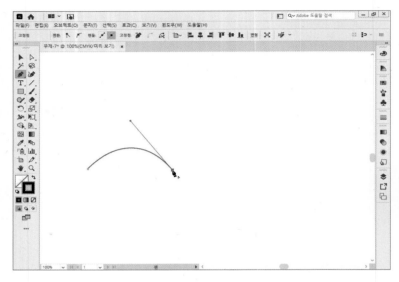

04 이번에는 방향이 다른 곡선을 그려보 겠습니다. Ctrl + Z 를 눌러 앞서 작업한 명령을 취소하고 곡선을 하나 그린 후 고정점을 다시 클릭하면 진행 중인 방향선이 삭 제됩니다.

TIP

Ctrl + Z 를 누르면 명령을 취소하고 전 단계로 되돌아 갈 수 있으며, 반대로 Ctrl + Alt + Z 를 누르면 다시 앞으로 돌아 올 수 있습니다.

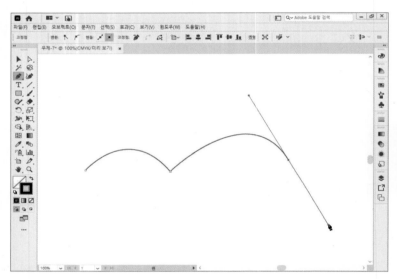

05 계속하여 세 번째 고정점을 만들어 드 래그 하면 방향이 다른 곡선을 자유롭 게 그릴 수 있습니다.

TIP

패스 작업에서는 앞쪽의 방향선에 영향을 받게 되어 방향선을 삭제 하지 않고 기준점을 추가한다면 곡선이 그려지므로 각도가 다른 곡 선이나 꺾여진 직선을 그리려고 할 때는 반드시 앞쪽의 방향선을 삭 제해야 합니다.

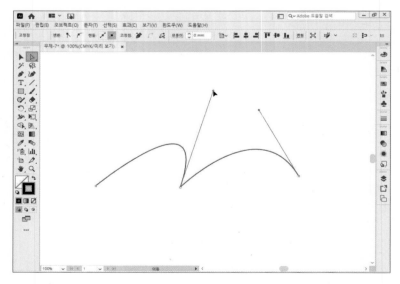

06 직선과 마찬가지로 직접 선택 도구를 사용하여 포인트와 방향점을 움직여 모양을 수정할 수 있습니다.

01 [파일]-[새로 만들기] 메뉴를 선택하여 작업할 아트보드를 만듭니다. 도구 패널에서 곡률 도구를 선택하고 색상 패널에서 면색을 '없음'으로 지정한 후 선색은 원하는 색상을 지정합니다.

02 도큐먼트에 마우스를 클릭하여 고정점을 생성하고 다른 점을 클릭한 후 마우스를 드래그하면 연결된 곡선 패스가 미리 보입니다.

강의 노트 곡률 도구는 패스 생성을 단순화하고 신속하고 정밀하게 그리기 쉽도록 새롭게 추가된 도구입니다.

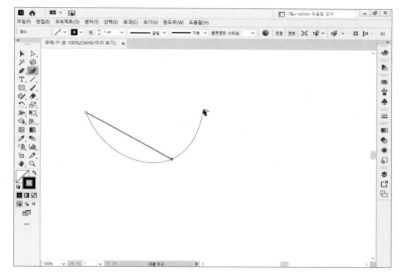

03 계속하여 다음 고정점을 클릭한 후 마우스를 움직여 매끄러운 곡선을 그릴 수 있습니다.

TIP
곡률 도구는 기본적으로 고무줄 기능이 켜져 있습니다. 이 기능을 끄려면 [편집] – [환경 설정] – [선택 및 고정점 표시] 메뉴를 선택한 후 대화상자 하단에 고무줄 사용 대상에서 체크를 해제하면 됩니다.

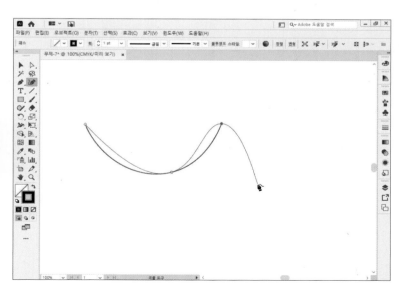

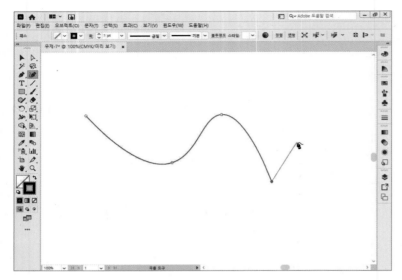

04 모퉁이 점을 만들려면 다른 고정점을 더블클릭하거나 Alt 키를 누른 상태에서 클릭하면 됩니다.

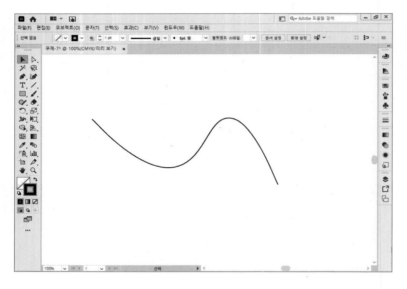

05 마찬가지 방법으로 Esc 키를 누르거나 Ctrl 키를 누른 채 도큐먼트를 클릭하면 작업이 완료됩니다.

Power Upgrade

고무 밴드

펜 도구와 곡률 도구 사용 시 이전 고정점에서 마우스가 위치한 현재 위치로 그릴 패스를 미리 보기 할 수 있습니다. 고무 밴드 미리 보기를 사용하거나 사용하지 않고자 할 경우에는 [편집] – [환경 설정] – [선택 및 고정점 표시] 메뉴를 선택하여 '고무줄 사용 대상'을 체크하거나 해제하면 됩니다.

01 [파일]-[열기] 메뉴를 선택하여 '섹션 02〉샘플〉실습07.ai' 파일을 불러옵니다. 별 모양을 다른 형태의 오브젝트로 변형시켜 보겠습니다.

02 도구 패널에서 고정점 추가 도구를 선택하고 패스 부분을 클릭하면 새로운 고정점이 추가됩니다.

 강의 노트 고정점 추가 도구는 오브젝트에 고정점을 추가하여 모양을 변형하거나 수정할 수 있는 도구입니다. 개체가 선택된 상태라면 도구 패널에서 고정점 추가 도구를 선택하지 않아도 선택된 개체의 패스에 마우스를 위치시키면 자동으로 고정점 추가 도구가 활성화되기도 합니다.

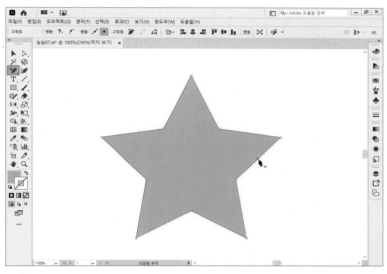

03 직접 선택 도구를 선택한 후 추가된 고정점을 이동시켜 모양을 변경해 봅니다.

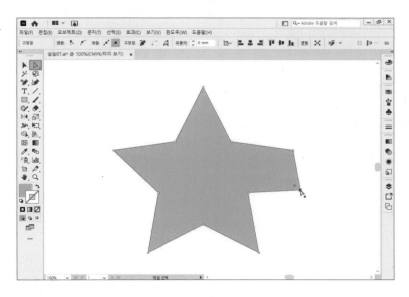

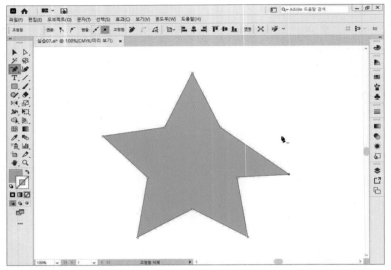

04 이번에는 고정점 삭제 도구를 선택하고 모서리 부분의 고정점을 클릭하여 삭제합니다.

강의노트 고정점 삭제 도구는 고정점 추가 도구와 반대로 개체의 고정점을 삭제하여 모양을 변형하거나 수정할 수 있는 도구입니다.

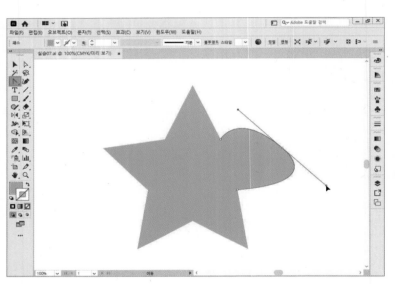

05 Ctrl + Z 를 눌러 명령을 취소하고, 도구 패널에서 고정점 도구를 선택하고 하단의 고정점에 마우스를 클릭한 채로 드래그 하면 방향선이 만들어지며 곡선으로 모양이 바뀝니다.

강의노트 고정점 도구는 개체의 고정점이 가지고 있는 방향 설정을 전환시키는 도구입니다. 마우스로 고정점을 클릭한 채 드래그하여 직선을 곡선의 형태로, 또는 클릭만으로 곡선을 직선의 형태로 변경할 수 있습니다. 또한 방향점을 드래그하여 포인트 반대쪽의 곡선에 영향을 주지 않고 모양을 수정할 수도 있습니다.

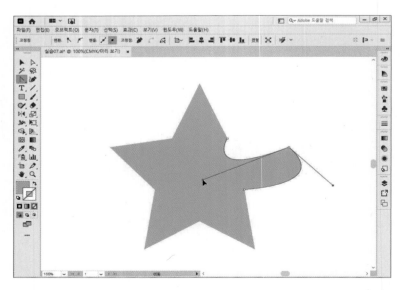

06 계속하여 고정점 도구가 선택된 상태에서 곡선의 방향점을 클릭한 채로 드래그 하면 포인트 반대쪽의 곡선에 영향을 주지 않고 모양이 변경됩니다. 반대로 다시 고정점을 클릭하면 직선으로 바뀝니다.

memo

1

주어진 파일을 불러온 후 올가미 도구와 자동 선택 도구를 사용하여 개체를 선택해 보세요.

힌트 • 올가미 도구로 드래그하여 원하는 개체 선택, 자동 선택 도구로 개체 클릭 시 동일 속성 개체 선택

▲ 준비파일 : 섹션 02>샘플>기초01.ai

2

각각의 개체를 동시에 선택하여 그룹을 적용한 후 색상을 변경시켜 보세요.

▲ 준비파일 : 섹션 02>샘플>기초02.ai

▲ 완성파일 : 섹션 02>완성>기초02.ai

힌트 • 선택 도구로 Shift 키를 누른 채 개체 추가 선택 후 [오브젝트] – [그룹] 적용, 그룹 개체 선택 후 색상 패널에서 원하는 면색 적용

3

개체를 복사한 후 크기를 조절하거나 회전시킨 후 색상을 변경시켜 보세요.

▲ 준비파일 : 섹션 02>샘플>기초03.ai

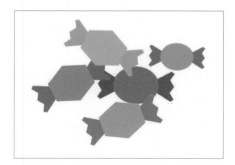

▲ 완성파일 : 섹션 02>완성>기초03.ai

힌트 • 선택 도구로 Alt 키 사용하여 복사, 테두리 상자 사용하여 크기 조절 후 회전, 색상 패널에서 각각 면색 변경

1) 주어진 별 모양 개체를 이용하여 글자 모양을 만들어 보세요.

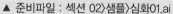

▲ 준비파일 : 섹션 02〉샘플〉심화01.ai

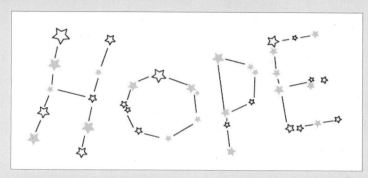

▲ 완성파일 : 섹션 02〉완성〉심화01.ai

힌트 • 선택 도구로 **Alt** 키 사용하여 각각의 개체 복사, 테두리 상자 사용하여 크기 조절과 회전, 펜 도구로 직선 그리기

2) 주어진 원을 이용하여 하트 모양을 만들어 보세요.

▲ 준비파일 : 섹션 02〉샘플〉심화02.ai

▲ 완성파일 : 섹션 02〉완성〉심화02.ai

힌트 • 직선 선택 도구와 고정점 도구로 모양 수정, 개체 복사 후 획 패널에서 선의 두께와 점선 사용, 색상 패널에서 면색과 선색 각각 적용

3) 펜 도구와 곡률 도구를 사용하여 개체를 직접 만들어 보세요.

힌트 • 펜 도구와 곡률 도구로 각각 면 작업 후 색상 패널에서 면색 적용, 직접 선택 도구로 모양 수정   ▲ 준비파일 : 섹션 02〉완성〉심화03.ai

일러스트레이터는 다양한 형태의 도형을 이용하여 새로운 개체를 손쉽게 제작할 수 있습니다. 기본적으로 제공되는 도형 개체를 합치거나 응용하여 새로운 개체를 만들 때 도형 도구의 기능은 더욱 유용합니다. 이번 단원에서는 도형 기능으로 다양한 개체를 만들어 보고, 이를 응용할 수 있는 능력을 키워 봅니다.

Preview

〈학습내용〉

따라하기 01. 사각형과 원 그리기   따라하기 02. 다각형과 별 모양 그리기

따라하기 03. 직선과 나선형 모양 그리기   따라하기 04. Shaper 도구 사용하기

따라하기 05. 도형 도구와 Shaper 도구를 사용한 개체 만들기

▲ 완성파일 : 섹션 03〉완성〉실습01.ai   ▲ 완성파일 : 섹션 03〉완성〉실습02.ai

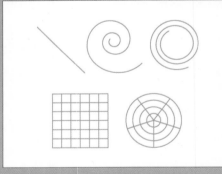

▲ 완성파일 : 섹션 03〉완성〉실습03.ai   ▲ 완성파일 : 섹션 03〉완성〉실습05.ai

 체크포인트

– 사각형 도구와 원형 도구 사용법을 익힙니다.

– 컨트롤 위젯을 사용하여 모퉁이 반경 속성을 변경해 봅니다.

– 다각형 도구와 별모양 도구 사용법을 익힙니다.

– 선분 도구와 나선형 도구 사용법을 익힙니다.

– Shaper 도구를 학습하고 개체를 직접 만들어 봅니다.

– 도형 도구들과 Shaper 도구를 사용하여 간단한 개체를 만들어 봅니다.

01 [파일]-[새로 만들기] 메뉴를 선택하여 작업할 도큐먼트를 만듭니다. 도구 패널에서 사각형 도구를 선택하고 색상 패널에서 원하는 면색을 지정합니다.

02 도큐먼트에 마우스를 드래그 하면 드래그 한 영역만큼 직사각형이 만들어집니다.

강의 노트 사각형 도구는 사각형 모양의 개체를 그릴 때 사용하는 도구로써 마우스를 드래그하거나 도큐먼트의 임의의 영역에 마우스를 클릭하여 나타나는 대화상자에서 가로와 세로 크기를 입력하여 사각형을 만들 수 있습니다.

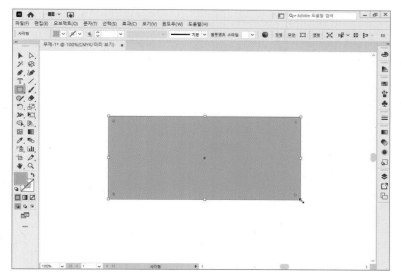

03 이번에는 Shift 키를 누른 채 마우스를 드래그 해보면 정사각형으로 그려지게 됩니다.

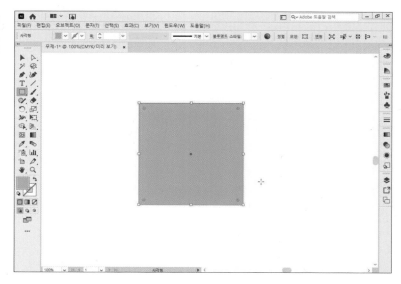

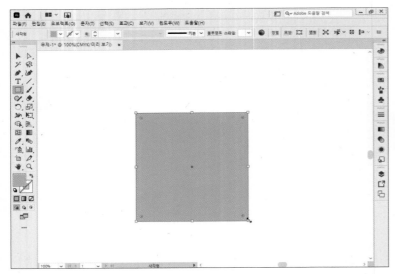

04 ⌈Alt⌉키와 ⌈Shift⌉키를 동시에 누른 채 마우스를 드래그하면 클릭한 지점을 중심으로 정사각형이 만들어집니다.

05 계속하여 사각형 도구를 도큐먼트에 클릭하면 대화상자가 나타나는데 원하는 너비와 높이 값을 입력한 후 확인 버튼을 클릭합니다.

06 선택 도구로 앞서 그려진 사각형을 선택하면 도형 안쪽에 모퉁이 위젯이 보입니다. 이 위젯을 드래그 하여 모퉁이 반경을 조절해봅니다.

07 Ctrl + Z 를 눌러 명령을 취소하고 이번에는 직접 선택 도구를 선택하고 사각형의 고정점 하나만을 클릭하여 선택하면 모퉁이 위젯 또한 하나만 나타나게 됩니다. 위젯을 드래그 하여 모퉁이 반경을 조절해 봅니다.

> **Tip**
> 모퉁이 위젯을 가능한 최대로 드래그하면 둥근 모퉁이의 미리 보기가 빨간색으로 표시됩니다.

08 마찬가지로 직접 선택 도구로 위젯 하나를 더블클릭하면 모퉁이 대화상자가 나타납니다. 대화상자에서 모퉁이 모양과 반경 등을 설정하여 원하는 모양으로 수정할 수 있습니다.

09 이번에는 도구 패널에서 원형 도구를 선택하고 마우스를 드래그 하여 타원형을 그려봅니다.

> **강의노트** 원형 도구는 정원이나 타원 모양의 개체를 그릴 때 사용하는 도구입니다.

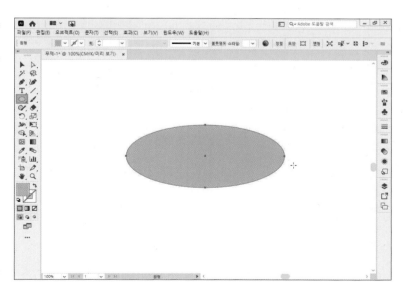

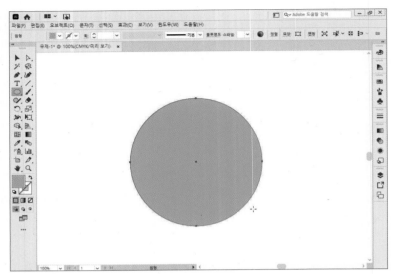

10 원 역시 사각형과 마찬가지로 ⎡Alt⎤ + ⎡Shift⎤ 키를 동시에 누른 채 드래그 하면 클릭한 지점을 중심으로 정원이 만들어집니다.

11 또한 도큐먼트에 마우스를 클릭하여 대화상자에서 원하는 지름 길이를 입력하여 정확한 크기의 원 모양을 만들 수 있습니다.

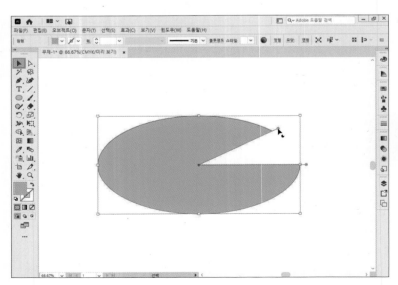

12 선택 도구로 오브젝트를 선택하면 파이 위젯 하나를 드래그 하여 파이 모양을 만들 수도 있습니다.

> **Tip**
> 테두리 상자를 활성화시킨 상태에서 선택 도구를 클릭하여야 위젯이 활성화됩니다.

Power Upgrade

사각형 도구 옵션 대화상자

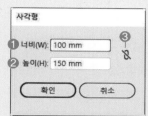

❶ **너비**
가로 크기를 입력합니다.

❷ **높이**
세로 크기를 입력합니다.

❸ **폭 및 높이 비율을 제한합니다.**
이 아이콘이 활성화 되어 있으면 가로나 세로 한쪽 값만 입력해도 동일한 값으로
입력됩니다.

원형 도구 옵션 대화상자

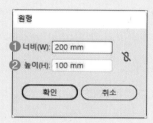

❶ **너비**
원의 가로 크기를 입력합니다.

❷ **높이**
원의 세로 크기를 입력합니다.

01 [파일]-[새로 만들기] 메뉴를 선택하여 작업할 아트보드를 만듭니다. 도구 패널에서 둥근 사각형 도구를 선택하고 색상 패널에서 원하는 면색을 지정합니다. 그리고 아트보드에 마우스를 클릭하여 나타난 대화상자에서 원하는 크기와 모서리 둥글기 정도를 설정하고 확인 버튼을 클릭합니다.

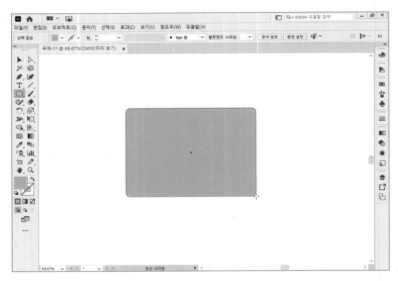

02 만들어진 개체를 삭제하고, 다시 대화상자에서 모서리 둥글기 정도를 설정한 후 마우스로 드래그 하여 임의적으로 모서리가 둥근 사각형을 그려봅니다.

강의노트 둥근 사각형 도구는 모서리가 둥근 사각형 모양의 개체를 그릴 때 사용하는 도구입니다.

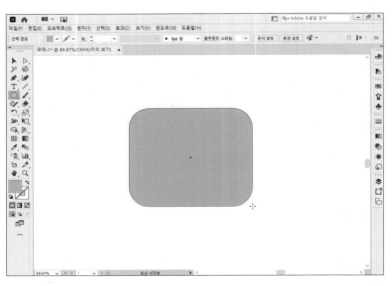

03 또한 대화상자를 이용하지 않고, 둥근 사각형을 마우스로 드래그 하는 도중에 키보드의 ↑, ↓ 방향키를 누르면 모서리의 반경이 커지거나 축소됩니다.

04 사각형과 마찬가지로 선택 도구로 개체를 선택한 상태에서 모퉁이 위젯을 드래그하여 모양을 변경할 수 있고, 위젯을 더블클릭하여 변형 패널에서 모퉁이 모양과 정도를 조절할 수 있습니다.

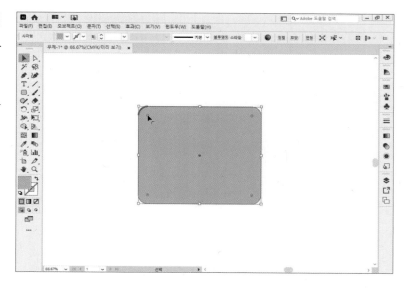

05 이번에는 다각형 도구를 선택하고 도큐먼트에 드래그 하여 오브젝트를 만듭니다.

강의 노트 다각형 도구는 사용자가 원하는 다각형 모양의 개체를 그릴 때 사용하는 도구입니다.

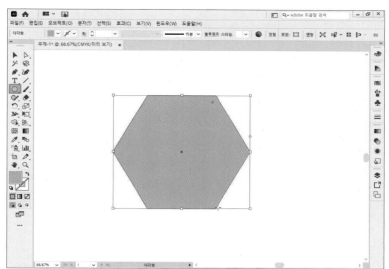

06 마찬가지로 다각형 도구 또한 아트보드에 클릭하여 대화상자에서 다각형의 면의 크기와 꼭짓점의 개수를 설정하여 원하는 다각형을 만들 수 있습니다.

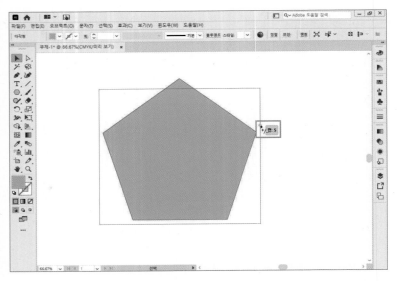

07 앞서 그려놓은 다각형을 선택하고 면 위젯을 드래그 하면 면의 개수를 조절할 수 있습니다.

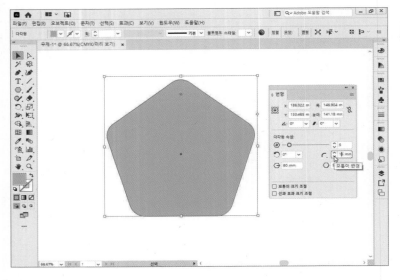

08 또한 모퉁이 위젯을 더블클릭하여 변형 패널에서 다양한 모퉁이 모양과 면의 개수를 조절할 수 있습니다.

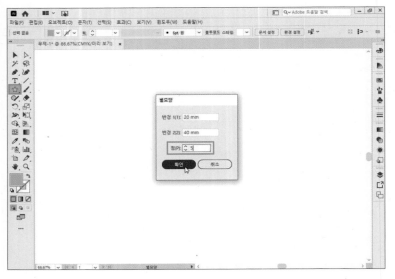

09 도구 패널에서 별모양 도구를 선택하고 아트보드에 클릭하여 대화상자에서 꼭짓점의 개수와 별 모양을 지정합니다.

강의노트 별모양 도구는 별 모양의 개체를 그릴 때 사용하는 도구입니다.

10 그려진 별모양을 선택 도구로 선택하여 삭제한 후 이번에는 마우스를 드래그 하여 별 모양을 그려봅니다.

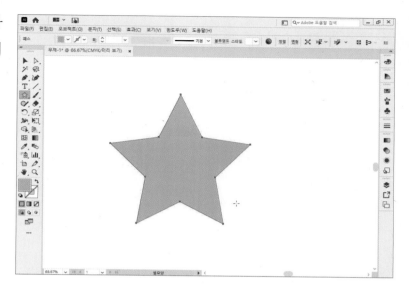

11 또한 마우스를 드래그 하여 별 모양을 그릴 때 Ctrl 키를 누른 상태에서 바깥쪽으로 드래그하면 외곽 꼭짓점의 거리가 커지고, 반대로 안쪽으로 드래그하면 거리가 짧아져 다양한 모양의 별모양을 만들 수 있습니다.

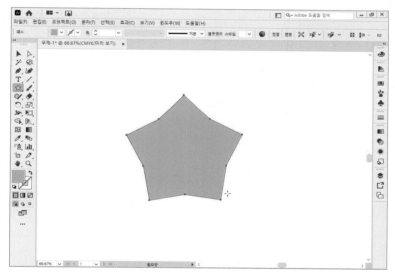

12 그리고 마우스를 드래그 하는 도중에 키보드의 ↑, ↓ 방향키를 눌러 꼭짓점의 개수를 조정할 수 있습니다.

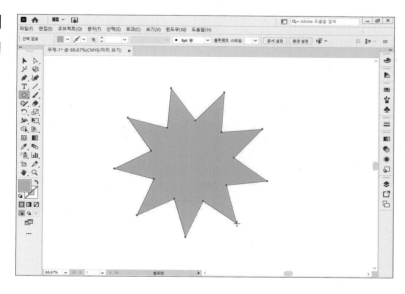

둥근 사각형 도구 옵션 대화상자

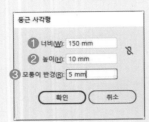

❶ 너비
가로 크기를 입력합니다.
❷ 높이
세로 크기를 입력합니다.
❸ 모퉁이 반경
모서리의 둥글기 정도를 조절합니다.

다각형 도구 옵션 대화상자

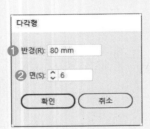

❶ 반경
다각형의 반지름 값을 입력합니다.
❷ 면
다각형 면의 수를 입력합니다.

별 도구 옵션 대화상자

❶ 반경 1
중심에서부터 바깥쪽으로 뾰족한 부분까지의 반지름 값을 입력합니다.
❷ 반경 2
중심에서부터 안쪽으로 뾰족한 부분까지의 반지름 값을 입력합니다.
❸ 점
별의 포인트 개수를 입력합니다.

플레어 도구

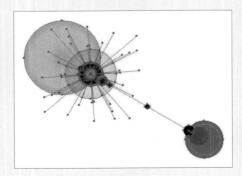

플레어 도구는 렌즈 조명 효과를 줄 수 있는 도구입니다. 광선이나 빛 효과를 대부분 비트맵 이미지 방식인 포토샵에서 주로 작업하였지만 벡터 방식인 일러스트레이터에서 플레어 도구를 사용하여 다양한 특수 효과를 적용할 수 있습니다.

01 [파일]-[새로 만들기] 메뉴를 선택하여 작업할 아트보드를 만듭니다. 도구 패널에서 선분 도구를 선택하고 아트보드를 클릭한 상태에서 드래그하면 드래그 한 길이만큼 직선이 그려집니다.

강의 노트 선분 도구는 직선, 수평, 수직, 사선 등을 그릴 때 사용하는 도구로서 선을 그을 때 [Shift]키를 누른 채 드래그하면 정확하게 수평, 수직, 45° 각도로 직선을 그릴 수 있습니다.

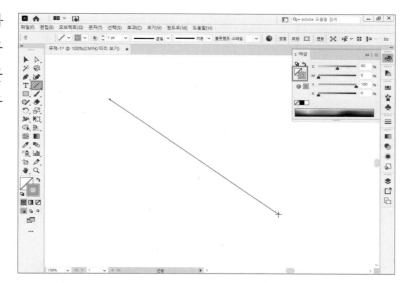

 02 이번에는 호 도구를 선택하고 아트보드를 클릭한 상태에서 드래그합니다.

강의 노트 호 도구는 열린 패스와 닫힌 패스의 원호 모양을 다양하고 쉽게 그릴 수 있는 도구입니다.

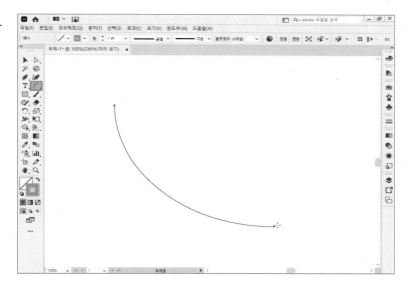

 03 도구 패널에서 나선형 도구를 선택합니다. 그런 다음 아트보드에 마우스를 드래그하면 골뱅이 모양이 만들어집니다.

강의 노트 나선형 도구는 소용돌이 모양의 개체를 만들 수 있는 도구입니다.

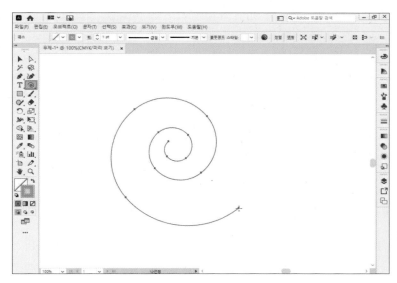

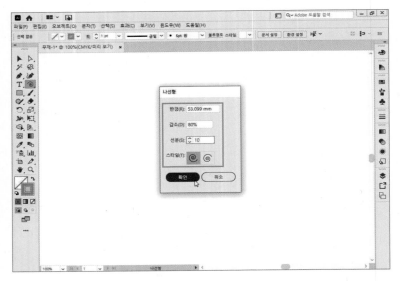

04 나선형 도구 또한 아트보드에 마우스를 클릭하여 대화상자에서 방향과 소용돌이 형성 정도 등을 조절하여 사용할 수 있습니다.

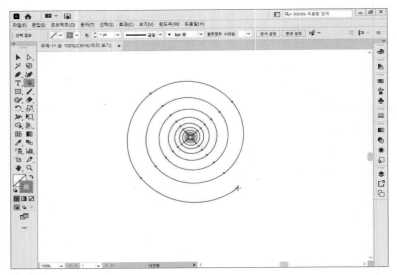

05 나선을 구성하는 세그먼트의 개수를 마우스로 드래그 하는 도중에 키보드의 ↑, ↓ 방향키를 눌러 조절하면 빠르게 사용할 수 있고, Ctrl 키를 누르고 안쪽 또는 바깥쪽으로 드래그하면 나선형이 회전하면서 간격을 조절할 수 있습니다.

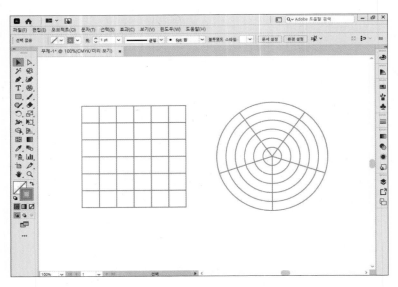

06 나머지 사각형 격자 도구와 극좌표 격자 도구 또한 옵션을 조절하여 격자 형태의 그리드를 만들어 봅니다.

Power Upgrade

선 도구 옵션 대화상자

선분 도구 옵션

① 길이(L): 100 mm
② 각도(A): 120
③ ☐ 선 채우기(F)

확인   취소

① 길이
선의 길이를 입력합니다.

② 각도
선의 기울기를 조절합니다.

③ 선 채우기
이 항목을 체크하게 되면 그려지는 선에 지정된 색상이 채워집니다.

호 도구 옵션 대화상자

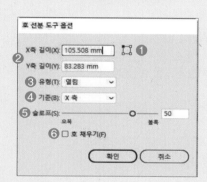

호 선분 도구 옵션

② X축 길이(X): 105.508 mm **①**
Y축 길이(Y): 83.283 mm
③ 유형(T): 열림
④ 기준(B): X 축
⑤ 슬로프(S): ──────○── 50
        오목   볼록
    ⑥ ☐ 호 채우기(F)

확인   취소

① 호의 시작 위치를 지정합니다.

② X축 길이 / Y축 길이
X축과 Y축 방향의 길이를 지정합니다.

③ 유형
열린 원호 또는 닫힌 원호 모양을 선택할 수 있습니다.

④ 기준
호의 방향을 지정합니다.

⑤ 슬로프
호의 슬로프 방향을 지정합니다.

⑥ 호 채우기
이 항목을 체크하게 되면 면색이 채워진 채로 그려지게 됩니다.

나선형 도구 옵션 대화상자

❶ 반경 : 중심에서 바깥쪽 끝점까지의 거리를 입력합니다.
❷ 감소 : 회전하면서 퍼져나가는 정도를 조절합니다.
❸ 선분 : 나선을 구성하는 세그먼트의 개수를 조절합니다.
❹ 스타일 : 회전하는 방향을 지정합니다.

사각형 격자 도구 옵션 대화상자

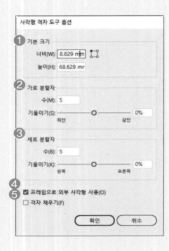

❶ 기본 크기
사각 그리드의 시작 위치 지정과 가로, 세로 길이를 입력합니다.
❷ 가로 분할자
그리드의 가로로 분할되는 선의 개수와 치우치는 정도를 설정합니다.
❸ 세로 분할자
그리드의 세로로 분할되는 선의 개수와 치우치는 정도를 설정합니다.
❹ 프레임으로 외부 사각형 사용
위, 아래, 왼쪽 및 오른쪽 세그먼트를 별개의 사각형 개체로 교체합니다.
❺ 격자 채우기
지정된 면색을 채워 그려줍니다.

극좌표 격자 도구 옵션 대화상자

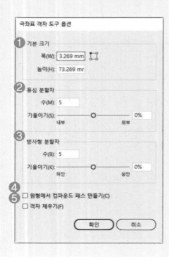

❶ 기본 크기
원형 그리드의 시작 위치 지정과 가로, 세로 길이를 입력합니다.
❷ 동심 분할자
동심원의 분할 개수와 치우치는 정도를 설정합니다.
❸ 방사형 분할자
방사형 분할 선의 개수와 치우치는 정도를 설정합니다.
❹ 원형에서 컴파운드 패스 만들기
동심원을 별도의 컴파운드 패스로 변환하고 다른 모든 원을 칠합니다.
❺ 격자 채우기
지정된 면색을 채워 그려줍니다.

Power Upgrade

실시간 모양 옵션 지정

도형 도구 사용 시 실시간으로 모양을 만들 때 패널 표시 여부를 지정하려면 [윈도우] 메뉴에서 변형 패널을 불러올 수도 있지만, 변형 패널 메뉴에서 '모양 생성 시 표시' 옵션을 체크해 놓으면 도형을 그림과 동시에 변형 패널이 활성화됩니다. 또한 속성 패널의 변형 섹션에서 '기타 옵션' 단추를 클릭하면 세부 옵션을 조절할 수도 있습니다.

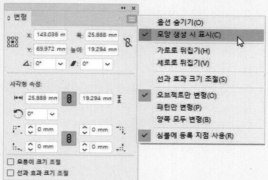

사각형/둥근 사각형 변형 옵션

❶ 폭/높이
사각형의 가로 또는 세로 길이를 지정합니다.

❷ 폭 및 높이 비율 제한
체크 시 가로나 세로 둘 중에 하나만 조절하여도 동일한 비율로 크기 조절이 가능합니다.

❸ 사각형 각도
크기 조절과 회전 위젯을 사용하여 사각형을 회전합니다.

❹ 모퉁이 유형
사각형 모퉁이의 모양을 지정합니다.

❺ 모퉁이 반경
각 모퉁이에 대해 값을 조절할 수 있습니다.

❻ 모퉁이 반경 값 연결
체크 시 한 곳만 값을 조절하여도 나머지 반경도 같이 조절됩니다.

원형 변형 옵션

❶ 폭/높이
타원의 가로 또는 세로 길이를 지정합니다.

❷ 폭 및 높이 비율 제한
체크 시 가로나 세로 둘 중에 하나만 조절하여도 동일한 비율로 크기 조절이 가능합니다.

❸ 원형 각도
회전시키고자 하는 각도를 지정합니다.

❹ 파이 시작 각도/파이 끝 각도
파이 위젯을 사용하여 차트 표현으로 모양을 나타냅니다.

❺ 파이 각도 제한
변형 패널을 사용하여 파이 시작 각도와 파이 끝 각도의 값을 수정할 때 이들의 차이를 유지해야 하는지 여부를 지정합니다.

❻ 파이 반전
파이 시작 각도 및 파이 끝 각도를 교체해야 하는 경우 클릭합니다.

Power Upgrade

다각형 변형 옵션

❶ 다각형 면 카운트
다각형이 갖게 되는 면의 수를 지정합니다.

❷ 다각형 각도
다각형의 각도를 조절합니다.

❸ 모퉁이 유형
다각형에 대해 원하는 모퉁이 유형을 지정합니다.

❹ 다각형 반경
다각형의 반경을 지정합니다. 위젯을 사용하여 반경을 수정할 수 있습니다.

❺ 다각형 측면 길이
다각형의 각 측면의 길이를 지정합니다.

선 변형 옵션

❶ 선 속성
그린 선의 길이를 조절합니다.

❷ 선 각도
선을 그릴 각도를 지정합니다.

따라하기 04 Shaper 도구 사용하기

01 [파일]-[새로 만들기] 메뉴를 선택하여 작업할 아트보드를 만듭니다. 도구 패널에서 Shaper 도구를 선택하고 도큐먼트에 삼각형 모양으로 자유롭게 마우스를 드래그 합니다.

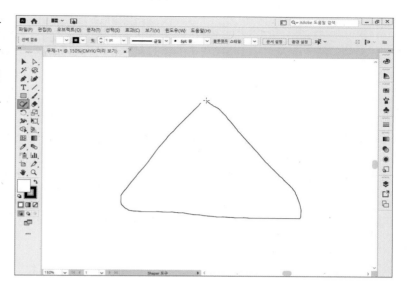

02 그린 모양이 뚜렷한 기하학적 모양으로 변환됩니다. 사각형이나 원 또는 기타 다각형 모양들 또한 이처럼 대략적으로 그려봅니다.

강의노트 Shaper 도구는 대략적으로 마우스를 드래그 하여 도형 모양을 그려주면 정확한 모양으로 개체가 만들어지는 도구입니다.

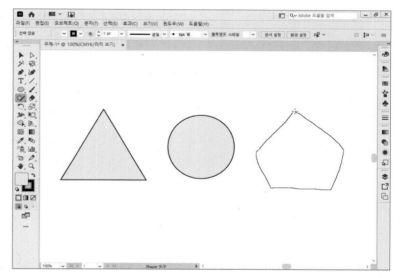

03 도구 패널에서 사각형 도구를 선택하고 색상 패널에서 면색을 지정한 후 사각형을 그립니다.

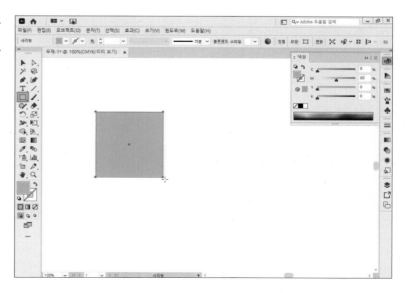

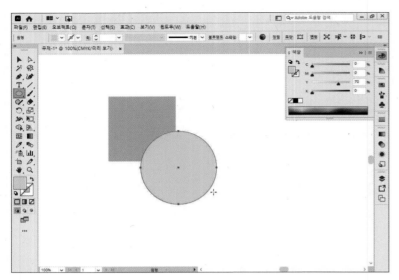

04 계속하여 앞서 그려놓은 사각형 위에 원형 도구 또는 Shaper 도구를 사용하여 다른 색상으로 원 모양을 겹쳐 그립니다.

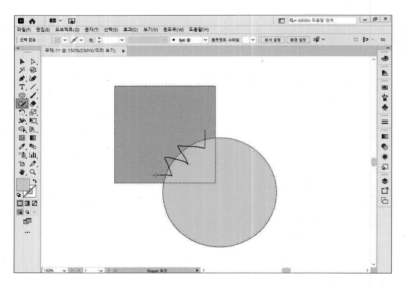

05 그런 다음 Shaper 도구를 선택하고 안쪽에 사각형과 겹쳐지는 부분의 선 위를 마우스로 자유롭게 드래그 하면 두 개의 도형이 하나로 합쳐지는 것을 볼 수 있습니다.

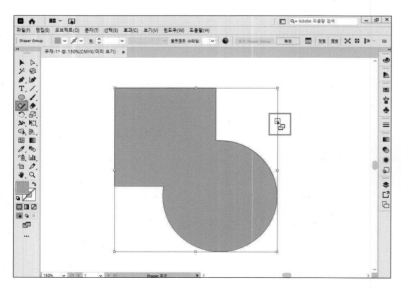

06 Shaper 도구가 선택된 상태에서 앞서 제작된 Shaper Group 오브젝트를 선택하면 화살표 위젯이 있는 테두리 상자가 표시됩니다.

TIP
화살표 위젯 또한 [보기] 메뉴의 테두리 상자가 활성화되어 있는 상태에서 화면에 표시됩니다.

07 이 화살표 위젯을 클릭하여 개체의 크기를 조절하거나 모양을 수정할 수 있습니다.

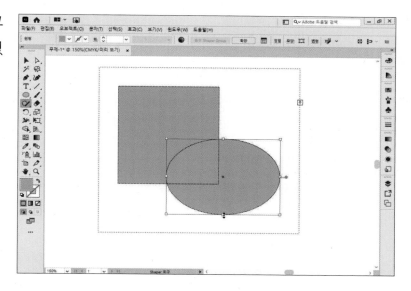

08 모양 수정 후 다시 화살표 위젯을 클릭하면 구성 모드에서 벗어나게 됩니다.

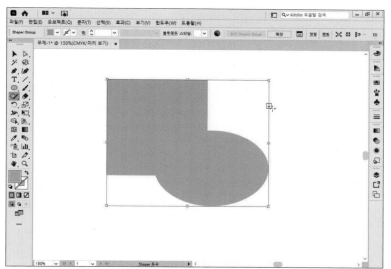

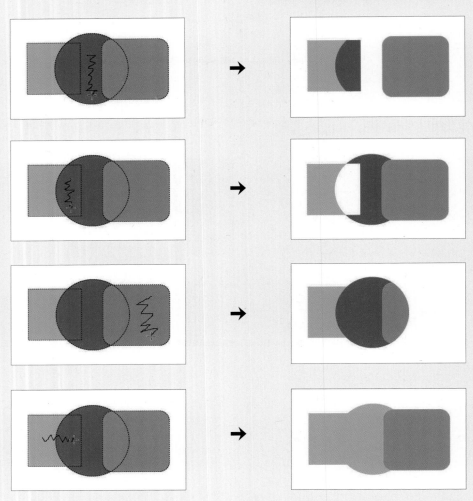

Shaper 도구를 사용한 스크리블 동작의 예

- 스크리블이 한 모양 내에 있으면 해당 영역에 구멍이 뚫립니다.
- 스크리블이 두 개 이상의 모양이 교차하는 영역에 있으면 교차하는 영역에 구멍이 뚫립니다.
- 스크리블이 맨 앞에 있는 모양에서 발생하는 경우 : 겹치지 않는 영역에서 겹치는 영역으로 맨 앞에 있는 모양에 구멍이 뚫립니다.
- 겹치는 영역에서 겹치지 않는 영역으로 모양이 병합되고, 병합된 영역의 색상이 스크리블 원점의 색상이 됩니다.
- 스크리블이 맨 뒤에 있는 모양에서 발생하는 경우 : 겹치지 않는 영역에서 겹치는 영역으로 모양이 병합되고, 병합된 영역의 색상이 스크리블 원점의 색상이 됩니다.

01 [파일]-[새로 만들기] 메뉴를 선택하여 작업할 아트보드를 만듭니다. 도구 패널에서 원형 도구를 선택하고 Shift 키를 누른 채 드래그 하여 정원을 그립니다.

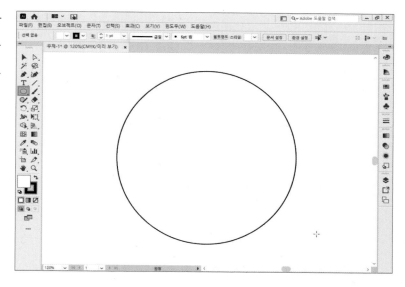

02 다시 사각형 도구를 선택하고 앞서 그려놓은 원에 겹치도록 사각형을 그려줍니다.

Tip
원이나 사각형을 그릴 때 Alt 키를 누르고 드래그 하면 클릭한 부분이 중심이 되고, 이때 Shift 키를 같이 눌러주면 정원이나 정사각형으로 그릴 수 있습니다.

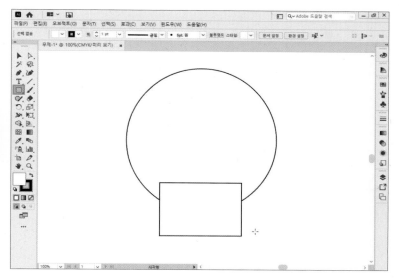

03 선택 도구로 두 개의 도형을 모두 선택한 후 [윈도우] 패널에서 정렬 패널을 불러온 후 '가로 가운데 정렬' 아이콘을 클릭하여 정렬시켜줍니다.

 강의노트 정렬 패널은 선택한 개체들을 특정 위치에 정렬시키거나 일정한 간격으로 배치시키는 기능입니다.

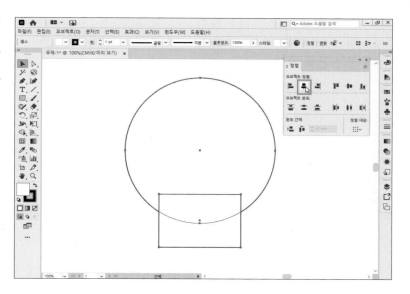

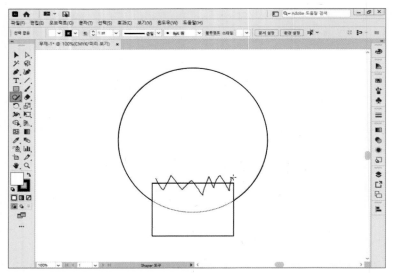

04 그리고 Shaper 도구를 선택한 후 사각
형 안쪽 선 부분을 마우스로 자유롭게
드래그 하여 하나로 병합시켜줍니다.

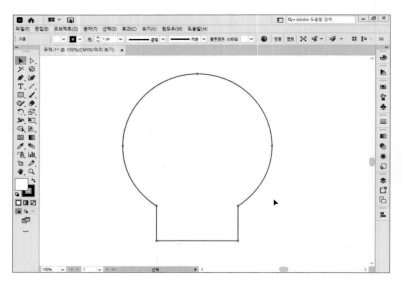

05 모양을 부분적으로 수정하기 위해서
오브젝트가 선택된 상태에서 [오브젝
트]-[확장] 메뉴를 실행하여 각각의 오브젝트로
분리시켜줍니다.

> **TIP**
> 확장 기능을 적용하는 이유는 위젯 사용 시 사각형과 원을 각각 인
> 식하도록 하기 위해서입니다.

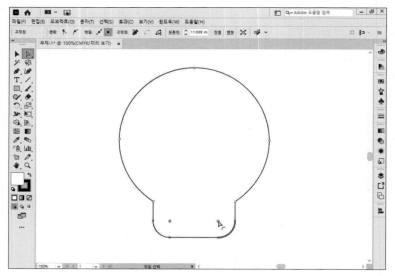

06 도구 패널에서 직접 선택 도구를 선택
하고 하단의 고정점 하나를 선택합니
다. Shift 키를 누른 채 옆의 고정점 또한 같이
선택한 후 위젯을 드래그 하여 곡선 모양으로
수정합니다.

07 다시 바로 위쪽의 모서리 부분의 고정 점 두 개를 위와 동일한 방법으로 직접 선택 도구로 선택한 후 위젯을 이용하여 모양을 수정하고, 색상 패널에서 원하는 면색을 적용합니다.

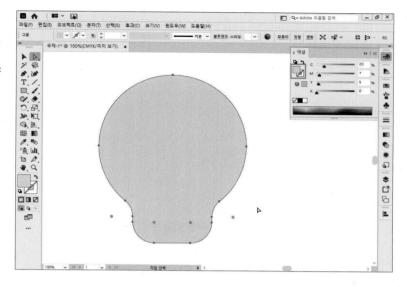

08 이제 하단 모양을 만들기 위해서 도구 패널에서 둥근 사각형 도구를 선택하고 도큐먼트에 클릭하여 모퉁이 반경을 설정합니다.

09 만들어진 오브젝트는 삭제하고, 다시 마우스로 드래그 하여 길쭉한 모양을 만들어 주고 색상 패널에서 면색을 적용합니다.

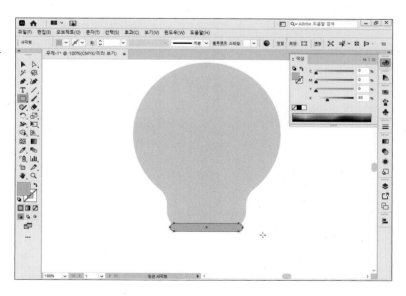

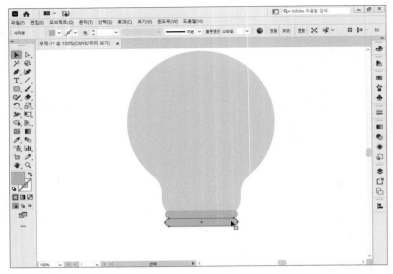

10 선택 도구로 앞서 그려놓은 개체를 선택하고 Alt + Shift 키를 누른 채 아래로 드래그 하여 하나를 더 복사합니다.

TIP

개체를 복사하기 위해서 Alt 키를 사용하고, 동시에 Shift 키를 같이 눌러주면 수평, 수직, 45° 방향으로 정확하게 이동됩니다.

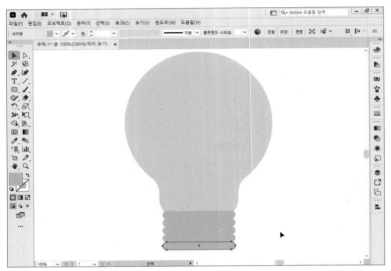

11 계속하여 개체가 선택된 상태에서 [오브젝트]-[변형]-[변형 반복] 메뉴를 실행하여 하나를 더 복사한 후 연속적으로 Ctrl + D 를 눌러 여러 개 복사합니다.

강의노트 변형 반복 기능은 바로 전에 움직인 명령에 대한 반복 명령으로 개체가 선택되어 있는 상태에서 사용 가능합니다. 일정한 간격이나 각도로 개체를 반복적으로 복사할 때 유용하게 사용할 수 있는 기능입니다.

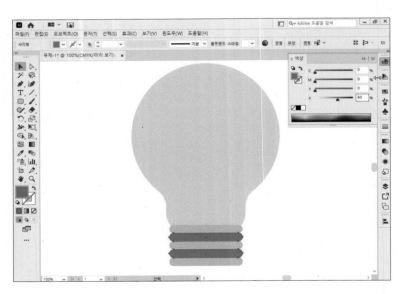

12 선택 도구로 하나를 선택하고 Shift 키를 누른 채 하나를 더 추가 선택하여 색상 패널에서 면색을 수정합니다.

13 다시 둥근 사각형 도구를 선택하고 하
단에 사각형 모양을 그려줍니다.

14 그리고 [오브젝트]-[정돈]-[맨 뒤로 보
내기] 메뉴를 실행하여 가장 뒤로 보내
줍니다.

TIP

일러스트레이터는 먼저 작업한 개체가 아래쪽에 위치하게 됩니다.
즉, 작업하는 순서에 따라 개체의 위치가 달라지므로 정돈 기능을
사용하여 개체의 순서를 정돈할 필요가 있습니다.

15 마지막으로 도구 패널에서 펜 도구를
선택하고 전구 모양 상단에 곡선 면을
그려주고, 면색을 적용합니다. 만일 모양을 수
정하고자 할 경우에는 직접 선택 도구로 수정
하면 됩니다.

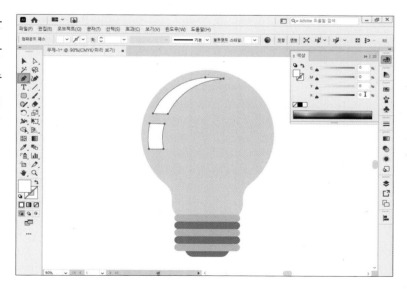

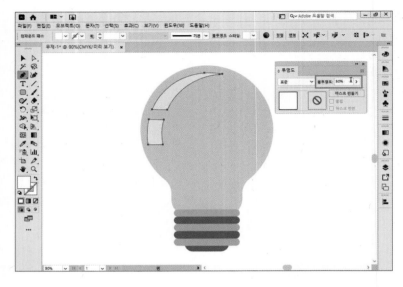

16 개체를 선택하고 [윈도우] 메뉴에서 투명도 패널을 불러오거나 속성 패널에서 불투명도 값을 조절하여 투명하게 처리해 줍니다.

memo

개체 정돈하기

일러스트레이터는 먼저 작업한 개체가 가장 아래쪽에 위치하게 됩니다. 즉, 작업하는 순서에 따라 개체의 위치가 달라지므로 정돈 기능을 사용하여 개체의 순서를 정돈할 필요가 있습니다.

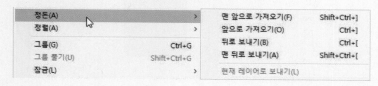

❶ 맨 앞으로 가져오기
선택한 개체를 모든 개체의 가장 위로 올려줍니다.

❷ 앞으로 가져오기
선택한 개체를 바로 위로 한 단계 올립니다.

❸ 뒤로 보내기
선택한 개체를 바로 아래로 한 단계 내립니다.

❹ 맨 뒤로 보내기
선택한 개체를 모든 개체의 가장 아래로 내려줍니다.

❺ 현재 레이어로 보내기
선택한 개체를 레이어 패널에서 지정한 레이어 층으로 보내줍니다.

정렬 패널

선택한 개체들을 특정 위치에 정렬시키거나 일정한 간격으로 배치시키는 기능입니다.

❶ 오브젝트 정렬
개체를 수직축을 기준으로 왼쪽, 중앙, 오른쪽으로 정렬하거나 수평축을 기준으로 위쪽, 중앙, 아래쪽으로 정렬합니다.

❷ 오브젝트 분포
두 개 이상의 개체를 수평축을 기준으로 동일한 간격으로 배분하거나 수직축을 기준으로 배분합니다.

❸ 분포 간격
선택한 개체들의 간격을 수치를 입력하여 균등 배분할 때 사용합니다.

❹ 정렬 대상
개체들을 정렬할 때 어느 기준으로 정렬할지를 설정합니다.

1

여러 가지 도형 도구를 사용하여 간단한 아이콘을 만들어 보세요.

힌트 • 사각형 도구, 원형 도구, 둥근 사각형 도구, 선분 도구 및 모퉁이 위젯을 이용한 모양 수정, 색상과 획 패널 사용

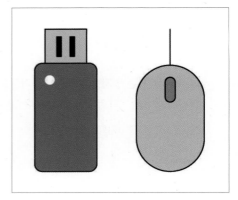

▲ 완성파일 : 섹션 03〉완성〉기초01.ai

2

도형 도구를 사용하여 개체를 만들어 보세요.

힌트 • 선분 도구 사용 후 획 패널에서 선의 두께와 둥근 단면 이용, 사각형 도구 사용 후 모퉁이 위젯을 이용한 모양 수정, 테두리 상자를 이용한 개체 크기 조절 및 회전

▲ 완성파일 : 섹션 03〉완성〉기초02.ai

3

다양한 도형 도구를 사용하여 개체를 만들어 보세요.

힌트 • 원형 도구, 개체 복사 후 직접 선택 도구로 모양 수정, 펜 도구를 사용한 면 작업, 투명도 패널에서 투명도 조절, 별모양 도구 사용 후 테두리 상자를 이용한 크기 조절, 여러 개 복사 후 각각 면색 수정

▲ 완성파일 : 섹션 03〉완성〉기초03.ai

1) 도형 도구와 Shaper 도구를 사용하여 재미난 개체를 만들어 보세요.

▲ 완성파일 : 섹션 03〉완성〉심화01.ai

힌트 • 원형 도구, 다각형 도구 또는 Shaper 도구를 사용한 삼각형 만들기, 원형 도구와 Shaper 도구를 사용한 입 모양 만들기, 펜 도구로 꼭지 제작 후 정돈 기능으로 뒤로 보내기

2) 도형 도구와 Shaper 도구를 사용하여 아이콘을 만들어 보세요.

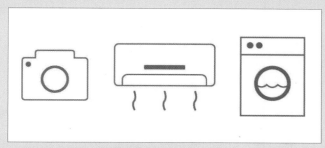
▲ 완성파일 : 섹션 03〉완성〉심화02.ai

힌트 • 둥근 사각형 도구와 Shaper 도구로 카메라 모양 제작, 원형 도구 사용 후 획 패널에서 두께 조절, 둥근 사각형 도구와 Shaper 도구로 에어컨 모양 제작, 펜 도구로 바람 모양 그리기, 사각형 도구, 원형 도구로 세탁기 제작

3) 앞서 학습한 다양한 도형 도구와 Shaper 도구를 사용하여 볼링핀과 공을 만들어 보세요.

▲ 완성파일 : 섹션 03〉완성〉심화03.ai

힌트 • 원형 도구와 Shaper 도구를 사용한 볼링 핀 모양 제작, 모퉁이 위젯을 사용한 모양 수정, 개체 복사 및 테두리 상자로 크기 조절과 회전, 원형 도구로 볼링 공 제작

04 변형 도구와 패스파인더 사용하기

일러스트레이터는 개체를 변형하거나 축소, 확대하기 위한 다양한 도구들을 제공합니다. 각 도구들이 제공하는 대화상자를 통하여 정확한 수치로 변형이 가능할 뿐 아니라 개체에 적용된 패턴, 특수 효과를 조절하는데도 유용하게 사용됩니다. 앞서 학습한 Shaper 도구 등 개체를 단순화시키는 새로운 기능들이 계속 추가되고 있지만 무엇보다 패스파인더 패널을 이용하면 좀 더 쉽고 중복적인 사용이 가능하여 심벌마크와 로고 타입 등을 손쉽게 제작할 수 있습니다. 도형 도구와 변형 도구에 패스파인더까지 학습하면 모든 개체 제작이 훨씬 수월해집니다.

〈학습내용〉

따라하기 01. 회전과 반사 도구 사용하기　　　　따라하기 02. 크기 조절과 기울이기
따라하기 03. 퍼펫 뒤틀기 도구와 자유 변형 도구 사용하기　따라하기 04. 원근감이 적용된 개체 만들기
따라하기 05. 패스파인더 기능 익히기　　　　　따라하기 06. 다양한 기능을 활용한 아이콘 만들기

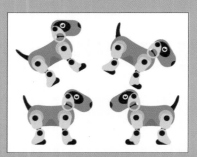
▲ 완성파일 : 섹션 04〉완성〉실습01.ai

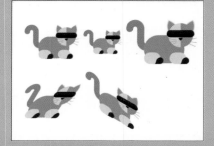
▲ 완성파일 : 섹션 04〉완성〉실습02.ai

▲ 완성파일 : 섹션 04〉완성〉실습03.ai

▲ 완성파일 : 섹션 04〉완성〉실습04.ai

▲ 완성파일 : 섹션 04〉완성〉실습05.ai

▲ 완성파일 : 섹션 04〉완성〉실습06.ai

 체크포인트

– 회전 도구와 반사 도구 사용법을 익힙니다.
– 크기 조절 도구와 기울이기 도구 사용법을 익힙니다.
– 퍼펫 뒤틀기 도구와 자유 변형 도구 사용법을 익힙니다.
– 원근감 격자 도구 사용법을 익힙니다.
– 패스파인더 기능을 익힙니다.
– 각종 도구와 패스파인더 기능을 활용하여 간단한 아이콘을 만들어 봅니다.

01 [파일]-[열기] 메뉴를 선택하여 '섹션 04〉샘플〉실습01.ai' 파일을 불러옵니다.

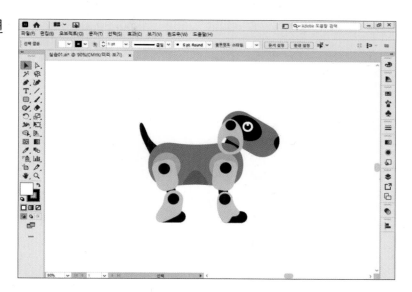

02 선택 도구를 사용하여 개체를 선택한 후 도구 패널의 회전 도구를 더블클릭합니다. 대화상자에서 회전 각도를 입력하고 하단의 미리보기 항목을 체크해봅니다. 입력한 각도만큼 개체가 회전되는 것을 미리보기 할 수 있습니다.

 강의 노트 회전 도구는 선택한 개체를 자유롭게 회전시킬 수 있는 도구로써 옵션 대화상자를 통하여 정확한 각도를 입력하여 회전이 가능합니다.

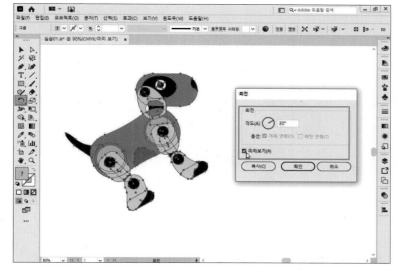

03 이번에는 회전 각도에 '-' 값을 입력해보고 미리보기 항목을 체크하면, 앞서와는 다르게 방향이 바뀌어 회전되는 것을 볼 수 있습니다.

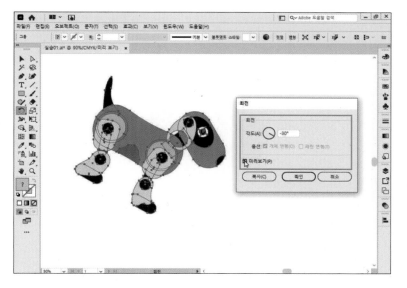

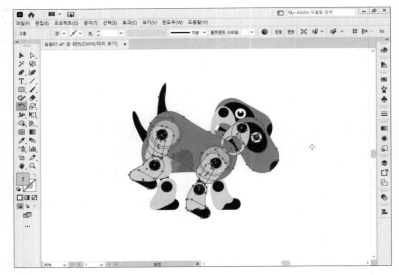

04 대화상자 하단의 복사 버튼을 클릭하면 원본은 그대로 있고, 회전된 개체가 하나 더 복사됩니다.

TIP

> 개체를 회전하거나 크기 조절을 할 경우에 각각의 도구를 더블클릭하여 대화상자를 이용하는 방법 외에 테두리 상자를 이용하여 회전이나 크기 조절을 할 수도 있습니다.

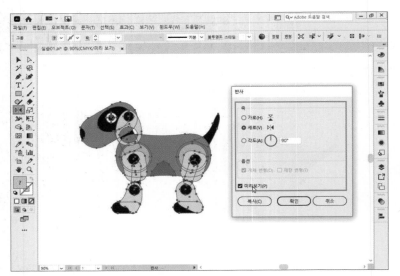

05 이번에는 앞서 연습한 파일을 선택 도구로 선택하고 반사 도구를 더블클릭합니다. 대화상자에서 반사시킬 기준 축을 지정하고 미리보기를 눌러봅니다. 기준 축에 따라 수평과 수직으로 반사되는 것을 볼 수 있습니다.

> **강의 노트** 반사 도구는 선택한 개체를 반사시키는 도구로써 대화상자에서 중심축 지정과 각도를 입력하여 정확히 반사시킬 수 있습니다. 또한 [Alt] 키를 눌러 중심축을 이동시켜 한 번에 반사시키는 방법도 있습니다.

06 복사 버튼을 누르게 되면 회전 도구와 마찬가지로 반사된 오브젝트가 하나 더 만들어지게 됩니다.

07 Ctrl + Z 를 눌러 명령을 취소하고, 선택 도구로 다시 오브젝트를 선택합니다. 그리고 반사 도구를 선택한 후 Alt 키를 누른 상태에서 기준 축이 될 부분을 클릭하면 대화상자가 바로 나타납니다.

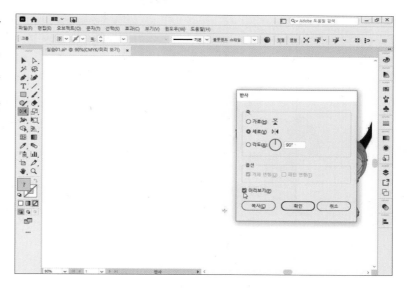

08 반사시킬 기준 축을 지정하고 복사 버튼을 누르면 한 번에 반사 및 복사를 할 수 있습니다.

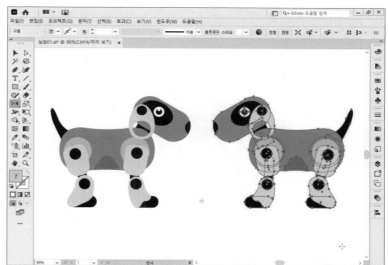

09 Ctrl + Z 를 눌러 명령을 취소하고, 선택 도구로 개체를 선택합니다. [오브젝트]-[반복]-[방사형] 메뉴를 실행하면 개체가 기본 옵션을 사용하여 방사형 유형으로 반복됩니다.

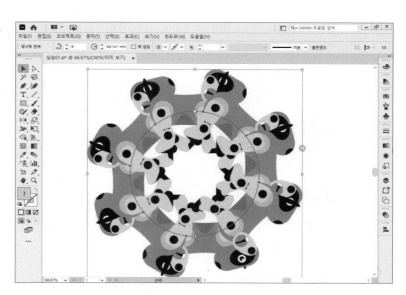

강의 노트 [오브젝트] - [반복] 명령은 새롭게 추가된 기능으로 클릭 한 번으로 개체를 쉽게 반복하고 방사형, 격자 및 미러링 반복 패턴을 만들 수 있습니다.

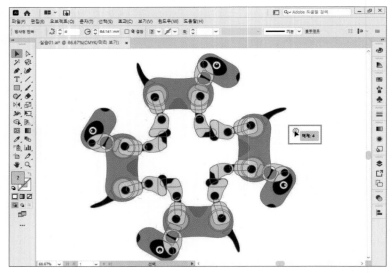

10 기본적으로 8개의 인스턴스가 반복되어 나타나는데 인스턴스 수를 변경하려면 개체가 선택된 상태에서 반복 횟수 컨트롤을 드래그하여 개수를 조절할 수 있습니다.

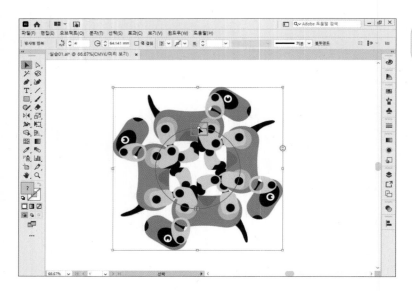

11 또한 원 모양 컨트롤을 드래그하여 개체 사이의 간격을 조절할 수 있습니다.

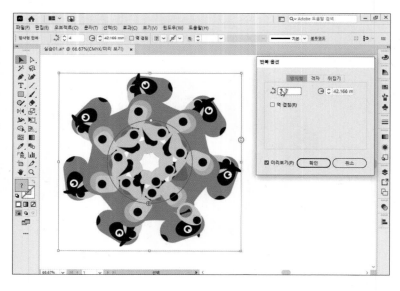

12 [오브젝트]-[반복]-[옵션] 메뉴를 실행하여 각각의 반복 명령에 대한 세부 옵션을 조절할 수 있습니다.

Power Upgrade

회전 도구의 옵션 대화상자

① **각도** : 회전시킬 각도를 입력합니다.

② **개체 변형** : 패턴은 그대로인 채 개체만을 회전시킵니다.

③ **패턴 변형** : 개체에 적용된 패턴만을 회전시킵니다.

④ **복사** : 원본은 그대로 두고 개체 하나를 더 복사하여 회전시킵니다.

⑤ **미리보기** : 결과를 미리보기 할 수 있습니다.

반사 도구의 옵션 대화상자

① **가로** : 가로축을 중심으로 반사시킵니다.

② **세로** : 세로축을 중심으로 반사시킵니다.

③ **각도** : 반사시킬 각도를 입력합니다.

④ **옵션** : 개체에 적용된 패턴에 반사기능을 적용할지의 여부를 체크합니다.

반복 개체 만들기

[오브젝트]-[반복] 명령은 새롭게 추가된 기능으로 클릭 한 번으로 개체를 쉽게 반복하고 방사형, 격자 및 미러링 반복 패턴을 만들 수 있습니다.

방사형 반복 옵션

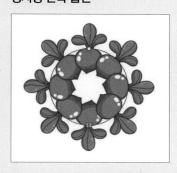

① **반복 횟수** : 반복 개체에서 사용할 반복 횟수를 설정합니다.

② **반경** : 방사형 반복이 만들어질 원의 반경을 지정합니다.

③ **역 겹침** : 방사형 반복에서 개체의 앞뒤 순서를 변경하려면 이 항목을 선택합니다.

Power Upgrade

격자 반복 옵션

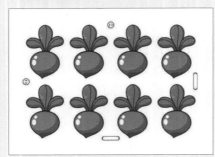

❶ 격자 수직 간격
격자에 있는 개체 간의 수직 간격을 지정합니다.

❷ 격자 수평 간격
격자에 있는 개체 간의 수직 간격을 지정합니다.

❸ 격자 유형
개체를 행과 열로 배열하는 데 사용할 격자 유형을 지정합니다.

❹ 행 뒤집기
세로(Y축) 또는 가로(X축) 방향으로 행을 뒤집습니다.

❺ 열 뒤집기
세로(Y축) 또는 가로(X축) 방향으로 열을 뒤집습니다.

뒤집기 반복 옵션

❶ 미러링 축 각도
반사 축의 각도를 설정합니다.

01 [파일]–[열기] 메뉴를 선택하여 '섹션 04〉샘플〉실습02.ai' 파일을 불러옵니다. 선택 도구를 사용하여 개체를 선택한 후 도구 패널의 크기 조절 도구를 더블클릭합니다.

02 대화상자에서 균일 항목에 확대 또는 축소시킬 비율을 입력한 후 미리보기를 체크해 봅니다.

강의 노트 크기 조절 도구는 선택한 개체를 확대 또는 축소하는 도구로 100%보다 높은 값을 입력하면 개체가 확대되고, 반대로 100%보다 낮게 입력하면 축소됩니다.

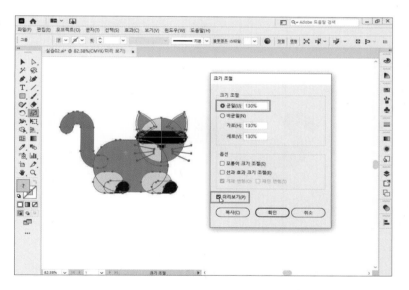

03 이번에는 비균일 항목에서 세로 비율만을 입력하여 세로 크기만 축소시켜 봅니다.

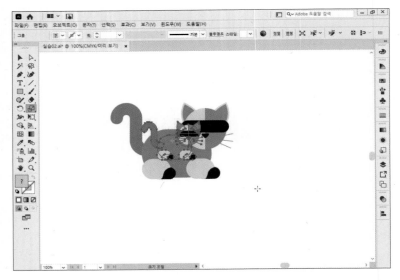

04 앞서 학습하였던 회전과 반사 도구처럼 복사 버튼을 클릭하면 확대 또는 축소된 개체가 하나 더 만들어집니다.

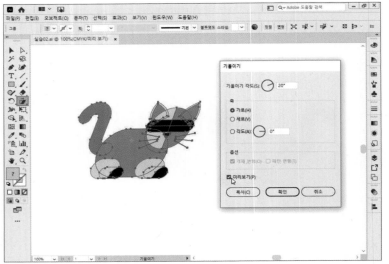

05 다시 개체를 선택하고 이번에는 도구 패널의 기울이기 도구를 더블클릭합니다. 대화상자에서 기준 축을 지정하고, 기울이고자 하는 각도를 입력한 후 미리보기를 눌러봅니다.

강의노트 기울이기 도구는 개체를 자유롭게 기울일 수 있는 도구입니다.

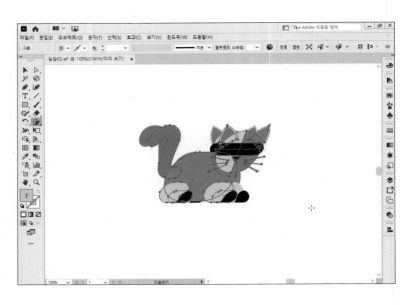

06 앞서 학습하였던 변형 도구들과 마찬가지로 복사 버튼을 클릭하면 기울어진 하나의 개체를 더 만들 수 있습니다.

Power Upgrade

크기 조절 도구 옵션 대화상자

❶ 균일
가로, 세로의 비율을 동일하게 조절합니다.

❷ 비균일
가로, 세로의 비율을 각각 다르게 조절합니다.

❸ 가로
가로의 비율을 조절합니다.

❹ 세로
세로의 비율을 조절합니다.

❺ 모퉁이 크기 조절
이 항목을 체크하게 되면 크기를 조절할 때 모퉁이의 굴림 정도까지 함께 조절됩니다.

❻ 선과 효과 크기 조절
이 항목을 체크하게 되면 크기 조절 시 외곽선의 두께와 효과도 함께 조절됩니다.

개체 선의 두께 조절

개체가 면과 선으로 구성된 상태에서 크기 조절 도구를 사용할 때는 테두리 선의 두께를 고려해야 합니다. 선과 효과 크기 조절 항목을 체크하고 조절하면 테두리의 두께도 함께 조절되고, 체크하지 않으면 두께는 그대로 유지된 채 크기만 조절됩니다.

〈원본〉　　　　　　　　〈체크했을 경우〉　　　　　　　〈체크하지 않았을 경우〉

기울이기 도구 옵션 대화상자

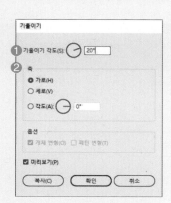

❶ 기울이기 각도
기울이고자 하는 각도를 입력합니다.

❷ 축
기울일 기준 축을 지정합니다.

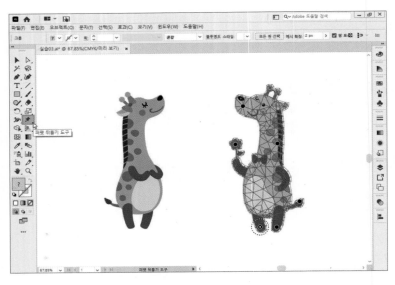

01 [파일]-[열기] 메뉴를 선택하여 '섹션 04〉샘플〉실습03.ai' 파일을 불러옵니다. 선택 도구를 사용하여 오른쪽 개체를 선택한 후 도구 패널의 퍼펫 뒤틀기 도구를 선택합니다.

> **강의노트** 퍼펫 뒤틀기 도구는 핀을 추가, 이동 및 회전시켜 개체를 비틀고 왜곡시키는 자연스러운 변형 기능입니다.

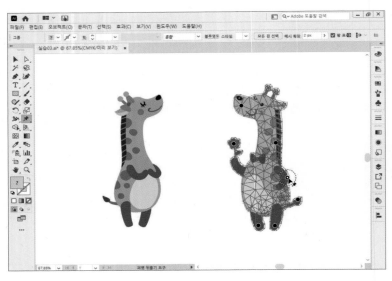

02 개체에 기본적으로 고정시킬 부분에 핀이 추가되어 나타납니다. 물론 임의적으로 마우스를 클릭하여 핀을 추가할 수 있습니다.

> **TIP** 핀을 제거하려면 선택한 후 Delete 키를 누르면 되고, 여러 개의 핀을 선택하려면 Shift 키를 누른 채 해당 핀을 클릭하면 됩니다.

03 핀을 클릭한 채로 드래그 하여 개체의 모양을 변형시킵니다.

> **TIP** 선택한 핀 주위로 개체 변경을 제한하려면 Alt 키를 누른 상태에서 드래그 합니다.

04 이번에는 왼쪽 개체를 선택하고 도구 패널의 자유 변형 도구를 선택합니다. 그러면 오른쪽에 네 개의 숨은 도구가 나타나는데 각각의 도구를 선택하고 명령을 실행시켜 봅니다.

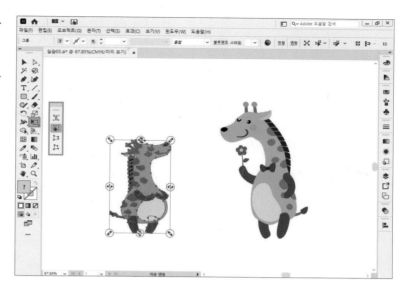

강의노트 자유 변형 도구는 선택한 개체의 크기 조절, 회전 등의 변형 작업을 테두리 상자를 이용하여 자유롭게 조절할 수 있는 도구입니다.

Power Upgrade

퍼펫 뒤틀기 기능 강화

최신 버전에서는 핀을 자동으로 추가할 수 있는 최적의 영역을 식별합니다. 물론 기존처럼 원하는 경우에도 핀을 추가하거나 삭제할 수 있습니다. 퍼펫 뒤틀기 도구를 선택하면 기본적으로 이 기능이 활성화되어 나타나고 만일 이 기능을 사용하지 않으려면 편집 〉 환경 설정 〉 일반을 선택하여 내용 인식 기본값 활성화 옵션을 선택하여 취소하면 됩니다.

자유 변형 도구

개체의 크기 조절, 회전 등의 변형 작업을 테두리 상자를 이용하여 자유롭게 조절할 수 있는 도구로써 Ctrl 키를 누르면 선택한 조절점 부분만 자유롭게 변형시킬 수 있고, Ctrl + Alt 키를 눌러 기울일 수도 있으며, Ctrl + Alt + Shift 키를 누르면 원근감을 표현할 수 있습니다. CC버전 이후로는 도구 패널이 따로 지원돼 단축키를 사용하지 않더라도 직접 사용이 가능해졌습니다.

〈원본〉

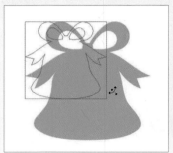
〈제한〉

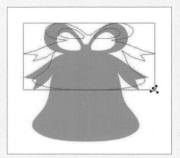
〈자유 변형〉

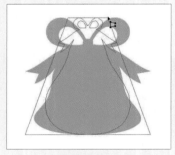
〈원근 왜곡〉

〈자유 왜곡〉

❶ 제한
키보드의 Shift 키를 누른 것처럼 가로, 세로 같은 비율로 크기를 조절하거나 회전 시 45° 각도로 정확히 회전됩니다.
❷ 자유 변형
마우스를 드래그 한 만큼 자유롭게 모양이 변경됩니다.
❸ 원근 왜곡
좌우 또는 상하 대칭이 되게 원근감을 표현할 수 있습니다.
❹ 자유 왜곡
테두리 상자의 한쪽 모서리만을 자유롭게 움직일 수 있습니다.

01 [파일]-[새로 만들기] 메뉴를 클릭하여 새로운 아트보드를 만듭니다. 도구 패널에서 원근감 격자 도구를 선택하면 아트보드에 투시 형태로 좌우에 소실점이 보이는 그리드가 표시되고, 좌측 상단에는 투시된 박스의 면 선택과 그리드를 숨길 수 있는 아이콘이 표시됩니다.

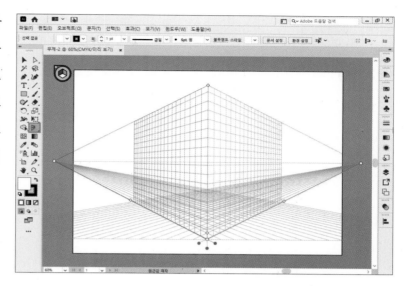

02 [보기]-[원근감 격자]-[3점 투시]-[3P 표준보기] 메뉴를 클릭하여 소점 변경을 하고, 아트보드 안쪽으로 드래그하여 이동시킵니다.

강의 노트 원근감 격자 도구는 원근감 격자 모양을 이용하여 개체에 원근감을 표현할 수 있습니다.

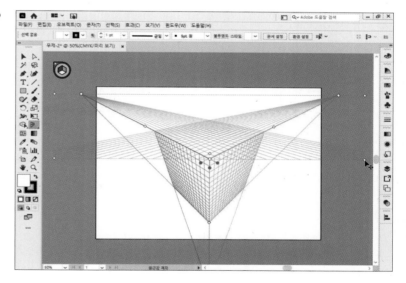

03 원근감 격자 눈금자와 셀 크기 등을 조절하여 눈금을 조절합니다.

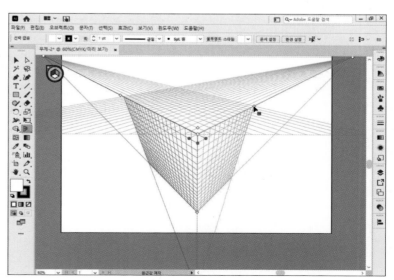

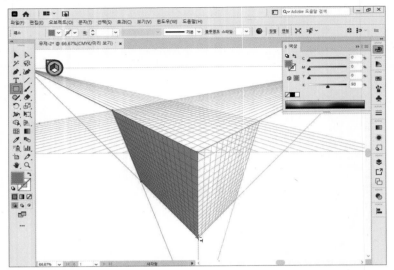

04 색상 패널이나 견본 패널에서 면색을 적용하고 사각형 도구를 사용하여 좌측 모서리의 그리드에서부터 우측으로 드래그하여 그리드에 맞춰 투시된 모양으로 한쪽 면을 그려줍니다.

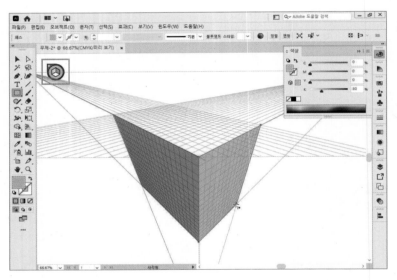

05 다시 좀 더 연한 면색을 지정한 후 도큐먼트 좌측 상단의 아이콘에서 오른쪽 그리드를 선택합니다. 그리고 왼쪽 면과 마찬가지로 마우스로 그리드 모양을 따라 드래그하여 그려줍니다.

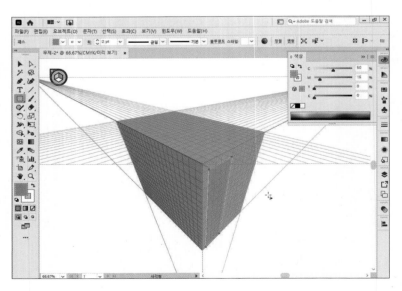

06 상단의 면 또한 위와 동일한 방법으로 직접 그려주고, 벽면을 꾸미기 위해서 다시 면색과 선색을 지정하고, 그리드에 맞춰 직사각형을 그립니다.

07 그런 다음 도구 패널에서 원근감 선택 도구를 선택하고 앞서 그려놓은 사각형 면을 [Alt] 키를 누른 채 드래그 하여 하나를 더 복사합니다.

 원근감 선택 도구는 선택한 개체를 투시 그리드에 맞춰 이동하거나 복사, 또는 모양을 수정할 수 있습니다.

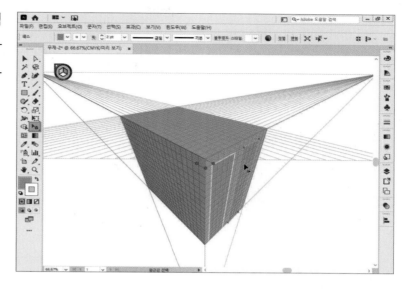

08 반대편 창문과 문 또한 위와 각각 그린 뒤 원근감 선택 도구를 사용하여 복사합니다.

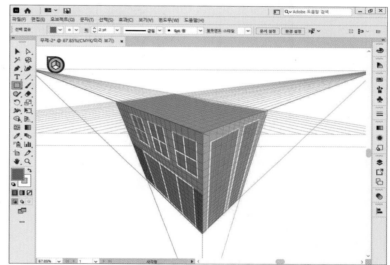

09 모든 작업이 완료되면 좌측 상단의 아이콘에서 그리드 닫기 버튼을 클릭하거나 [보기]–[원근감 격자]–[격자 숨기기] 명령을 실행하여 작업을 완료합니다.

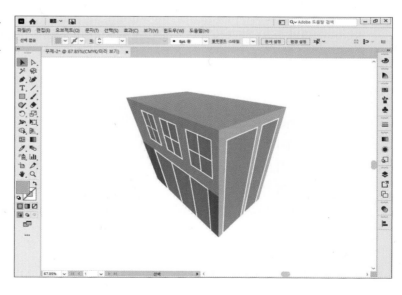

원근감 격자 도구를 이용하여 개체에 원근감을 표현할 수 있습니다. 원근감 격자는 기본이 2점 격자를 사용하지만 [View]–[Perspective Grid] 메뉴를 이용하여 소점을 변경할 수 있습니다.

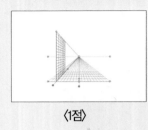 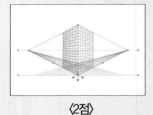 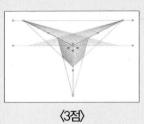

〈1점〉　　　　　　〈2점〉　　　　　　〈3점〉

원근감 격자의 구성

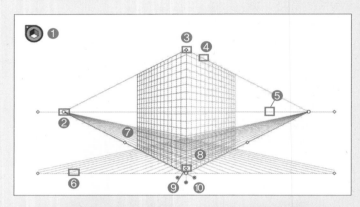

❶ 평면 전환 위젯 : 원근감 드로잉에 사용되는 평면 위젯입니다.

〈왼쪽 격자 평면〉　〈오른쪽 격자 평면〉　〈수평 격자 평면〉　〈활성 격자 평면 없음〉

❷ 소실점 : 원근감 격자의 소실점으로 드래그 하여 이동이 가능합니다.

❸ 수직 격자 범위

❹ 원근감 격자 눈금자로 [보기] – [원근감 격자] – [격자 보기] 메뉴를 클릭하면 나타납니다.

❺ 가로선 : 가로 레벨로 높이를 조절합니다.

❻ 지평의 높이를 조절합니다.

❼ 격자 범위를 조절합니다.

❽ 격자 셀 크기를 조절합니다.

❾ 수평 격자를 조절합니다.

❿ 원근감 격자 도구 그룹으로 격자를 수정할 경우 눈금을 만듭니다.

01 [파일]-[새로 만들기] 메뉴를 클릭하여 새로운 아트보드를 만듭니다. 다양한 도형 도구와 패스파인더 기능을 사용하여 간단한 아이콘을 만들어 보겠습니다. 먼저 도구 패널에서 원형 도구를 선택하고 Shift 키를 누른 채 드래그 하여 정원을 그립니다.

Tip

사각형이나 원을 그릴 때 Shift 키는 정사각형이나 정원을 그리기 위해서 사용하고, 동시에 Alt 키를 같이 눌러주면 클릭한 부분이 중심이 됩니다.

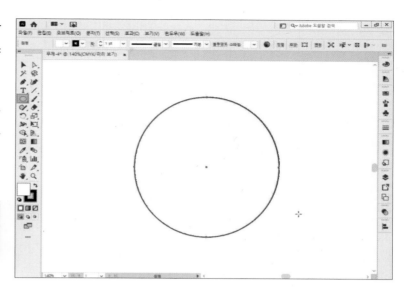

02 색상 패널에서 면색을 적용하고, 개체가 선택된 상태에서 크기 조절 도구를 더블클릭하여 100%보다 적은 값을 입력한 후 복사 버튼을 누릅니다.

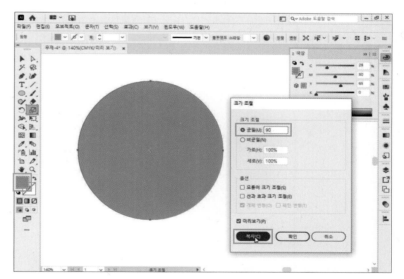

03 개체가 축소되어 하나 더 만들어지면 역시 색상 패널에서 원하는 면색을 적용합니다.

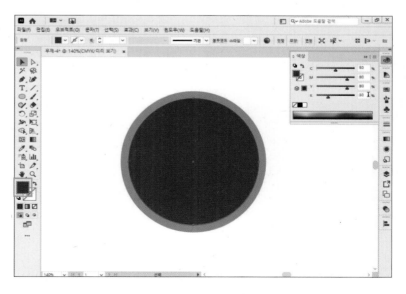

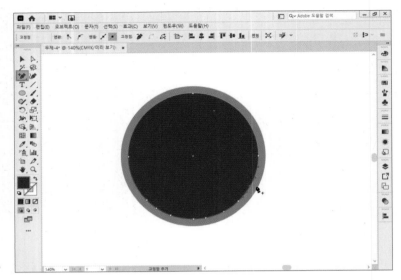

04 작은 원 하단의 원 모양을 수정하기 위해서 도구 패널에서 고정점 추가 도구를 선택하고 패스에 마우스를 클릭하여 고정점을 여러 개 추가합니다.

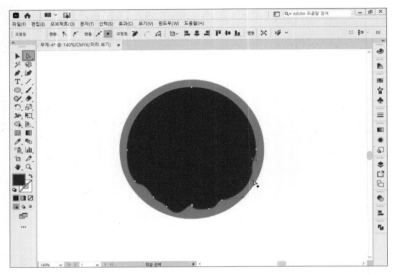

05 직접 선택 도구로 추가한 고정점과 방향점 등을 드래그 하여 울퉁불퉁한 모양으로 수정합니다.

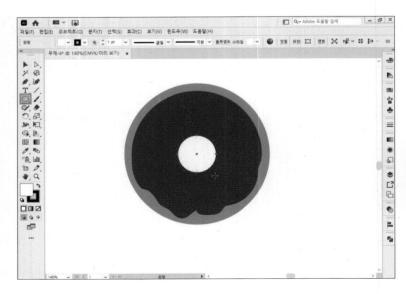

06 다시 원형 도구를 선택하고 [Alt] + [Shift] 키를 누른 채 오브젝트의 중앙에서부터 드래그 하여 작은 원을 하나 더 그려줍니다.

TIP

[보기] – [특수 문자 안내선] 메뉴를 클릭하여 활성화 시킨 뒤 작업하면 개체의 중심점을 찾기 쉽습니다. 또는 정렬 패널을 사용하여 정렬시킬 수 있습니다.

07 선택 도구로 전체 개체를 모두 선택한 후 [윈도우] 메뉴에서 패스파인더 패널을 불러옵니다. 패널에서 나누기 버튼을 클릭하고, 연속적으로 [오브젝트]–[그룹 풀기] 메뉴를 클릭합니다.

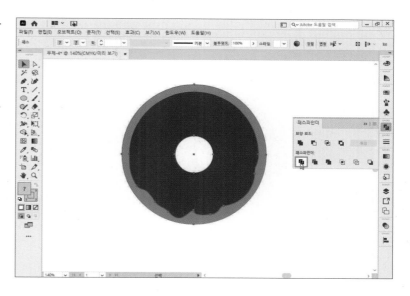

08 그리고 중앙의 작은 원을 선택한 후 Delete 키를 눌러 삭제하면 구멍이 뚫리는 것을 볼 수 있습니다.

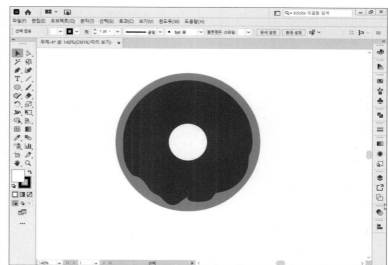

09 도구 패널에서 선분 도구를 선택하고 Shift 키를 누른 채 앞서 작업한 개체의 중앙을 가로지르는 세로 선을 그려줍니다.

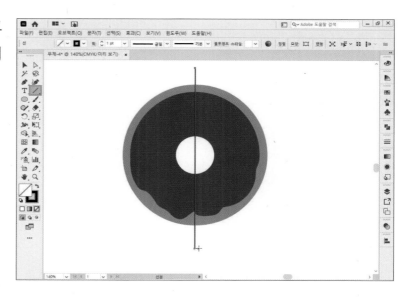

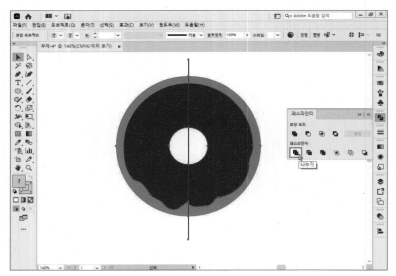

10 마찬가지로 전체 개체를 선택하고 패스 파인더 패널에서 나누기 버튼을 누른 후 [오브젝트]-[그룹 풀기] 메뉴를 실행합니다.

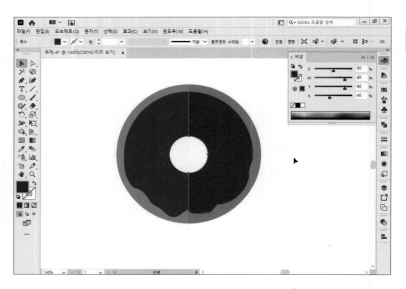

11 나누어진 개체를 각각 선택하여 색상 패널에서 면색을 수정합니다.

12 도구 패널에서 둥근 사각형 도구를 선택하고 도큐먼트에 클릭하여 모서리 둥글기 정도를 설정하여 만들어진 개체는 삭제합니다.

13 다시 앞서 제작한 모양 위에 드래그 하여 둥근 사각형을 그려주고 색상 패널에서 면색을 적용합니다.

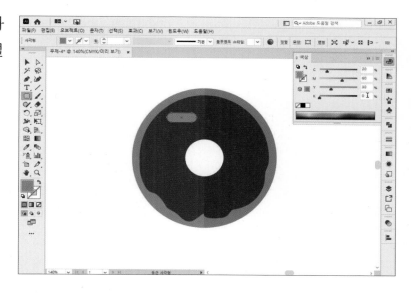

14 선택 도구로 개체를 선택하고 Alt 키를 누른 채 드래그 하여 복사한 후 테두리 상자를 이용하거나 자유 변형 도구를 사용하여 각각 회전시켜 줍니다. 또한 색상 패널에서 면색을 변경합니다.

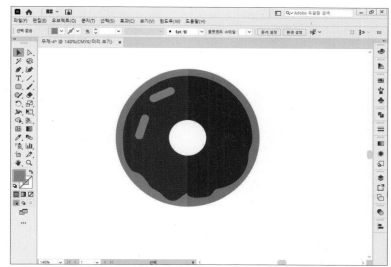

15 나머지 개체 또한 위와 동일한 방법으로 여러 개 복사하여 회전시킨 뒤 각각 색상을 변경시켜 줍니다.

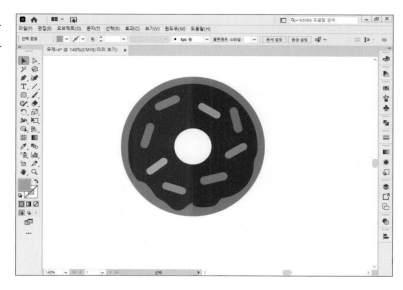

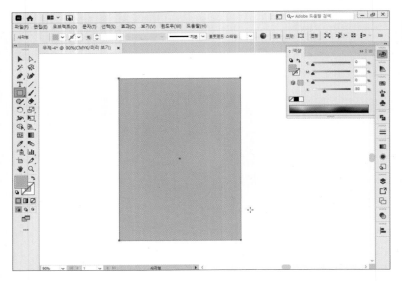

16 이번에는 컵 모양을 만들어 보겠습니다. 도구 패널에서 사각형 도구를 선택하고 아트보드에 드래그 하여 직사각형을 그리고, 색상 패널에서 면색을 적용합니다.

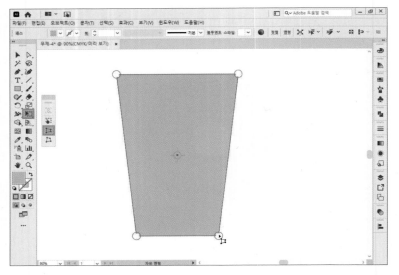

17 개체가 선택된 상태에서 자유 변형 도구를 클릭하여 원근 왜곡 도구를 선택한 뒤 하단이 얇게 모양을 변형시킵니다.

18 다시 사각형 도구를 선택하고 상단에 직사각형을 겹쳐 그리고 색상 패널에서 면색을 적용합니다.

19 연속적으로 하나의 사각형을 더 겹쳐 그린 후 [오브젝트]-[정돈]-[맨 뒤로 보내기] 메뉴를 클릭하여 뒤로 보내주고, 색상을 변경합니다.

20 그리고 자유 변형 도구를 클릭하여 원근 왜곡 도구를 선택한 뒤 상단이 좁아지게 모양을 변형시킵니다.

21 중앙에 손잡이 부분을 그리기 위해서 다시 사각형 도구를 사용하여 직사각형을 그리고 면색을 적용합니다.

22 계속하여 개체가 선택된 상태에서 자유 변형 도구를 클릭하여 원근 왜곡 도구를 선택한 뒤 모양을 변형시킵니다.

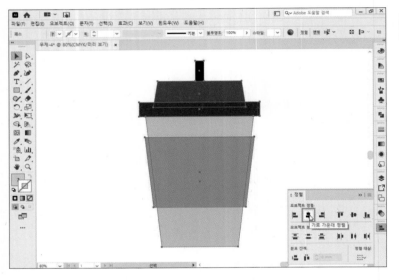

23 상단의 빨대 모양 또한 직사각형을 그린 뒤 면색을 적용하고, 전체 개체를 모두 선택한 후 [윈도우] 메뉴에서 정렬 패널을 불러와 가로 가운데 정렬 버튼을 클릭하여 중앙으로 정렬시켜줍니다.

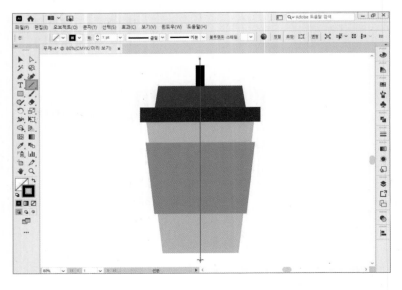

24 도구 패널에서 선분 도구를 선택하고 중앙에 Shift 키를 누른 채 세로로 가로지르는 직선을 그립니다.

25 그런 다음 전체 개체를 선택하고 패스파인더 패널에서 나누기 버튼을 클릭한 후 [오브젝트]-[그룹 풀기] 메뉴를 연속적으로 실행합니다.

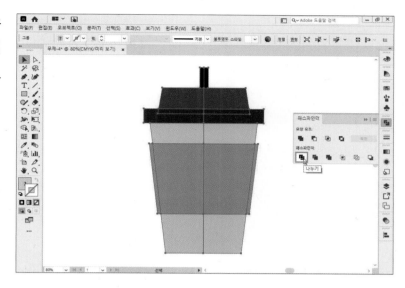

26 나눠진 개체에 색상 패널에서 각각 면색을 수정하여 입체적으로 표현합니다.

27 마지막으로 둥근 사각형 도구를 사용하여 손잡이 부분에 길쭉한 둥근 사각형을 그려주고 면색을 적용합니다.

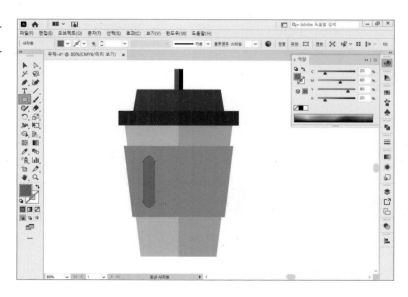

28 선택 도구로 개체를 선택하고 [Alt] + [Shift] 키를 누른 채 옆으로 드래그하여 하나를 복사합니다.

TIP
개체를 복사하기 위해서 [Alt] 키를 사용하고, 동시에 [Shift] 키를 같이 눌러주면 수평, 수직, 45° 방향으로 정확하게 이동됩니다.

29 이어서 [오브젝트]-[변형]-[변형 반복] 메뉴를 두 번 더 실행하여 컵 모양을 완성합니다.

TIP
변형 반복([Ctrl]+[D])은 바로 전에 움직인 명령에 대한 반복 명령으로 개체가 선택되어 있는 상태에서 일정한 간격이나 각도로 개체를 반복적으로 복사 또는 이동할 때 유용하게 사용할 수 있는 기능입니다.

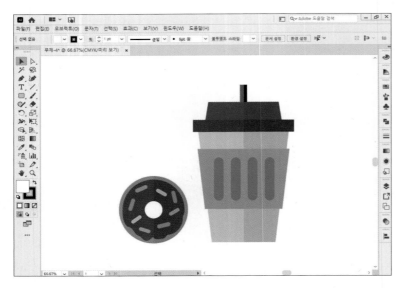

30 앞서 작업해 놓은 도넛 모양 개체와 나란히 배열하여 작업을 완성합니다.

Power Upgrade

패스파인더 패널

패스파인더 기능은 도형과 도형의 겹치는 부분을 어떻게 처리할 것인지에 대한 명령으로 각종 로고나 아이콘, 픽토그램, 캐릭터 등을 제작할 때 매우 빈번히 사용되는 기능입니다.

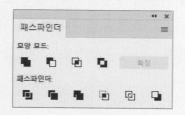

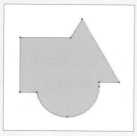

〈합치기〉

〈앞면 오브젝트 제외〉

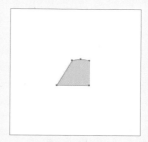

〈교차 영역〉

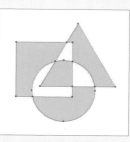

〈교차 영역 제외〉

〈나누기〉

〈동색 오브젝트 분리〉

〈병합–다른 색상〉

〈병합–동일 색상〉

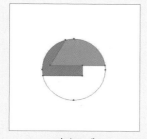

〈자르기〉

〈윤곽선〉

〈이면 오브젝트 제외〉

01 [파일]-[새로 만들기] 메뉴를 클릭하여 새로운 아트보드를 만듭니다. 다양한 도형 도구와 패스파인더 기능을 사용하여 아이콘을 만들어 보겠습니다. 먼저 도구 패널에서 둥근 사각형 도구를 선택하고 도큐먼트에 클릭하여 모서리 둥글기 정도를 설정합니다.

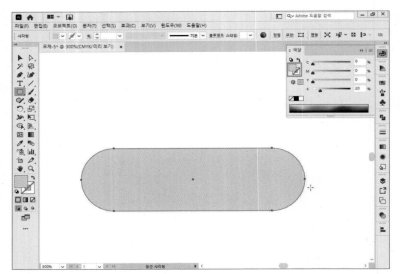

02 만들어진 개체는 Delete 키를 눌러 삭제하고, 아트보드에 직접 드래그 하여 둥근 사각형을 그려주고 견본 패널에서 면색을 적용합니다.

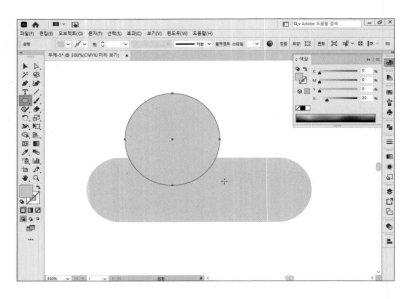

03 다시 원형 도구를 선택하고 Shift 키를 누른 채 드래그 하여 정원을 겹쳐 그려주고 위와 동일한 색상을 적용합니다.

04 선택 도구를 사용하여 앞서 그려놓은 원을 선택하고 Alt 키를 누른 채 드래그 하여 하나를 더 복사한 후 자유 변형 도구 또는 테두리 상자를 사용하여 크기를 축소합니다.

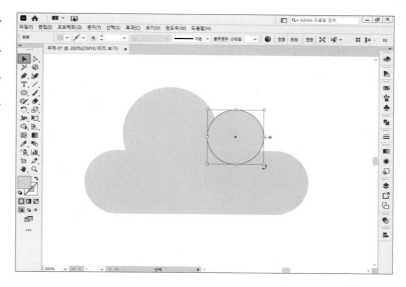

05 전체 개체를 모두 선택하고 [윈도우] 메뉴에서 패스파인더 패널을 불러온 후 합치기 아이콘을 클릭하여 하나로 합쳐줍니다.

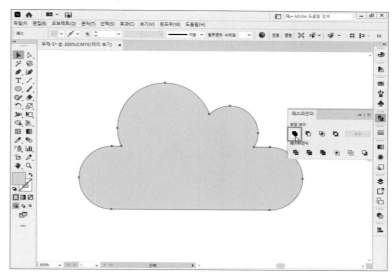

06 해 모양을 만들기 위해서 도구 패널에서 원형 도구를 선택하고 Shift 키를 누른 채 드래그 하여 정원을 그려주고, 면색을 적용합니다.

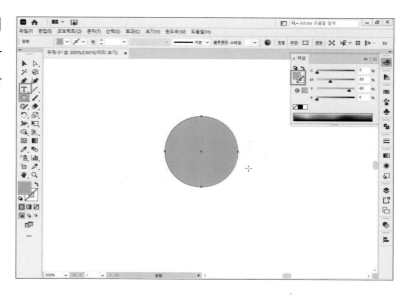

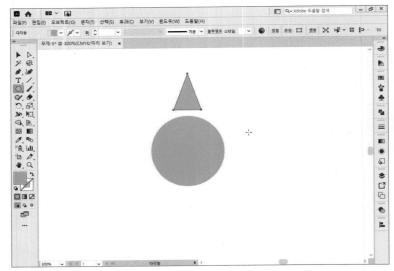

07 또한 다각형 도구를 선택하고 도큐먼트에 클릭하여 면의 개수를 지정하여 삼각형 모양을 그려줍니다.

> **TIP**
> 원하는 삼각형 모양이 그려지지 않을 경우에는 직접 선택 도구로 수정하면 됩니다.

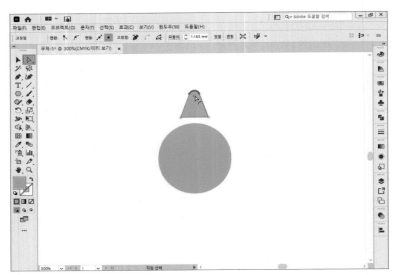

08 그런 다음 직접 선택 도구로 상단의 고정점을 이동시킨 후 모퉁이 위젯을 드래그 하여 모양을 곡선으로 수정합니다.

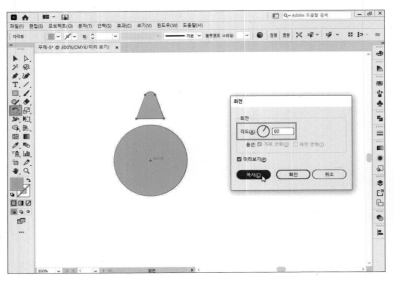

09 선택 도구로 개체를 선택하고 전체 오브젝트가 선택된 상태에서 도구 패널의 회전 도구를 선택하고 **Alt** 키를 누른 채 중앙이 될 부분을 클릭하여 대화상자에서 각도를 입력한 후 복사를 누릅니다.

> **TIP**
> 지금과 같은 경우 정확히 원의 중심을 클릭할 수 없으므로 안내선을 이용하거나 [보기] 메뉴에서 특수 문자 안내선을 체크하면 안내선과 중심점 등을 보여주어 정확히 작업할 수 있습니다.

10 연속적으로 [오브젝트]-[변형]-[변형 반복] 메뉴를 실행하거나 Ctrl + D 를 눌러 반복 복사합니다.

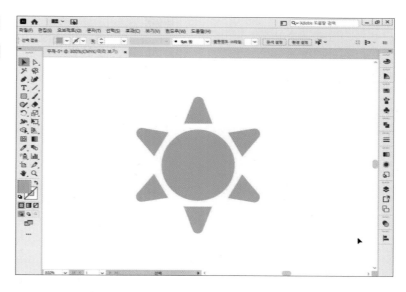

11 다시 하나의 개체를 Alt 키를 누른 채 옆으로 복사한 후 자유 변형 도구를 사용하여 크기를 축소하고 회전시켜줍니다.

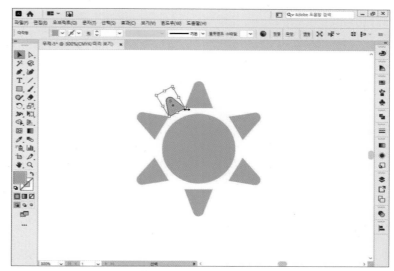

12 위와 동일한 방법으로 회전 도구를 사용하여 동일한 각도와 간격으로 여러 개 만들어줍니다.

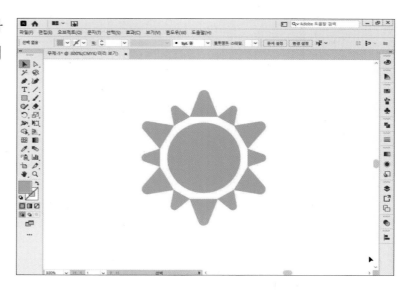

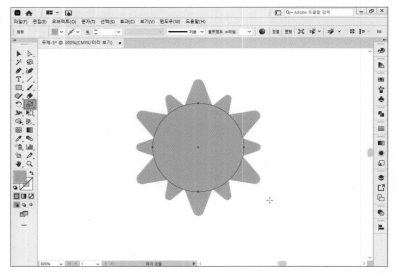

13 선택 도구로 중앙의 원을 선택하고 [편집]-[복사] 명령을 실행하여 클립보드에 저장시켜 둡니다. 그리고 크기 조절 도구를 더블클릭하여 원의 크기를 키워줍니다.

TIP

정사각형이나 정원을 그리고자 할 경우에는 키보드의 **Shift** 키를 누르고 드래그하고, **Alt** 키를 동시에 눌러주면 마우스로 클릭한 부분을 중심축으로 오브젝트가 만들어집니다.

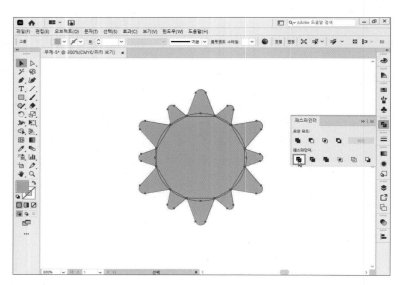

14 그런 다음 전체 개체를 선택하고 패스파인더 패널에서 나누기 아이콘을 클릭한 후 [오브젝트]-[그룹 풀기] 메뉴를 실행합니다.

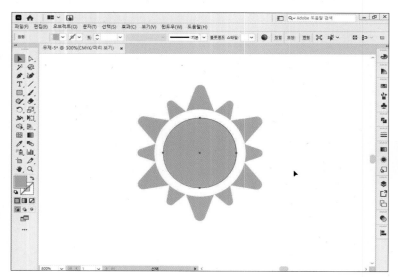

15 겹쳐진 불필요한 부분을 삭제한 후 [편집]-[제자리에 붙이기] 메뉴를 실행하여 앞서 클립보드에 저장해 두었던 원을 붙여넣기 합니다.

TIP

제자리에 붙여넣기는 복사 명령으로 클립보드에 저장된 개체를 가장 위쪽 제자리 위치에 붙여넣기 하는 기능입니다.

16 아울러 앞서 제작해 두었던 구름 모양에 겹치게 이동시키고, [오브젝트]−[정돈]−[맨 뒤로 보내기] 메뉴를 실행하여 뒤로 보내줍니다.

17 두 번째 아이콘은 앞서 제작했던 구름 모양을 복사하여 색상과 크기를 조절하여 제작하고, 선분 도구로 직선을 그린 후 획 패널에서 선의 두께를 두껍게 지정합니다. 또한 단면 모양은 둥근 단면으로 적용한 후 색상 패널에서 선색을 지정합니다.

18 선택 도구를 사용하여 여러 개 복사한 후 직접 선택 도구로 모양을 수정하여 비가 내리는 듯한 모양을 만들어주고, 펜 도구로 번개 모양 역시 직접 그려주고 선의 두께와 끝 모양을 지정합니다.

19 이번에는 눈 결정체 모양을 만들기 위해서 선분 도구를 선택하고 Shift 키를 누른 채 드래그 하여 곧은 직선을 그립니다.

20 마찬가지로 획 패널에서 선의 두께와 끝 모양을 둥글게 지정하고, 색상 패널에서 선색을 적용합니다.

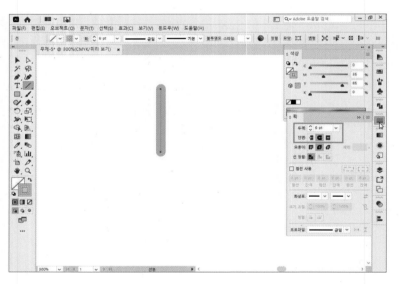

21 계속하여 선분 도구를 사용하여 Shift 키를 누른 상태에서 드래그 하여 양쪽 사선을 만듭니다.

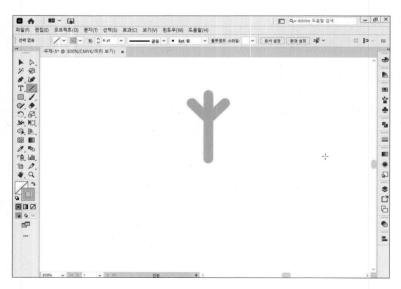

22 그리고 세 개의 선을 모두 선택한 후 도구 패널에서 회전 도구를 선택하고 Alt 키를 누른 채 중심점을 클릭하면 대화상자가 나타납니다.

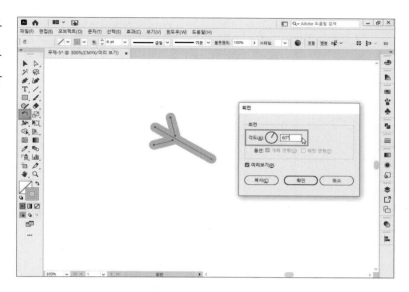

23 회전시키고자 하는 개수에 해당하는 각도를 입력하고 복사를 눌러주어 복사합니다.

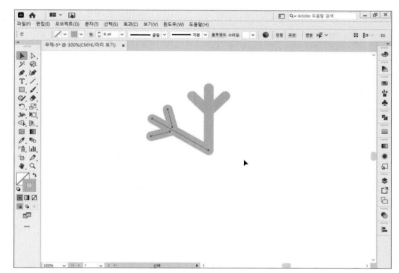

24 계속하여 개체가 선택된 상태에서 [오브젝트]-[변형]-[변형 반복] 명령을 반복적으로 실행하여 눈 결정체 모양을 완성합니다.

Tip

변형 반복 기능은 바로 전에 움직인 명령에 대한 반복 명령으로 개체가 선택되어 있는 상태에서 Ctrl + D 를 눌러 단축키를 사용해도 됩니다.

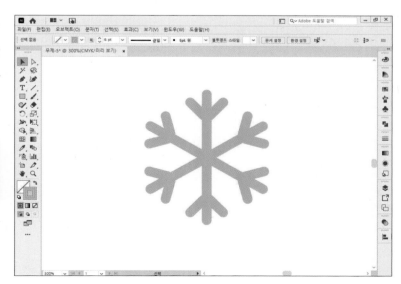

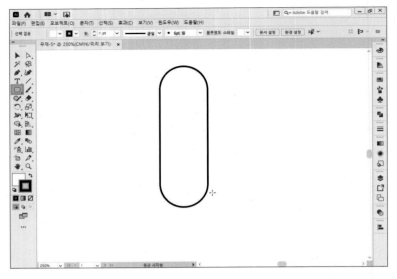

25 마지막으로 온도계를 만들어 보겠습니다. 둥근 사각형 도구를 사용하여 모서리가 둥근 사각형 형태를 그려줍니다.

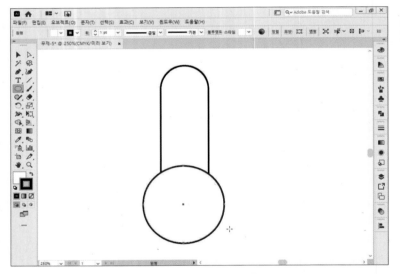

26 다시 원형 도구를 선택하고 Shift 키를 누른 채 드래그 하여 정원을 겹치게 그려줍니다.

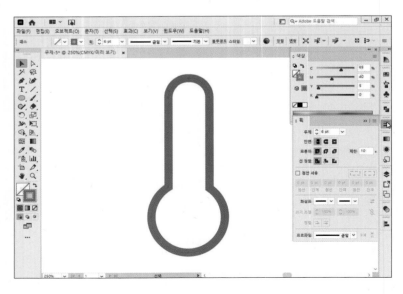

27 두 개의 개체를 모두 선택하고 패스파인더 패널에서 합치기를 눌러 하나로 합쳐주고 선색과 선의 두께를 지정합니다.

28 개체를 선택하고 [편집]-[복사], [편집]-[제자리에 붙여넣기] 메뉴를 연속적으로 실행하여 하나를 더 복사한 후 도구 패널에서 칠과 선 교체를 클릭하여 선색을 면색으로 전환합니다. 그리고 색상을 변경합니다.

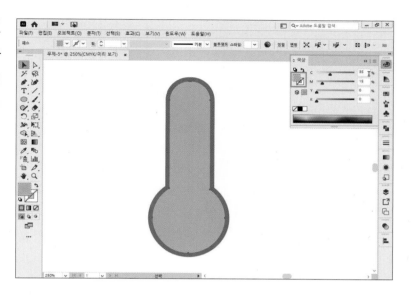

29 도구 패널에서 고정점 추가 도구를 선택하고 패스 양쪽에 포인트를 두 개 추가합니다.

> **TIP**
> 도구 패널에서 고정점 추가 도구를 사용하지 않고 펜 도구로 선택된 개체의 패스에 마우스를 위치시키면 자동으로 포인트 추가 도구가 활성화되기도 합니다.

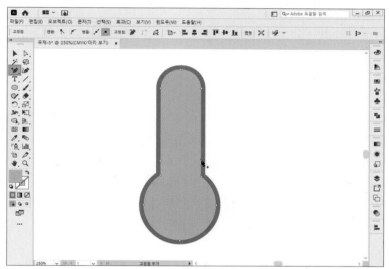

30 그런 다음 직접 선택 도구를 사용하여 상단의 필요 없는 포인트를 모두 지워주고, [오브젝트]-[정돈]-[맨 뒤로 보내기]을 실행하여 뒤로 보내줍니다.

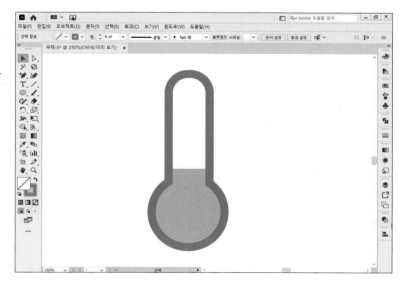

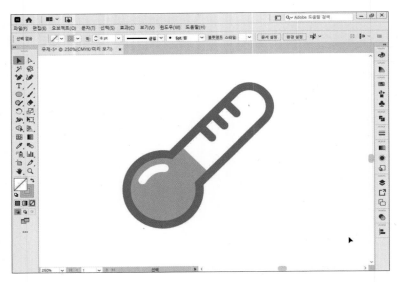

31 마지막으로 펜 도구를 사용하여 나머지 직선과 곡선을 각각 그려주고, 색상과 두께를 지정한 후 전체적으로 회전시켜 줍니다.

32 앞서 작업해 둔 눈꽃 모양과 함께 배치합니다.

33 위와 같이 도형과 패스파인더를 함께 사용하면 오브젝트 제작이 훨씬 용이해집니다.

memo

1

도형 도구와 변형 도구들을 사용하여 간단한 개체를 만들어 보세요.

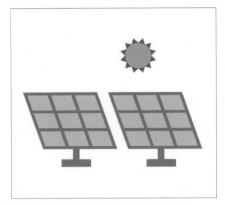

힌트 • 별모양 도구와 원형 도구로 해 제작, 사각형 도구와 변형 반복([Ctrl]+[D]) 기능을 활용하여 열판 제작, 기울이기 도구 사용

▲ 완성파일 : 섹션 04〉완성〉기초01.ai

2

주어진 개체를 불러와 선색과 선의 두께를 적용해 보세요.

힌트 • 선색과 선의 두께 지정 후 폭 도구를 사용하여 각각 두께 조절

▲ 완성파일 : 섹션 04〉완성〉기초02.ai

3

도형 도구와 패스파인더 기능을 사용하여 재미난 모양을 만들어 보세요.

힌트 • 원형 도구와 패스파인더를 사용한 모양 제작, 폭 도구를 사용한 선의 두께 표현, 별모양 도구와 [효과] – [왜곡과 변형] – [오목과 볼록] 효과를 사용한 개체 제작

▲ 완성파일 : 섹션 04〉완성〉기초03.ai

심화문제

1) 다양한 도형과 변형 도구들을 사용하여 개체를 만들어 보세요.

힌트 • 다각형 도구와 모퉁이 위젯, 원형 도구와 직접 선택 도구를 사용한 토끼 형태 제작, 펜 도구와 둥근 사각형 도구, 원형 도구, 다각형 도구를 사용한 나머지 표현, 기울이기 도구로 안경 표현 후 반사 도구 활용, 원형 도구와 펜 도구로 모양 제작 후 패스파인더 활용하여 말풍선 제작

▲ 완성파일 : 섹션 04〉완성〉심화01.ai

2) 도형과 패스파인더를 사용하여 열기구를 만들어 보세요.

힌트 • 원형 도구로 타원형 제작 후 직접 선택 도구로 포인트 삭제하여 반원 제작, 여러 개 복사하여 각각 폭 조절, 반사 도구로 반대편 모양 완성, 둥근 사각형 도구와 선분 도구로 나머지 모양 제작, 원형 도구와 패스파인더 기능으로 구름 모양 제작 후 투명도 패널에서 불투명도 지정

▲ 완성파일 : 섹션 04〉완성〉심화02.ai

3) 앞서 학습한 기능들을 사용하여 아이콘을 만들어 보세요.

▲ 완성파일 : 섹션 04〉완성〉심화03.ai

힌트 • 원형 도구, 둥근 사각형 도구, 다각형 도구, 사각형 도구와 패스파인더를 활용한 개체 제작, 모퉁이 위젯과 직접 선택 도구를 사용한 세부 모양 수정

05 문자 입력 및 활용하기

일러스트레이터는 문자의 입력과 편집을 위한 여러 가지 기능들을 제공합니다. 문자 도구와 문자 패널 이외에 메뉴를 제공하여 문자를 이용한 타이포 디자인과 전문 DTP 프로그램 못지않은 다양한 기능을 적용할 수 있습니다.

Preview

〈학습내용〉

따라하기 01. 문자 입력 및 수정하기

따라하기 03. 특정 영역 안쪽에 문자 입력하기

따라하기 05. 개체 주위에 텍스트 흐름 만들기

따라하기 02. 문자 손질 도구 사용하기

따라하기 04. 패스를 따라 흐르는 문자 입력하기

따라하기 06. 문자를 활용한 엠블럼 만들기

▲ 완성파일 : 섹션 05〉완성〉실습01.ai

▲ 완성파일 : 섹션 05〉완성〉실습02.ai

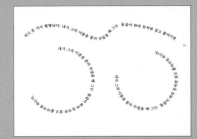

▲ 완성파일 : 섹션 05〉완성〉실습03.ai

▲ 완성파일 : 섹션 05〉완성〉실습04.ai

▲ 완성파일 : 섹션 05〉완성〉실습05.ai

▲ 완성파일 : 섹션 05〉완성〉실습06.ai

 체크포인트

– 문자 도구를 사용하여 문자 입력 후 수정하는 방법에 대해 학습합니다.

– 문자 손질 도구 사용법을 익힙니다.

– 영역 문자 도구 사용법을 익힙니다.

– 패스 상의 문자 도구 사용법을 익힙니다.

– 이미지를 둘러싸는 글상자를 만들어 봅니다.

– 문자 도구들을 사용하여 엠블럼을 직접 제작해 봅니다.

01 [파일]-[새로 만들기] 메뉴를 실행하여 작업할 도큐먼트를 만듭니다. 도구 패널에서 문자 도구를 선택하고 아트보드에 마우스를 클릭하면 자리표시자 텍스트가 입력됩니다.

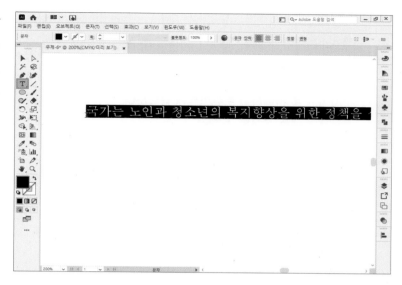

02 그 상태에서 원하는 문자를 입력하고 Enter 키를 눌러 줄을 변경 한 후 나머지 문장을 입력합니다.

강의 노트
문자 도구는 아트보드에 가로 방향으로 문자를 입력하는 도구입니다. 최신버전에서는 문자 도구를 사용하면 기본적으로 자리표시자 텍스트가 입력됩니다. 자리표시자 텍스트가 입력되지 않도록 하기 위해서는 [편집]-[환경 설정]-[문자] 대화상자에서 '새 유형의 개체를 자리표시자 텍스트로 채우기' 항목을 체크하지 않으면 됩니다.

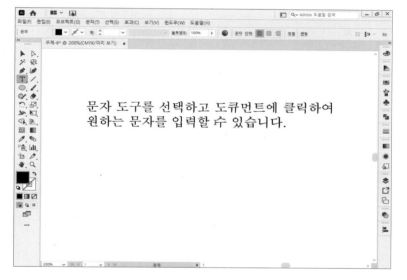

03 입력된 문자를 수정하려면 문자 도구로 드래그 하여 블록을 지정한 다음 변경할 문자를 입력하면 됩니다.

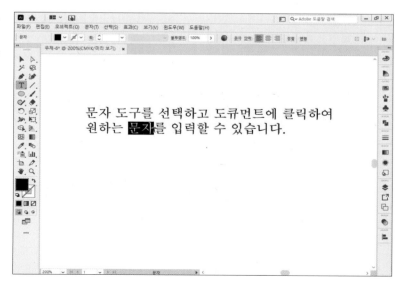

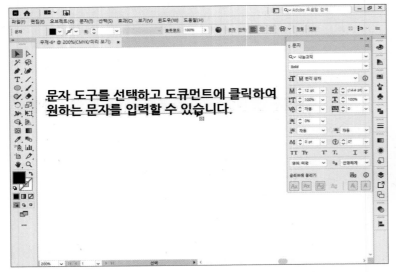

04 또한 문자의 글꼴이나 크기, 행간, 자간 등을 조절하고자 할 경우에는 제어 패널이나 [윈도우] 메뉴에서 문자 패널을 불러와 각각 조절하면 됩니다.

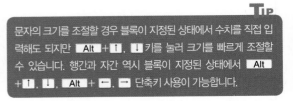

TIP

문자의 크기를 조절할 경우 블록이 지정된 상태에서 수치를 직접 입력해도 되지만 **Alt** + **↑**, **↓** 키를 눌러 크기를 빠르게 조절할 수 있습니다. 행간과 자간 역시 블록이 지정된 상태에서 **Alt** + **↑**, **↓**, **Alt** + **←**, **→** 단축키 사용이 가능합니다.

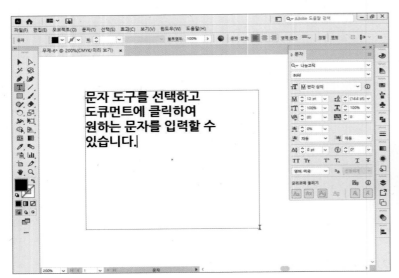

05 이번에는 문자 도구로 문자를 입력할 영역을 임의적으로 드래그 하여 박스를 만들고 입력하면 설정된 영역 안쪽으로만 문자가 입력됩니다.

TIP

일정 영역이나 특정 개체 안쪽 영역에 문자를 입력할 경우 문자가 영역을 넘치면 +모양의 빨간색 아이콘이 표시되는데 이때는 문자의 영역을 넓혀주어야 합니다.

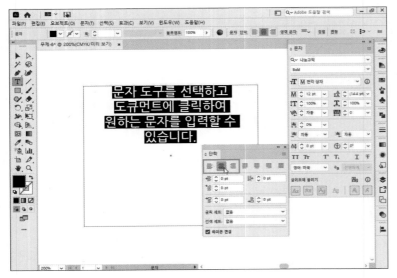

06 입력된 문장을 정렬시키고자 할 경우에는 [윈도우] 메뉴에서 단락 패널을 불러와 왼쪽 정렬, 가운데 정렬, 오른쪽 정렬 등 다양한 정렬기능을 적용할 수 있습니다.

문자 패널

Power Upgrade

문자의 속성을 조절할 수 있는 패널로써 글꼴, 스타일, 크기, 행간, 자간 등을 설정합니다.

❶ 글꼴 군 설정 : 글꼴의 종류를 선택합니다.

❷ 글꼴 스타일 설정 : 각 글꼴에 따른 스타일(굵기, 기울임)을 선택합니다.

❸ 글꼴 높이 참조 설정 : 패널의 크기에는 글꼴의 테두리 상자(전각 상자)의 높이도 포함되므로 폰트의 실제 크기는 이 크기보다 작습니다. 글꼴 높이 참조를 글꼴의 대문자 높이, x 높이 및 ICF 상자에 설정할 수도 있습니다.

❹ 글꼴 크기 설정 : 글꼴의 크기를 조절합니다.

❺ 행간 설정 : 행과 행 사이의 간격(행간)을 조절합니다.

❻ 세로 크기 조절 : 문자의 세로 길이(폭)를 조절합니다.

❼ 가로 크기 조절 : 문자의 가로 길이(폭)를 조절합니다.

❽ 두 문자 사이의 커닝 설정 : 커서가 위치한 좌우에 있는 문자 사이의 간격을 조절합니다.

❾ 선택한 문자의 자간 설정 : 문자들 사이의 간격(자간)을 조절합니다.

❿ 기준선 이동 설정 : 문자의 기준선인 베이스라인을 기준으로 문자를 상하로 조절합니다.

⓫ 문자 회전 : 선택된 문자를 회전시킬 수 있습니다.

⓬ 모두 대문자 : 영문 문자를 모두 큰대문자로 표현합니다.

⓭ 작은 대문자 : 영문 문자를 모두 작은 대문자로 표현합니다.

⓮ 위 첨자 : 위 첨자를 표현합니다.

⓯ 아래 첨자 : 아래 첨자를 표현합니다.

⓰ 밑줄 : 문자에 밑줄을 그어줍니다.

⓱ 취소선 : 문자 가운데에 수평선을 그어줍니다.

⓲ 언어 : 글꼴을 지원하는 국가를 선택합니다.

⓳ 앤티 앨리어싱 방법 설정 : 문자 외곽을 표현하는 방식을 선택합니다.

⓴ 글리프에 물리기 : 최신 버전에서 새롭게 추가된 기능으로 윤곽선 또는 안내선을 만들 필요 없이 개체를 그리거나 크기를 조절 또는 이동할 때 간단하게 물리기 옵션을 선택하여 텍스트와 정밀하게 배열할 수 있습니다. 단, 이 기능을 사용하려면 [보기] 〉 [글리프에 물리기]와 [보기] 〉 [특수 문자 안내선]이 활성화되어 있어야 합니다.

– 기준선 : 기준선에 물립니다.

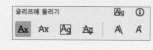 

– X–높이 : 소문자 글리프의 높이에 물립니다.

– 글리프 테두리 : 글리프의 위쪽, 아래쪽, 왼쪽 및 오른쪽 테두리에 물립니다.

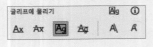 

– 근접 안내선 : 기준선, x 높이 및 글리프 테두리 근처에 생성된 안내선에 물립니다.

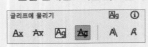 

– 각진 안내선, 고정점 : 각진 안내선은 각 진 선분이 있는 글리프를 선택하거나 텍스트 프레임을 회전시킬 때 나타나는 각도 안
내선에 물리고, 고정점은 글리프 기준점에 그리거나 스냅합니다.

단락 패널

문장의 정렬 기준과 들여쓰기, 단락의 여백 등을 조절할 수 있는 패널입니다.

❶ 왼쪽 정렬 : 문장을 왼쪽 정렬합니다.

❷ 가운데 정렬 : 문장을 중앙 정렬합니다.

❸ 오른쪽 정렬 : 문장을 오른쪽 정렬합니다.

❹ 양쪽 정렬(마지막 행 왼쪽 정렬) : 양끝정렬, 단락 끝부분의 여백을 왼쪽 정렬합니다.

❺ 양쪽 정렬(마지막 행 가운데 정렬) : 양끝정렬, 단락 끝부분의 여백을 중앙 정렬합니다.

❻ 양쪽 정렬(마지막 행 오른쪽 정렬) : 양끝정렬, 단락 끝부분의 여백을 오른쪽 정렬합니다.

❼ 강제 정렬 : 강제정렬, 단락 끝부분의 여백을 양쪽 혼합 정렬합니다.

❽ 왼쪽 들여쓰기 : 문장의 왼쪽 여백을 조절합니다.

❾ 오른쪽 들여쓰기 : 문장의 오른쪽 여백을 조절합니다.

❿ 첫 번째 행 왼쪽 들여쓰기 : 문장의 첫 줄 들여쓰기를 조절합니다.

⓫ 단락 앞 공백 : 문단의 위쪽 여백을 조절합니다.

⓬ 단락 뒤 공백 : 문단의 아래쪽 여백을 조절합니다.

⓭ 하이픈 연결 : 영문의 경우 특정 단어가 길어서 아래 행으로 넘어갈 경우 자동으로 하이픈
표시를 하여 연결해줍니다.

Power Upgrade

시각적 글꼴 찾아보기

문자 패널의 새로운 탭인 더 보기를 통해 원하는 글꼴을 필터링하여 검색할 수 있습니다.

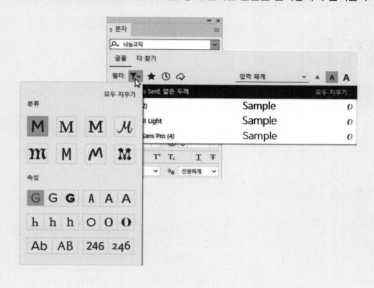

memo

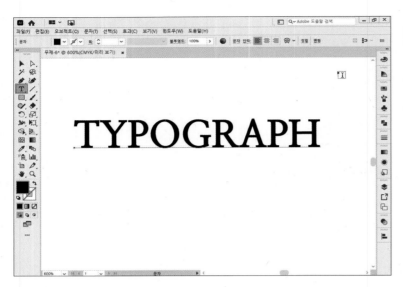

01 [파일]-[새로 만들기] 메뉴를 실행하여 작업할 아트보드를 만듭니다. 도구 패널에서 문자 도구를 선택하고 아트보드에 마우스를 클릭하여 문자를 입력합니다.

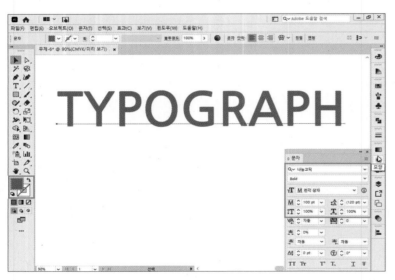

02 [윈도우] 메뉴에서 문자 패널을 불러온 후 글꼴과 크기를 조절하고, 색상 패널에서 색상을 회색으로 적용합니다.

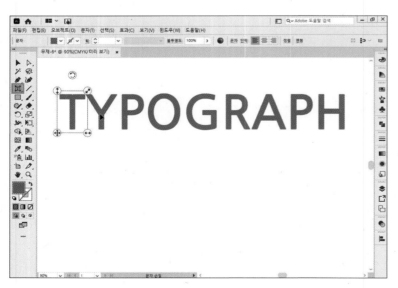

03 도구 패널에서 문자 손질 도구를 선택하고 수정하고자 하는 문자 하나를 클릭하면 클릭한 문자만 사각형 박스가 표시되면서 활성화됩니다.

강의노트 문자 손질 도구는 CC에서부터 새롭게 추가된 기능으로 문자를 작성한 후 한 문자의 위치를 수정하거나 회전 등의 변화를 주고자 할 경우 사용하는 도구로서, 기존에는 오브젝트화시켜 수정하곤 하였는데 이 도구를 사용하게 되면 문자 상태 그대로 내용을 수정할 수 있습니다.

04 왼쪽 하단 모서리의 십자 모양 화살표을 드래그 하면 상하좌우로 문자를 자유롭게 이동시킬 수 있습니다.

05 그리고 왼쪽 상단과 오른쪽 하단의 모서리는 장평을 조절할 수 있으며, 오른쪽 상단 모서리는 문자의 크기를 조절할 수 있습니다.

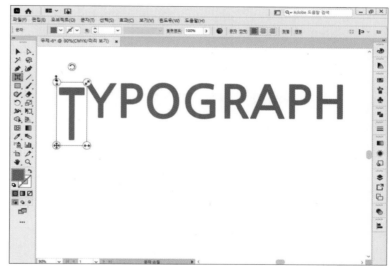

06 또한 사각 박스 바깥쪽의 원을 드래그하여 문자를 회전할 수 있어 타이포그래피가 달리 보이도록 디자인할 수 있습니다.

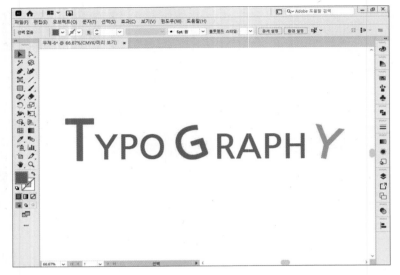

07 각각 원하는 글자를 문자 손질 도구를 사용하여 다양한 크기와 모양으로 표현하고, 색상을 적용시켜 봅니다.

memo

01 [파일]-[새로 만들기] 메뉴를 실행하여 작업할 아트보드를 만듭니다. 도구 패널에서 펜 도구를 선택하고 곡선 모양의 면을 그려주고, 색상 패널에서 면색을 적용합니다.

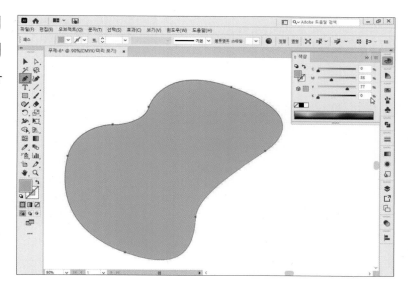

02 그리고 영역 문자 도구를 선택하고 면의 외곽선을 클릭하면 개체가 외곽선만 보인 채 클릭한 부분에 커서가 깜빡입니다.

강의노트 영역 문자 도구는 개체 영역 안쪽에 문자를 입력할 수 있는 도구입니다.

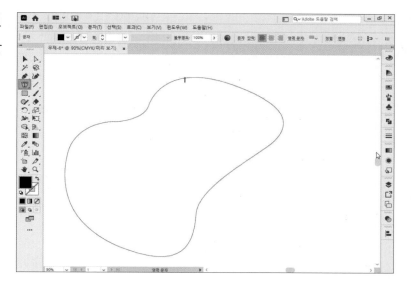

03 문자를 입력하면 개체 영역 안쪽으로만 자동으로 줄 바꿈 되면서 문자가 입력됩니다.

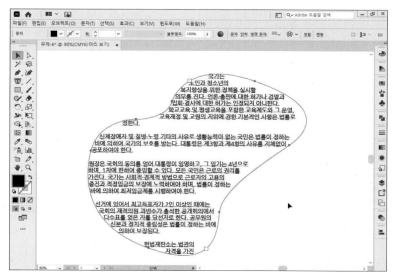

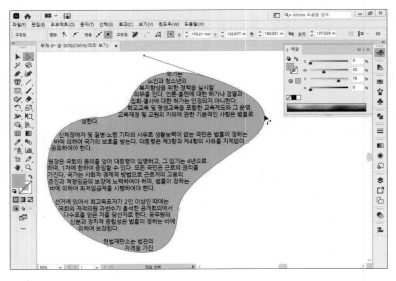

04 영역 문자 도구를 사용할 경우 기존의 개체에 적용되었던 색상이 없어지기 때문에 만일 개체에 면색이나 선색을 적용하고자 할 경우에는 개체를 하나 더 복사하여 겹쳐 사용하거나 직접 선택 도구로 개체만 선택하여 색상을 적용합니다.

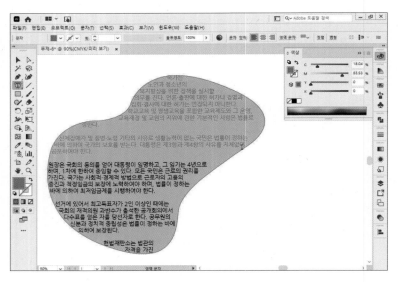

05 문자 색상은 블록을 지정하거나 선택 도구로 선택하여 원하는 색상으로 적용하면 됩니다.

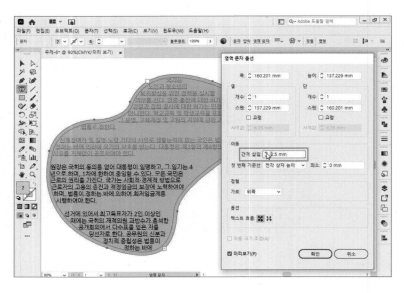

06 영역 문자 도구를 더블클릭 하면 대화상자가 나타나는데 여기서 '간격 삽입' 옵션을 조절해 보면 입력된 문장과 오브젝트 사이가 벌어지는 것을 볼 수 있습니다.

영역 문자 옵션

오브젝트 안쪽에 문자를 입력한 후 영역 문자 도구를 더블클릭하면 대화상자가 나타나 다양한 옵션을 이용하여 표현할 수 있습니다.

❶ **폭, 높이** : 글상자의 가로, 세로 크기를 설정합니다.

❷ **열** : 글상자를 줄로 나누어 줄의 수와 각 줄의 높이를 설정합니다.

❸ **단** : 글상자를 칸으로 나누어 칸의 수와 각 칸의 너비, 단 사이의 간격을 조절합니다.

❹ **이동** : 열 및 자동으로 설정되는 여백을 지정합니다.

❺ **옵션** : 글이 입력되는 방향을 설정합니다.

❶ 세로 문자 도구 : 문자를 세로 방향으로 입력할 수 있는 도구입니다.

❷ 세로 영역 문자 도구 : 영역 문자 도구와 동일하게 개체의 안쪽에 문자를 입력하는 도구로써 세로 방향으로 입력하게 됩니다.

❸ 패스 상의 세로 문자 도구 : 패스 상의 문자 도구와 비슷한 기능으로 개체의 외곽선을 따라서 세로로 문자를 입력합니다.

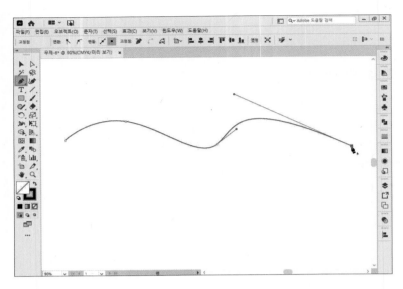

01 [파일]-[새로 만들기] 메뉴를 실행하여 작업할 아트보드를 만듭니다. 도구 패널에서 펜 도구를 선택하고 곡선을 그려줍니다.

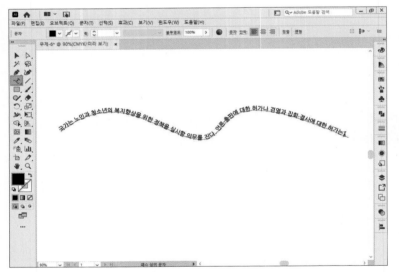

02 도구 패널에서 패스 상의 문자 도구를 선택하고 곡선위에 클릭하면 커서가 깜빡거리는데 이때 문자를 입력하면 선을 따라 내용이 입력됩니다.

강의 노트 패스 상의 문자 도구는 개체의 외곽선을 따라 문자를 입력합니다. 입력된 문자의 방향을 수정하려면 중간 조절점을 오브젝트 안쪽으로 드래그 하여 방향을 변경할 수 있습니다.

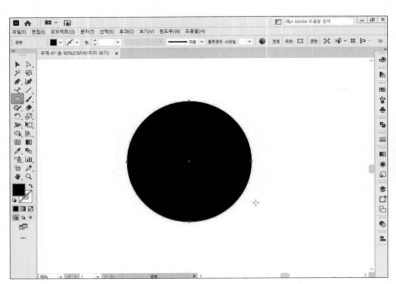

03 도구 패널에서 원형 도구를 선택하고 Shift 키를 누른 채 도큐먼트에 드래그 하여 정원을 만듭니다.

TIP

정사각형이나 정원을 그리고자 할 경우에는 키보드의 Shift 키를 누르고 드래그하고, Alt 키를 동시에 눌러주면 마우스로 클릭한 부분을 중심축으로 개체가 만들어집니다.

04 도구 패널에서 패스 상의 문자 도구를 선택하고 개체 외곽을 클릭하여 문자를 입력합니다.

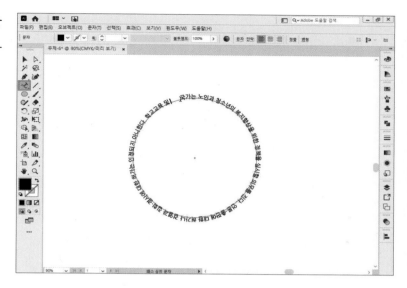

05 선택 도구로 입력된 문자를 선택하면 끝점을 나타내는 조절선이 보입니다. 이 조절선을 드래그 하여 위치를 조절할 수 있습니다.

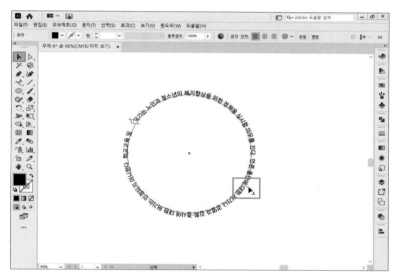

06 또한 끝점 조절선을 원 안쪽으로 드래그 하여 이동시키면 문자의 입력 방향이 변경됩니다.

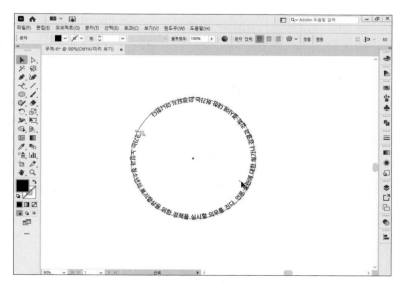

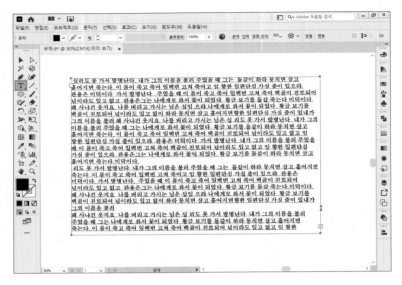

01 [파일]-[새로 만들기] 메뉴를 실행하여 작업할 도큐먼트를 만듭니다. 도구 패널에서 문자 도구를 선택하고 도큐먼트에 드래그 하여 입력할 영역을 만들어준 뒤 장문의 문장을 입력합니다.

02 다시 문자 도구로 단어를 입력한 후 문자 패널에서 글꼴과 크기 등을 조절하고, 색상 패널에서 원하는 색상으로 수정합니다.

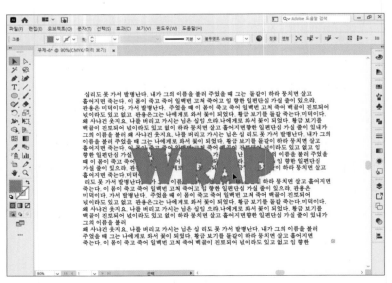

03 계속하여 [문자]-[윤곽선 만들기] 메뉴를 실행하여 문자를 개체로 변환시켜주고, 앞서 입력한 단락 위로 이동시킵니다.

강의노트 모든 그래픽 프로그램은 문자와 이미지와는 별개의 의미를 가지게 됩니다. 일러스트레이터에서도 마찬가지로 문자를 자유롭게 변형시켜 사용하고자 할 경우에는 윤곽선 만들기 명령을 실행하여 개체화 시켜주면 됩니다. 여기서는 직접적으로 문자 개체를 변형시키지는 않지만, 문자인 상태에서 둘러싸기 명령을 적용하면 사각형 형태로만 인식하게 됩니다.

04 문자 개체가 선택된 상태에서 [오브젝트]-[텍스트 흐름]-[만들기] 메뉴를 실행하여 개체 주위로 문자들이 둘러싸게 합니다.

> **TIP**
> 벡터 형식 뿐만아니라 비트맵 이미지도 텍스트 흐름 기능을 적용할 수 있으며, 이때 글상자 위쪽에 위치시킨 후 명령을 적용해야 합니다.

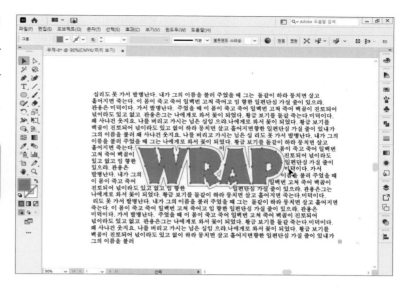

05 명령을 적용 후 간격을 조절하고자 할 경우에는 [오브젝트]-[텍스트 흐름]-[텍스트 흐름 옵션] 대화상자를 불러와 수정할 수 있습니다.

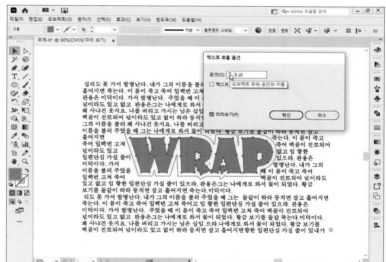

Power Upgrade

텍스트 흐름 옵션

❶ 옵셋 : 문자와 개체 사이의 여백 값을 설정합니다.

❷ 텍스트 흐름 반전 : 이 항목을 체크하게 되면 문자를 개체 안에서 흐르도록 만듭니다.

문자를 활용한 엠블럼 만들기

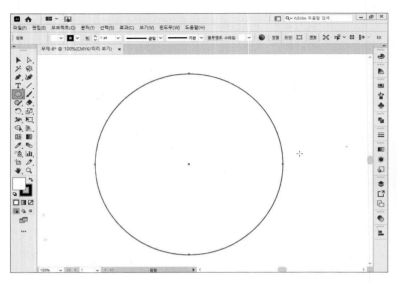

01 [파일]-[새로 만들기] 메뉴를 실행하여 작업할 도큐먼트를 만듭니다. 원형 도구를 선택하고 Alt + Shift 키를 누른 채 드래그 하여 정원을 그립니다.

TIP

> 정사각형이나 정원을 그리고자 할 경우에는 키보드의 Shift 키를 누르고 드래그하고, Alt 키를 동시에 눌러주면 마우스로 클릭한 부분을 중심축으로 개체가 만들어집니다.

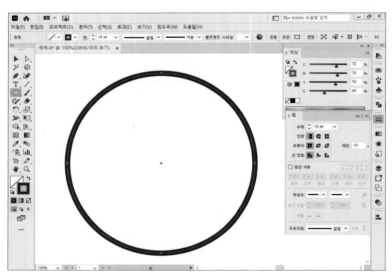

02 색상 패널에서 선색을 지정하고, 획 패널에서는 두께를 두껍게 설정합니다.

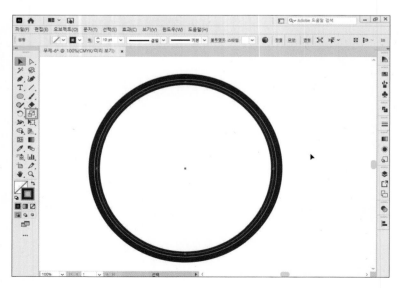

03 원이 선택된 상태에서 도구 패널의 크기 조절 도구를 더블클릭하여 대화상자를 불러온 후 100%보다 적은 값을 입력하고 복사를 눌러 하나를 더 복사합니다.

04 복사된 원은 획 패널에서 선의 두께를 조금 더 얇게 조절합니다.

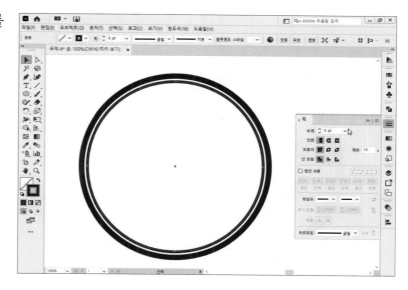

05 이번에는 도구 패널에서 별모양 도구를 선택하고 아트보드에 클릭하여 포인트 개수를 지정하여 중앙에 별 모양을 그려줍니다.

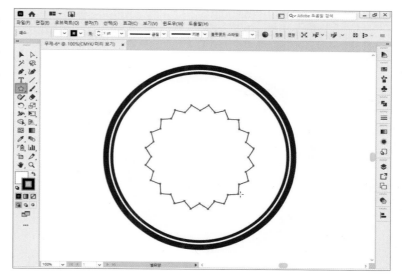

06 오브젝트를 선택하고 색상 패널에서 선색을 지정하고 획 패널에서는 선의 두께를 설정합니다.

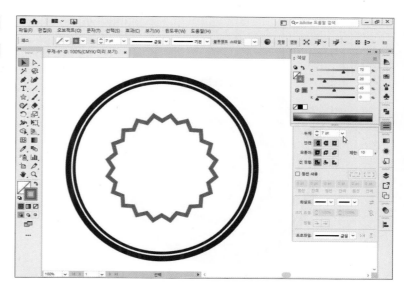

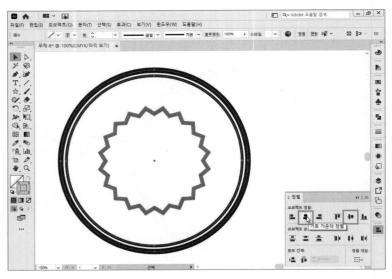

07 전체 개체를 선택하고 [윈도우] 메뉴에서 정렬 패널을 불러와 가로 가운데 정렬과 세로 가운데 정렬 버튼을 연속적으로 눌러 중앙 정렬 시켜줍니다.

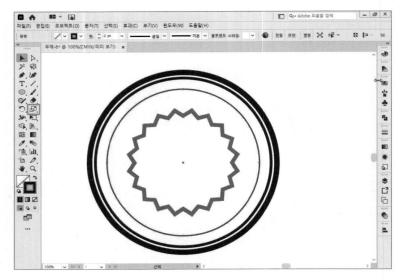

08 이번에는 양쪽에 두 줄의 곡선 모양을 만들기 위해서 앞서 작업한 안쪽의 원을 선택하고 크기 조절 도구를 더블클릭하여 100%보다 적은 값을 입력한 후 복사를 눌러 축소합니다.

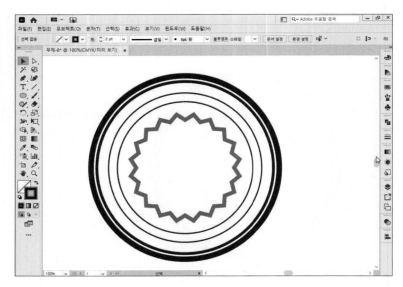

09 획 패널에서 선의 두께를 조절한 후 다시 한 번 위와 동일한 방법으로 작은 원을 하나 더 만들어 줍니다.

10 [보기]-[눈금자]-[눈금자 표시] 메뉴를 클릭하여 화면에 눈금자를 불러옵니다. 그런 다음 눈금자 안에서부터 마우스를 클릭한 채로 드래그 하여 가로 안내선을 만들어 줍니다.

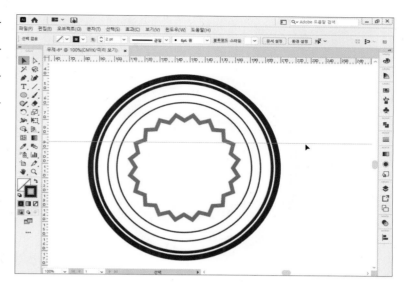

11 위와 동일한 방법으로 아래쪽에 하나를 더 만들어 주고, 하단 역시 두 줄의 안내선을 만들어줍니다.

Tip

안내선 사용 시 안내선을 이동하거나 삭제하고자 할 경우에는 [보기] – [안내선] – [안내선 잠금 풀기] 메뉴를 클릭하여 사용하면 됩니다.

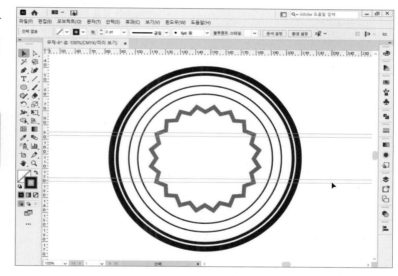

12 이제 도구 패널에서 고정점 추가 도구를 선택하고 두 원의 앞서 표시해 둔 안내선 상의 패스에 고정점을 각각 네 개씩 추가합니다.

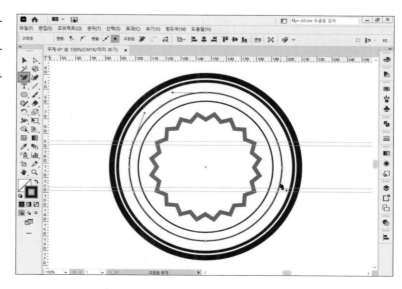

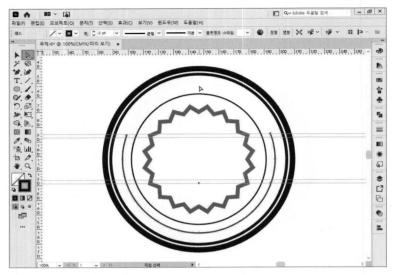

13 그런 다음 직접 선택 도구로 원 상단의 고정점을 선택한 후 Delete 키를 눌러 삭제합니다.

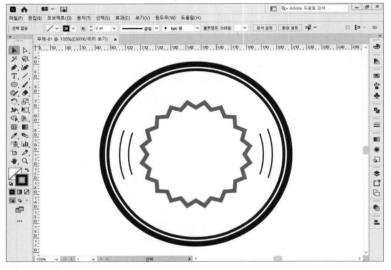

14 나머지 하단의 고정점과 안쪽의 작은 원의 상하 고정점 또한 각각 직접 선택 도구로 삭제하고, [보기]–[안내선]–[안내선 숨기기] 명령을 실행하여 화면에 보이지 않도록 가려줍니다.

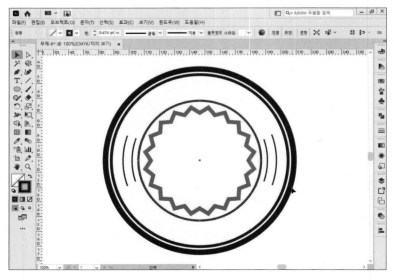

15 이제 원을 따라 흐르는 문구를 입력해 보겠습니다. 안쪽의 원을 선택하고 크기 조절 도구를 더블클릭합니다. 대화상자에서 100%보다 적은 값을 입력하고 복사를 눌러 하나를 더 복사합니다.

16 그런 다음 패스 상의 문자 도구를 선택하고 원의 패스에 마우스를 클릭하면 선색이 사라지면서 커서가 깜빡입니다.

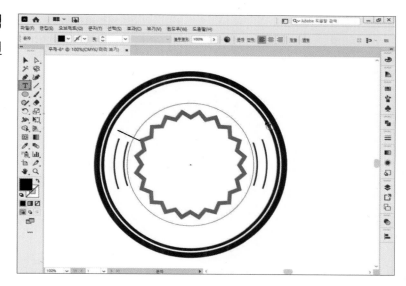

17 문장을 입력하고 문자 패널에서 글꼴과 크기 등을 조절합니다.

18 문자의 위치가 잘 맞지 않을 경우에는 원을 따라 흐른 문자이므로 Alt 키와 Shift 키를 동시에 누른 상태에서 테두리 상자를 이용하여 원의 크기를 조절하거나 회전시켜 위치를 맞춰주면 됩니다.

 테두리 상자가 활성화 되어 있지 않은 경우에는 [보기]-[테두리 상자 표시]를 실행하면 되거나, 도구 패널에서 자유 변형 도구를 사용하면 됩니다.

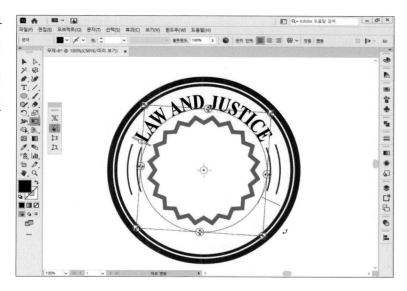

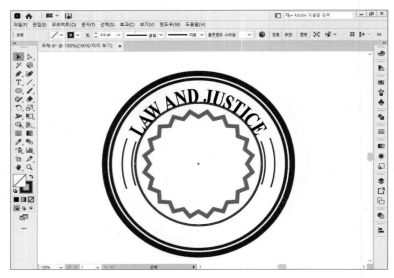

19 이번에는 반대 방향의 문자를 입력하기 위해서 다시 안쪽 원을 선택하고 크기 조절 도구로 축소 복사합니다.

20 마찬가지로 패스 상의 문자 도구를 선택하고 원의 패스에 마우스를 클릭하여 문자를 입력한 후 문자 패널에서 글꼴과 크기 등을 조절합니다.

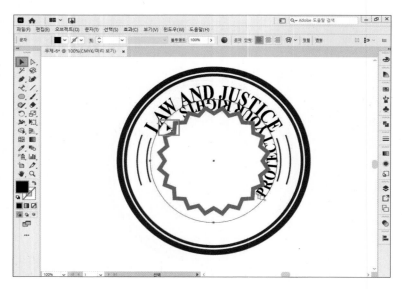

21 문자의 읽는 방향이 다르므로 선택 도구를 선택하고 중간 조절선을 원 안쪽으로 드래그하면 방향이 바뀝니다.

22 위와 동일한 방법으로 테두리 상자와 문자 패널 이용하여 글꼴과 크기 및 위치를 조절합니다.

23 중앙에 개체를 만들기 위해서 사각형 도구를 사용하여 직사각형 모양을 여러 번 드래그 하여 직접 그려주고 색상을 적용합니다.

24 테두리 상자를 이용하여 회전시켜 주고, 마찬가지 방법으로 사각형 도구를 사용하여 나머지 모양도 그려준 뒤 작업을 완료합니다.

문자 입력 도구를 사용하여 한자를 입력해 보세요.

힌트 • 다각형 도구와 크기 조절 도구, 선분 도구를 상용하여 팔각형 모양 제작, 패스파인더 적용 후 불필요한 부분 삭제 후 각각 면색 적용, 문자 도구로 한글 입력 후 키보드의 '한자'키를 이용한 한자 입력

▲ 완성파일 : 섹션 05〉완성〉기초01.ai

패스 상의 문자 도구를 사용하여 엠블럼을 제작해 보세요.

힌트 • 둥근 사각형 도구와 직접 선택 도구를 사용한 벨 모양 제작, 선분 도구와 획 패널 이용하여 직선 그리기, 하단에 펜 도구로 곡선 그린 뒤 패스 상의 문자 도구로 문장 입력, 문자 패널에서 장평과 자간 등 속성 조절

▲ 완성파일 : 섹션 05〉완성〉기초02.ai

3

문자 입력 후 로고 형식의 개체를 만들어 보세요.

힌트 • 문자 도구와 문자 패널 사용, 문자 손질 도구로 장평 및 크기 조절, 원형 도구와 패스파인더 기능을 사용한 체인 모양 개체 제작

▲ 완성파일 : 섹션 05〉완성〉기초03.ai

1) 문자 입력 후 재미난 타이포그래피를 표현해 보세요.

▲ 완성파일 : 섹션 05〉완성〉심화01.ai

힌트 • 문자 도구와 문자 패널을 사용한 문장 입력, 윤곽선 만들기 기능을 활용한 문자 모양 수정, 펜 도구와 반사 도구, 자유 변형 도구를 사용한 나무 모양과 구름 제작

2) 다양한 도형 도구와 문자 도구들을 사용하여 엠블럼을 제작해 보세요.

힌트 • 별모양 도구, 원형 도구, 크기 조절 도구를 활용한 형태 제작, 원형 모양에 패스 상의 문자 도구 사용, 펜 도구와 도형 도구 사용하여 자전거 모양 제작

▲ 완성파일 : 섹션 05〉완성〉심화02.ai

3) 앞서 학습한 도구들을 사용하여 다이어그램을 만들어 보세요.

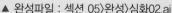
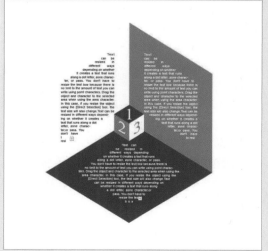

힌트 • 사각형 도형 도구와 기울이기 도구, 반사 도구를 사용한 큐브 모양 제작, 크기 조절 도구와 자유 변형 도구, 영역 문자 도구를 사용한 문장 입력

▲ 완성파일 : 섹션 05〉완성〉심화03.ai

다양한 채색 방법과 블렌드 기능 익히기

일러스트레이터에서 망 도구와 그레이디언트 도구를 이용하면 두 가지 이상의 색상을 부드럽게 연결하여 현실감 있게 표현하는 작업을 가능하게 합니다. 블렌드 기능 또한 개체의 색상과 형태를 자동으로 만들어주는 기능으로 자연스러운 색상과 개체의 변형 효과를 이용하여 사실적이고 특수한 효과를 표현할 수 있습니다.

Preview

〈학습내용〉

따라하기 01. 그레이디언트 색상 적용하기   따라하기 02. 망 도구 사용하기
따라하기 03. 블렌드 기능 사용하기   따라하기 04. 다양한 기능을 활용한 배경 만들기
따라하기 05. 입체적인 이모티콘 만들기

▲ 완성파일 : 섹션 06〉완성〉실습01.ai

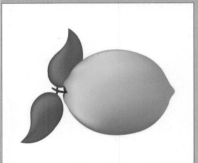

▲ 완성파일 : 섹션 06〉완성〉실습02.ai

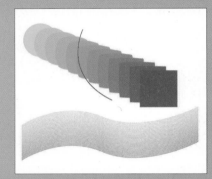

▲ 완성파일 : 섹션 06〉완성〉실습03.ai

▲ 완성파일 : 섹션 06〉완성〉실습04.ai

▲ 완성파일 : 섹션 06〉완성〉실습05.ai

 체크포인트

– 그레이디언트 도구와 패널 사용법을 익힙니다.
– 망 도구 사용법을 익힙니다.
– 블렌드 기능을 학습합니다.
– 변형 도구와 그레이디언트, 블렌드 기능을 활용하여 배경을 만들어 봅니다.
– 기존 학습한 기능들을 사용하여 입체적인 개체를 만들어 봅니다.

그레이디언트 색상 적용하기

01 [파일]-[열기] 메뉴를 실행하여 '섹션 06〉샘플〉실습01.ai' 파일을 불러옵니다. 선택 도구로 사과 부분에 해당하는 개체를 선택하고 색상 패널에서 선색을 없애줍니다.

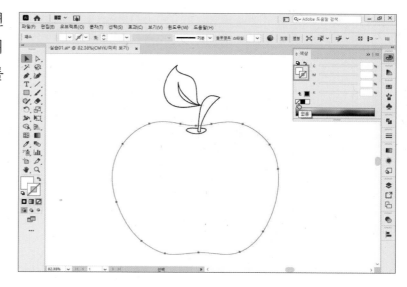

02 [윈도우] 메뉴에서 그레이디언트 패널을 불러온 후 유형 항목에서 방사형을 선택하면 흰색과 검은색으로 연결되는 색상이 적용됩니다.

강의노트 그레이디언트 도구는 두 가지 이상의 색이 연속적으로 이어지는 효과를 적용할 수 있는 도구입니다. 그레이디언트 패널에서 선형과 방사형 그레이디언트를 선택하여 적용할 수 있으며 도구를 이용하여 방향을 조절하여 사용이 가능합니다.

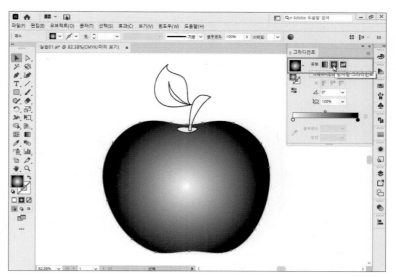

03 그레이디언트 패널의 색상 슬라이더에서 검은색 슬라이더를 더블클릭하면 색상 패널이 열리고 원하는 색상을 적용할 수 있습니다.

Tip
색상 패널에서 색상이 보이지 않을 경우에는 오른쪽 팝업 메뉴를 클릭하여 CMYK 모드를 선택하여 사용하면 됩니다.

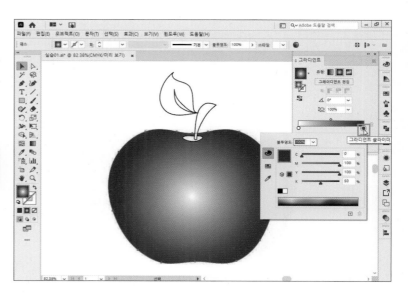

04 만일 색상을 추가하고자 할 경우에는 색상 슬라이더 하단 부분에 마우스를 클릭하면 색상 슬라이더가 추가되고, 더블클릭 하여 원하는 색상을 적용합니다.

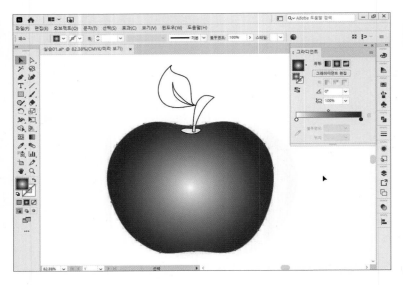

05 반대로 삭제하고자 할 경우에는 슬라 이더를 아래쪽으로 드래그 하여 삭제 하면 됩니다.

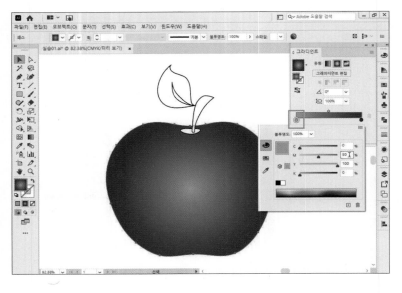

06 왼쪽의 흰색 슬라이드 또한 더블클릭 하여 원하는 색상으로 적용합니다.

07 적용된 그레이디언트를 편집하기 위해서 그레이디언트 도구를 선택하면 적용 방향과 위치 영역 등을 조절할 수 있는 조절점이 나타납니다.

> **Tip**
>
> 그레이디언트 도구를 선택하면 그레이디언트의 적용 위치와 방향, 각 슬라이더의 색상과 위치를 세밀하게 조절할 수 있는 조절점이 나타납니다. 만일 조절점이 보이지 않는다면 [보기] 메뉴에서 그레이디언트 주석자 표시를 선택하여 사용자가 원하는 환경을 만들어 사용합니다.

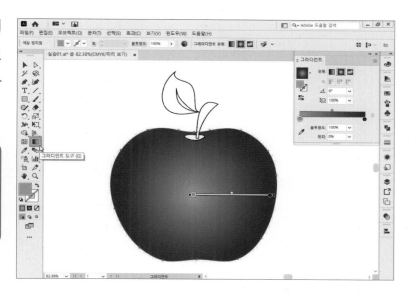

08 중앙 조절점을 이동시켜 위치를 조절할 수 있고, 슬라이더와 그레이디언트의 방향, 색상 등을 수정할 수 있습니다.

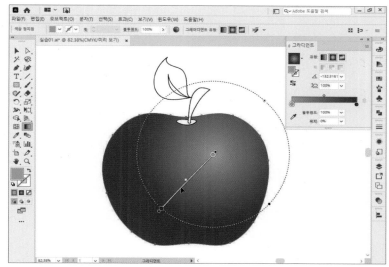

09 나머지 각각의 개체를 선택하여 위와 동일한 방법으로 다양하게 그레이디언트 색상을 적용하여 완성합니다.

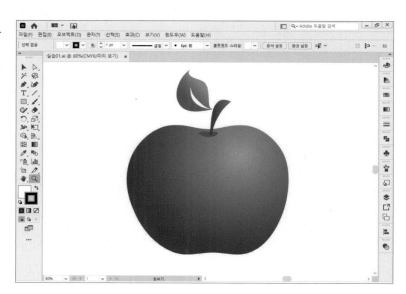

그레이디언트 패널

❶ 그레이디언트
현재 선택된 그레이디언트를 썸네일로 보여줍니다.

❷ 유형
그레이디언트의 종류(선형, 방사형)를 선택합니다.

❸ 획
테두리에 그레이디언트를 적용할 경우 모양을 선택합니다.

❹ 각도
그레이디언트의 방향을 설정합니다.

❺ 종횡비
원형 그레이디언트 적용 시 그레이디언트를 타원으로 적용합니다.

❻ 그레이디언트 반전
그레이디언트의 방향을 반전시킵니다.

❼ 그레이디언트 슬라이더
현재 선택된 그레이디언트를 보여주며, 색상을 편집합니다.

❽ 불투명도
선택한 색상의 투명도를 설정합니다.

❾ 위치
슬라이더의 위치를 수치로 설정합니다.

그레이디언트 주석자

그레이디언트 도구를 선택하면 그레이디언트 적용 위치와 방향 각 슬라이더의 색상과 위치를 세밀하게 조절할 수 있는 주석자가 나타납니다.

– 선형 그레이디언트
1. 좌측의 원형 조절점을 드래그하면 그레이디언트 적용 위치를 조절할 수 있습니다.
2. 우측 조절점 옆에 마우스를 가져가면 회전 조절점이 나타납니다. 이때 드래그하면 드래그 한 방향으로 그레이디언트 각도가 조절됩니다.
3. 주석자 위에 마우스를 놓으면 색상 슬라이더가 표시되고 슬라이더의 색상과 위치를 조절할 수 있습니다.

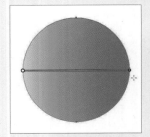

〈그레이디언트 위치 조절하기〉

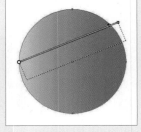

〈그레이디언트 회전시키기〉

〈색상 슬라이더 위치와 색상 변경〉

– 방사형 그레이디언트

1. 방사형 그레이디언트를 적용하고 그레이디언트 도구를 선택하면 원형 주석자가 나타납니다. 주석자을 드래그 하여 위치와 적용 범위를 조절할 수 있습니다. 좌측 원형 조절점을 드래그하면 적용 범위를 정비례로 조절할 수 있습니다.

2. 상단 조절점을 드래그하면 타원 형태로 그레이디언트 범위를 조절할 수 있습니다.

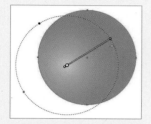

〈그레이디언트 위치 조절하기〉

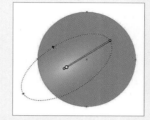

〈색상 슬라이더 위치와 모양 변경〉

방사형 그레이디언트

기존의 선형 그레이디언트와 방사형 그레이디언트 이외에 자유형 그레이디언트가 추가되었습니다. 또한 [윈도우] – [그레이디언트]를 실행하지 않고 그레이디언트 도구를 더블클릭하여 패널을 빠르게 불러올 수도 있습니다.

❶ 포인트 모드

색상 정지점 주변 영역을 음영 처리합니다.

① 하나 이상의 색상 정지점을 추가하려면 개체의 아무 곳이나 클릭합니다.

② 색상 정지점의 위치를 변경하려면 색상 정지점을 드래그하여 원하는 위치에 놓습니다.

③ 색상 정지점을 삭제하려면 색상 정지점을 개체 영역 밖으로 드래그하거나 그레이디언트 패널에서 삭제키를 클릭합니다.

❷ 선 모드

이 모드를 사용하여 선 주변 영역을 음영 처리합니다.

① 개체의 아무 곳이나 클릭하여 선분의 시작점인 첫 번째 색상 정지점을 만듭니다.

② 클릭하여 다음 색상 정지점을 만듭니다. 첫 번째 색상 정지점과 두 번째 색상 정지점을 연결하는 직선이 추가됩니다.

③ 다시 클릭하여 색상 정지점을 더 만듭니다. 직선이 곡선으로 변합니다.

④ 만일 색상 정지점을 삭제하고자 할 경우에는 개체 영역 밖으로 드래그하거나 그레이디언트 패널에서 삭제를 클릭합니다.

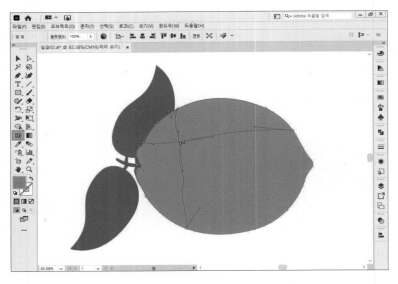

01 [파일]-[열기] 메뉴를 실행하여 '섹션 06〉샘플〉실습02.ai' 파일을 불러옵니다. 도구 패널에서 망 도구를 선택하고 레몬 상단을 클릭하면 해당 지점에 망점이 생깁니다.

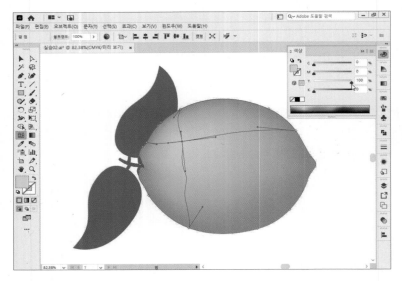

02 색상 패널에서 노란색 계열 색상을 클릭하면 현재 클릭한 지점의 망점 주변에 자연스러운 색 번짐 효과가 나타나 밝은 영역이 만들어집니다.

> **강의 노트** 망 도구는 개체에 그물모양의 망점들을 추가하여 각 점마다 색상을 적용할 수 있는 도구입니다. 그레이디언트 색상에 비해 표현은 다양하게 할 수 있지만 표현이 쉽지 않고 용량이 커진다는 단점이 있습니다.

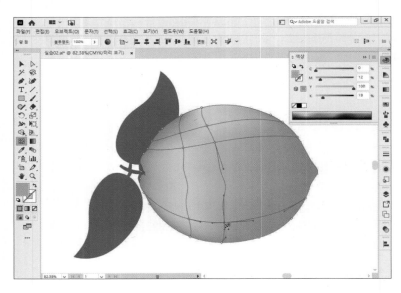

03 계속하여 다른 영역에도 망점을 추가하여 색상을 각각 적용하고, 기존의 고정점에도 색상을 수정하여 입체적으로 표현합니다.

04 추가된 망점의 위치와 방향선을 망 도구 또는 직접 선택 도구를 사용하여 이동시키거나 각각 선택하여 색상을 변경할 수 있습니다.

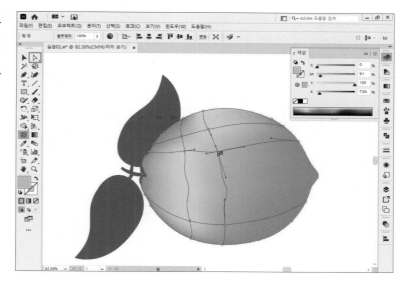

05 반대로 망점을 삭제하고자 할 경우에는 망 도구를 선택한 상태에서 [Alt] 키를 누른 채 삭제하고자 하는 망점을 클릭하면 됩니다.

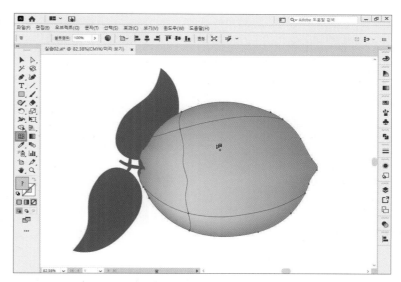

06 [Ctrl]+[Z]를 눌러 명령을 취소하고, 나머지 잎사귀 부분 또한 위와 동일한 방법으로 망점을 추가하여 입체적으로 표현해 봅니다.

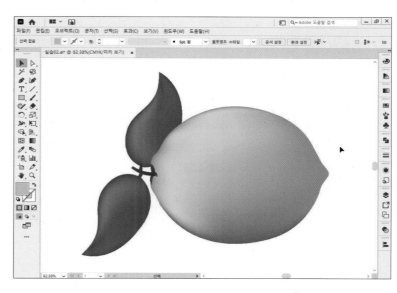

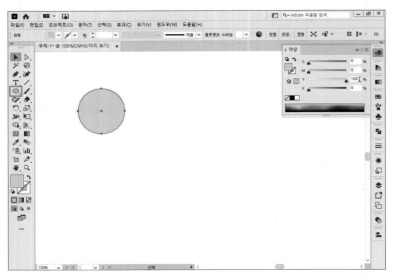

01 [파일]-[새로 만들기] 메뉴를 실행하여 작업할 아트보드를 만듭니다. 도구 패널에서 원형 도구를 선택하고 원을 그려준 뒤 면색을 노란색으로 지정합니다.

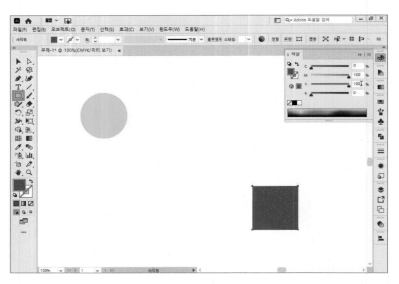

02 다시 사각형 도구를 선택하고 Shift 키를 누른 채 드래그 하여 빨간색 사각형을 그려줍니다.

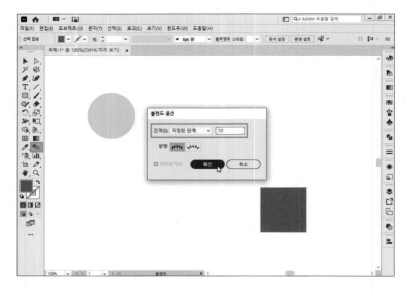

03 도구 패널에서 블렌드 도구를 더블클릭하여 대화상자를 불러옵니다. 간격 항목에서 지정된 단계를 10으로 입력하고 확인 버튼을 클릭합니다.

04 그리고 원 오브젝트의 상단 포인트를 클릭하고 다시 사각형 상단부분의 포인트를 클릭하여 두 개체 사이에 중간 단계를 생성합니다.

블렌드 도구는 형태나 색상이 다른 두 개체 사이에 변화되어 가는 과정을 만드는 도구로서 면 개체뿐만 아니라 선에도 블렌드 기능을 적용할 수 있습니다. 또한 블렌드 기능은 도구를 사용하여 표현하는 방법도 있지만 [오브젝트] – [블렌드] 메뉴를 활용하여 표현하는 방법도 있습니다.

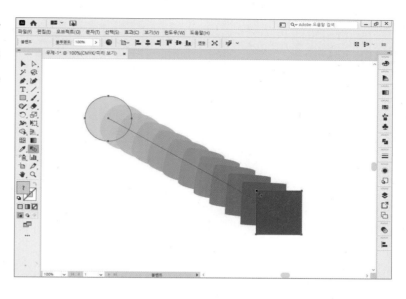

05 직접 선택 도구를 사용하여 오브젝트 하나를 선택하여 이동시킬 수 있고, 색상을 변경시킬 수도 있습니다.

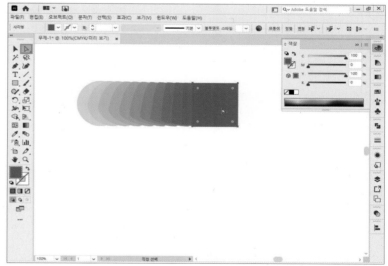

06 곡선의 블렌드 효과를 나타내기 위해서 펜 도구로 곡선 패스를 만듭니다.

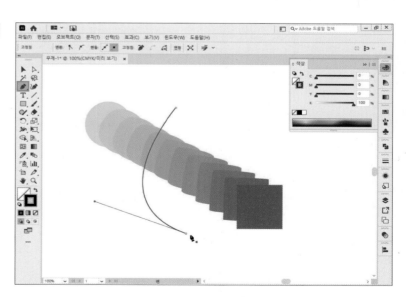

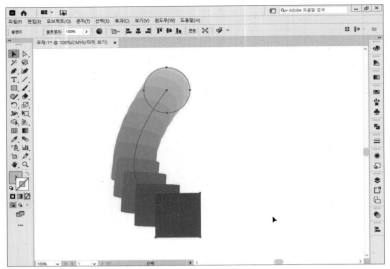

07 곡선과 블렌드 효과를 적용한 개체를 동시에 선택하고 [오브젝트]−[블렌드]−[스파인 바꾸기] 명령을 실행하면 곡선의 패스를 따라 효과가 적용됩니다.

강의 노트 블렌드 효과를 적용하면 일반적으로 직선 형태로 중간 단계가 생성됩니다. 이때 스파인 바꾸기는 임의의 곡선을 그려 직선을 곡선의 행태로 대체시키는 기능입니다.

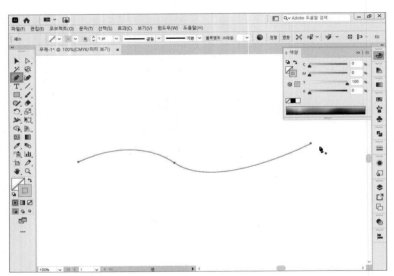

08 이번에는 선을 가지고 블렌드 메뉴를 이용하여 효과를 적용해 보겠습니다. 먼저 펜 도구로 노란색 곡선을 만듭니다.

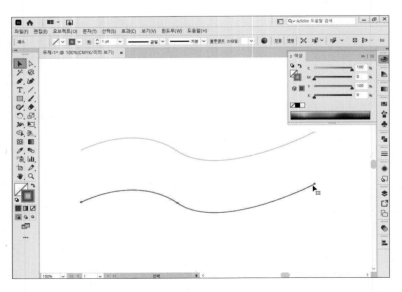

09 선택 도구를 사용하여 Alt 키를 누른 채 이동하여 하나의 선을 더 복사한 후 선색을 초록색으로 변경합니다.

10 두 개의 선을 모두 선택한 후 [오브젝트]-[블렌드]-[블렌드 옵션] 메뉴를 실행하여 간격 항목에서 지정된 단계 값을 설정합니다.

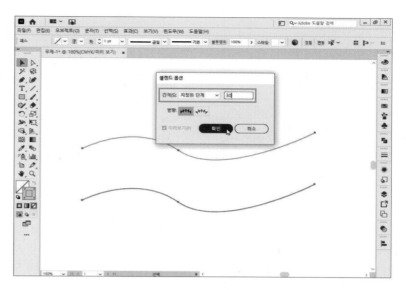

11 그런 다음 다시 [오브젝트]-[블렌드]-[만들기] 명령을 실행하면 두 개의 선 사이에 여러 개의 선이 추가됩니다.

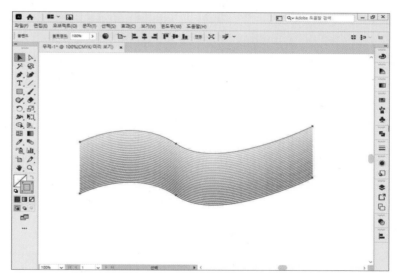

12 직접 선택 도구를 사용하여 선색을 변경하거나 곡선 모양을 수정하여 다양한 형태로 표현할 수 있습니다.

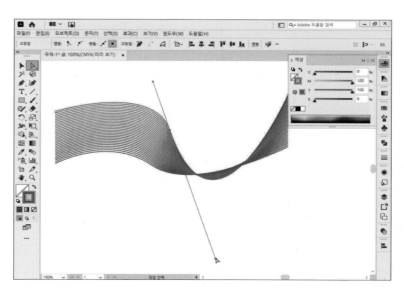

블렌드 옵션 대화상자

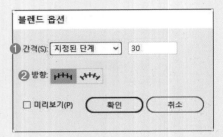

❶ **간격** : 두 개체가 블렌드 될 때의 중간에 생성되는 간격을 지정하는 방식입니다.

   ⓐ 매끄러운 색상 : 자연스러운 색상의 변화가 있는 개체를 만듭니다.

   ⓑ 지정된 단계 : 두 개체 사이에 만들어지는 개체의 개수를 지정할 수 있습니다.

   ⓒ 지정된 거리 : 두 개체 사이에 만들어지는 개체의 간격을 지정할 수 있습니다.

〈매끄러운 색상〉

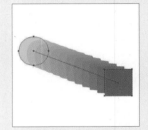
〈지정된 단계〉

〈지정된 거리〉

❷ **방향** : 두 개체를 블렌드 한 후 두 개체 사이에 연결된 패스를 곡선 형태로 변형시켰을 경우에 사용하는 옵션입니다.

01 [파일]-[새로 만들기] 메뉴를 실행하여 작업할 아트보드를 만듭니다. 도구 패널에서 원형 도구를 선택하고 타원형을 그려줍니다.

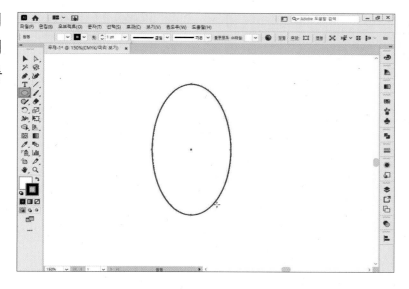

02 도구 패널에서 고정점 도구를 선택하고 원의 상하 양쪽 끝 고정점을 클릭하여 뾰족하게 변형시켜줍니다.

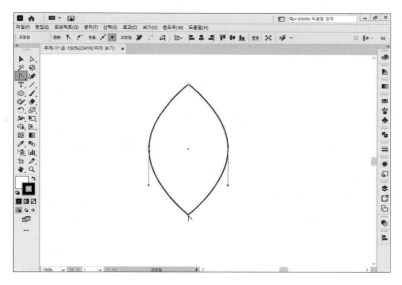

03 개체가 선택된 상태에서 그레이디언트 패널의 선형 그레이디언트를 적용하면 마지막으로 사용하였던 그레이디언트 색상이 적용됩니다.

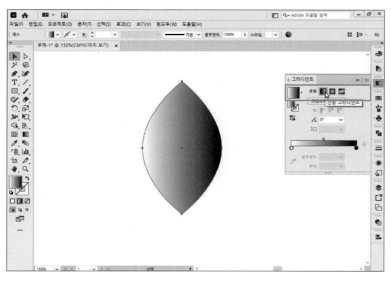

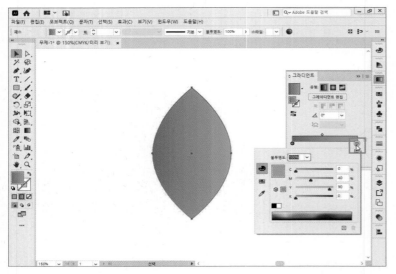

04 원하는 색상으로 변경하기 위해서 하단의 색상 슬라이더를 더블클릭하여 붉은색 계열로 색상을 적용하고, 반대편 색상 슬라이더 역시 더블클릭하여 노란색 계열을 적용합니다.

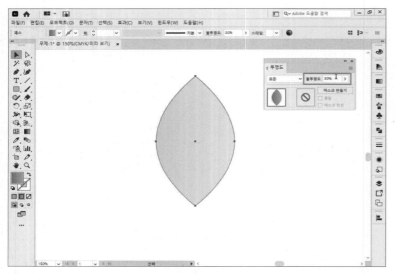

05 계속하여 [윈도우] 메뉴에서 투명도 패널을 불러온 후 불투명도를 조절하여 투명하게 처리해 줍니다.

강의노트 투명도 패널은 개체에 투명도를 적용하거나 개체들과의 색상 혼합으로 다양한 효과를 표현할 수 있는 기능입니다.

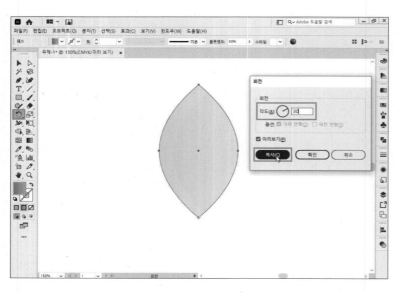

06 이제 꽃 모양을 만들기 위해서 오브젝트를 선택하고 도구 패널에서 회전 도구를 선택합니다. 그런 다음 Alt 키를 누른 채 중앙이 될 부분을 클릭하면 대화상자가 나타나는데 회전시키고자 하는 개수만큼 각도를 입력하고 복사를 누릅니다.

07 복사된 오브젝트가 선택된 상태에서 [오브젝트]-[변형]-[변형 반복] 메뉴를 실행하여 반복적으로 명령을 실행합니다.

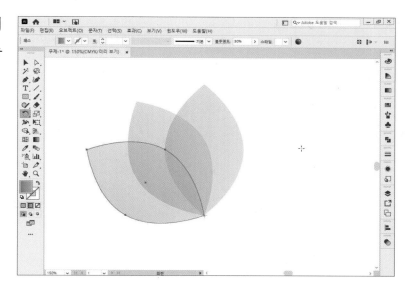

08 계속하여 Ctrl + D 를 연속적으로 눌러 꽃 모양을 완성합니다.

> **Tip**
>
> 변형 반복 기능은 바로 전에 움직인 명령에 대한 반복 명령으로 개체가 선택되어 있는 상태에서 사용해야 하며, 단축키 Ctrl + D 를 누르며 반복하면 용이합니다. 또한 앞서 학습하였던 [오브젝트] 메뉴의 반복 명령을 사용하여 방사형 형태로 꽃잎 모양을 만들 수도 있습니다.

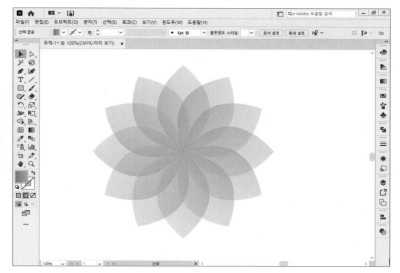

09 선택 도구로 꽃 모양 전체를 선택한 후 Alt 키를 누른 채 드래그 하여 하나를 더 복사한 후 테두리 상자 또는 자유 변형 도구를 사용하여 Shift 키를 누른 채 드래그 하여 크기를 축소합니다.

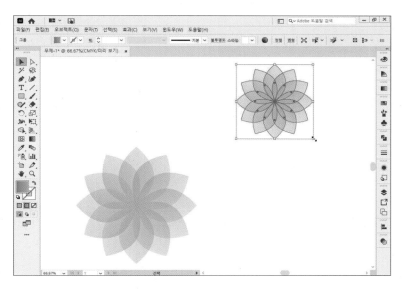

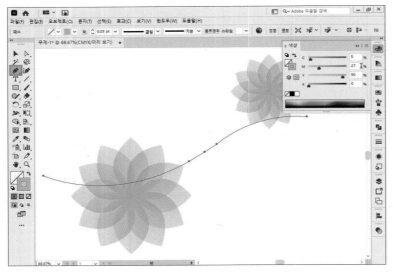

10 이번에는 블렌드 기능을 활용하기 위해서 펜 도구로 곡선을 하나 그린 후 색상 패널에서 선색을 적용합니다.

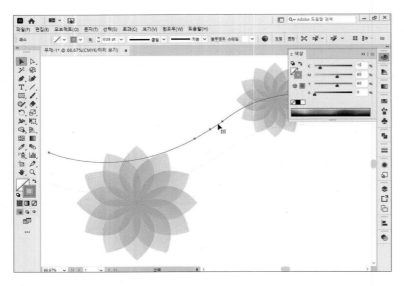

11 선택 도구로 [Alt]키를 누른 채 드래그 하여 곡선을 복사한 후 선색을 변경합니다.

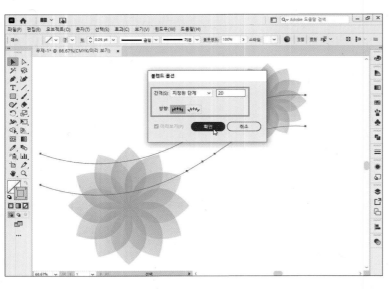

12 두 개의 곡선을 모두 선택한 상태에서 [오브젝트]-[블렌드]-[블렌드 옵션] 메뉴를 실행하여 지정된 단계와 단계 개수를 설정하고 확인 버튼을 누릅니다.

13 계속하여 [오브젝트]-[블렌드]-[만들기] 메뉴를 실행하여 블렌드를 적용합니다.

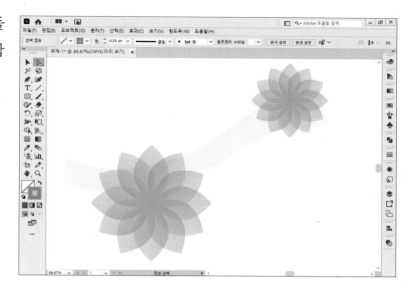

14 그리고 직접 선택 도구로 곡선의 고정점과 방향선을 이동시켜 모양을 수정합니다.

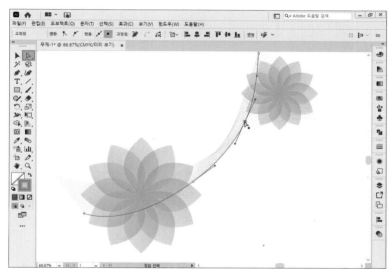

15 선택 도구로 꽃잎 하나만을 복사하여 테두리 상자 또는 자유 변형 도구를 사용하여 각각 크기를 조절하고 회전시켜 줍니다.

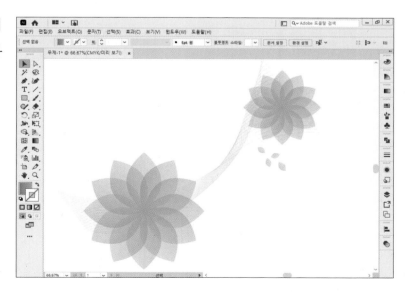

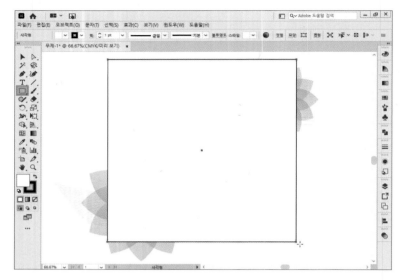

16 도구 패널에서 사각형 도구를 선택하고 Shift 키를 누른 채 앞서 작업한 개체 위에 정사각형을 그려줍니다.

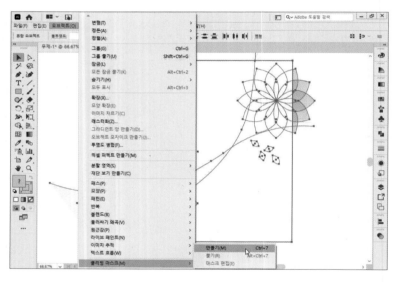

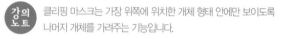

17 그런 다음 전체 개체를 모두 선택하고 [오브젝트]-[클리핑 마스크]-[만들기] 메뉴를 실행합니다.

강의 노트 클리핑 마스크는 가장 위쪽에 위치한 개체 형태 안에만 보이도록 나머지 개체를 가려주는 기능입니다.

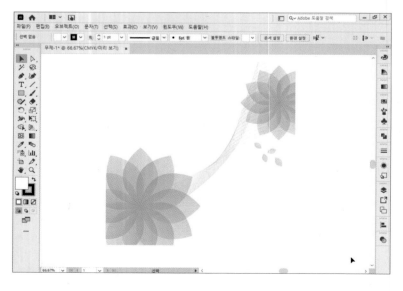

18 그러면 사각형 안에만 개체가 보이는 것을 알 수 있습니다.

Power Upgrade

투명도 패널

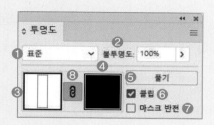

❶ 혼합 모드 : 색상을 혼합하여 개체를 합성합니다.

❷ 불투명도 : 투명도를 설정합니다.

❸ 원본 창 : 마스크가 적용중인 개체를 보여줍니다.

❹ 마스크 창 : 마스크의 투명도를 미리 보기로 확인합니다.

❺ 마스크 만들기/해제하기 : 마스크를 적용하거나 해제합니다.

❻ 클립 : 불투명 마스크의 효과를 증폭시켜 줍니다.

❼ 마스크 반전 : 마스크 영역을 반대로 적용합니다.

❽ 링크 : 개체와 마스크에 링크를 설정하여 개체 이동 시 마스크가 함께 이동됩니다.

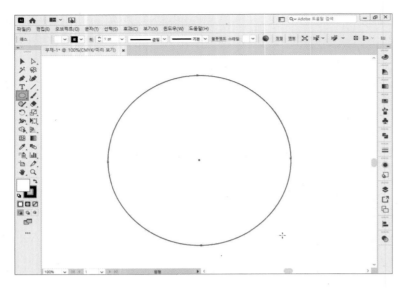

01 [파일]-[새로 만들기] 메뉴를 실행하여 작업할 아트보드를 만듭니다. 도구 패널에서 원형 도구를 선택하고 [Shift] 키를 누른 채 드래그 하여 정원을 만듭니다.

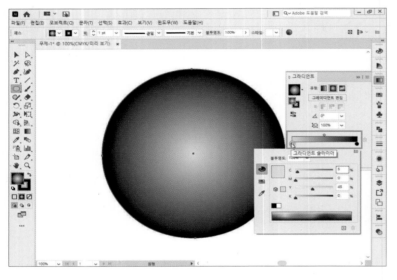

02 원이 선택된 상태에서 그레이디언트 패널의 방사형 유형을 선택합니다. 그리고 왼쪽 색상 슬라이드를 더블클릭하여 밝은 노란색 계열을 지정합니다.

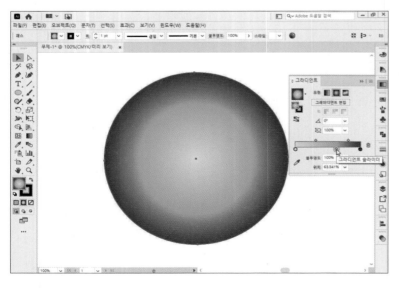

03 계속하여 색상 슬라이드에 마우스를 클릭하여 하나의 색을 더 추가한 후 각각 색상을 달리 지정하여 나머지 색상까지 총 3단계의 그레이디언트 색상을 적용합니다.

04 그리고 도구 패널에서 그레이디언트 도구를 선택하고 원 위에 드래그 하여 색상의 방향과 위치를 수정합니다.

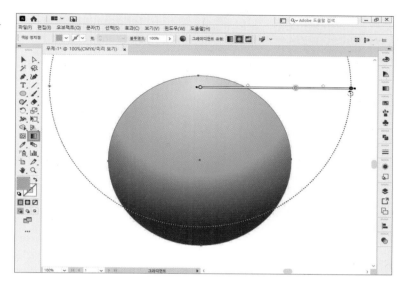

05 선택 도구로 작업한 원을 선택하고 [편집]-[복사], [편집]-[제자리에 붙이기] 메뉴를 연속적으로 실행하여 제자리에 하나 더 붙여넣기 합니다.

> **TIP**
> 제자리에 붙이기는 복사 명령으로 클립보드에 저장된 개체를 가장 위쪽 제자리 위치에 붙여넣기 하는 기능입니다.

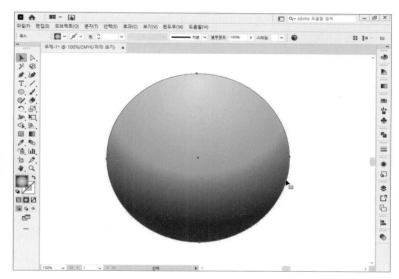

06 그런 다음 고정점 추가 도구를 선택하고 양쪽 패스에 포인트를 두 개 추가하고, 상단 중앙의 포인트만을 직접 선택 도구를 사용하여 삭제합니다.

> **TIP**
> 패스가 선택된 상태에서는 펜 도구를 사용하여 패스에 마우스를 올리면 포인트 추가 기능으로 사용할 수도 있습니다.

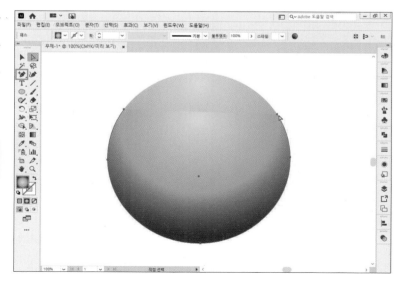

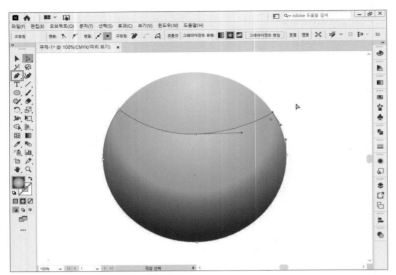

07 삭제된 패스를 연결하기 위해서 펜 도구를 선택하고 양쪽 끝 포인트를 연결하여 곡선 모양으로 그려줍니다.

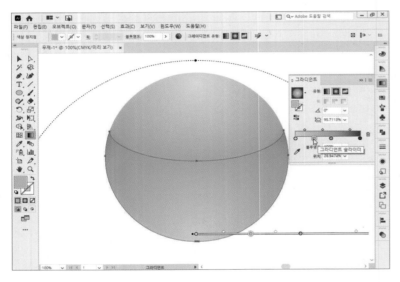

08 그리고 그레이디언트 도구를 선택하고 오브젝트에 드래그 하여 그레이디언트 색상의 방향과 위치를 수정합니다.

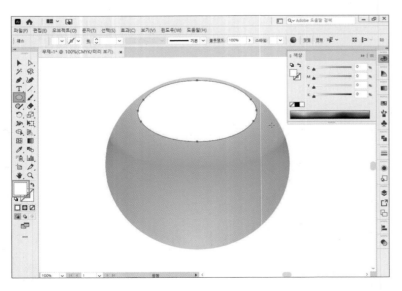

09 이제 상단의 밝은 부분을 표현하기 위해서 원형 도구를 선택하고 흰색의 타원 모양을 만듭니다.

10 원을 선택한 후 [편집]−[복사] 메뉴를 실행하여 클립보드에 저장시켜 놓고, 투명도 패널에서 '마스크 만들기' 버튼을 클릭하여 마스크를 적용합니다.

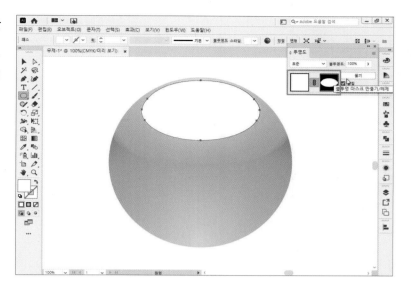

11 그런 다음 오른쪽 마스크 썸네일을 선택하고, [편집]−[제자리에 붙이기] 메뉴를 실행하여 원을 제자리 붙여넣기 합니다.

> **강의노트** 투명도 마스크는 흑백 부분을 투명하게 가려주는 기능으로 꼭 흑백이 아니더라도 색의 명도에 따라 가려지는 정도가 틀리게 됩니다. 특히 개체의 경계 부분을 자연스럽게 가리고자 할 때 유용하게 사용할 수 있는 기능입니다.

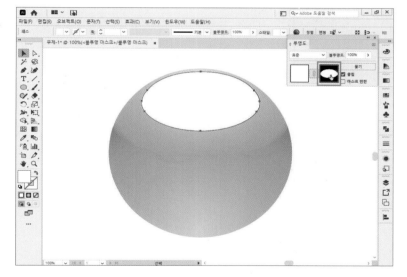

12 계속하여 그레이디언트 패널에서 흰색과 검은색 두 단계의 그레이디언트 색상을 선형 유형으로 적용하면, 검은색 부분이 보이지 않는 것을 볼 수 있습니다.

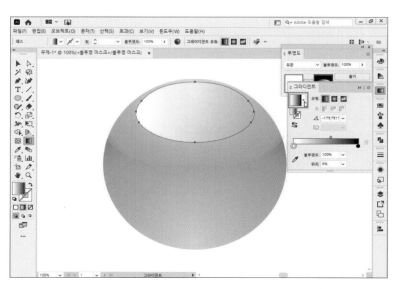

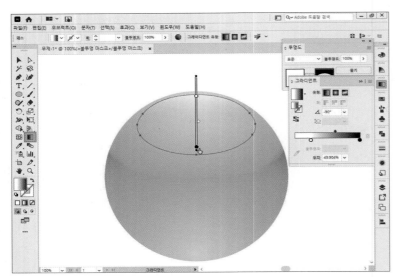

13 좀 더 자연스럽게 표현하기 위해서 그 레이디언트 도구를 선택하고 원 위에 드래그 하여 색상의 방향을 바꿔줍니다.

14 이제 펜 도구를 사용하여 눈과 입, 볼 터치 부분을 그려주고 각각 면색을 적 용합니다.

15 그리고 분홍색 개체 두 개를 Shift 키 를 사용하여 동시에 선택한 후 [효 과]-[스타일화]-[패더] 메뉴를 실행합니다.

16 대화상자에서 반경 값을 설정한 후 하단의 미리보기 항목을 체크하여 퍼지는 정도 값을 조절하여 적당히 적용합니다.

> **강의 노트** 패더는 개체의 테두리 부분을 부드럽게 퍼짐효과를 적용할 수 있는 효과입니다.

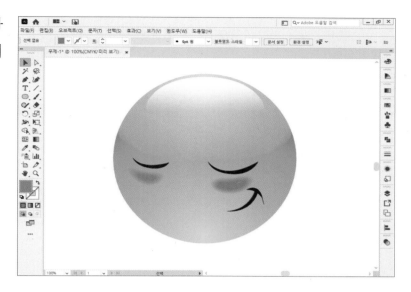

17 마지막으로 하단에 원형 도구를 사용하여 타원형을 그려주고, [오브젝트]–[정돈]–[맨 뒤로 보내기] 메뉴를 실행하여 뒤로 보내줍니다.

18 그리고 그레이디언트 패널을 사용하여 그림자를 자연스럽게 표현하여 모든 작업을 완성합니다.

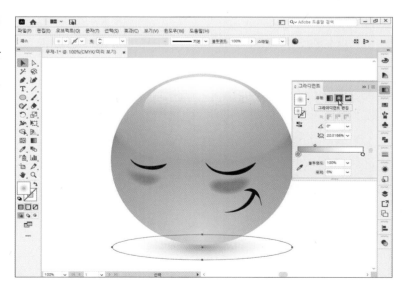

1

블렌드 기능을 이용하여 꽃 모양을 만들어 보세요.

▲ 완성파일 : 섹션 06〉완성〉기초01.ai

힌트 • 펜 도구로 곡선 그린 후 반사 도구를 이용하여 반사, 블렌드 도구 또
는 메뉴를 활용하여 꽃잎 모양 제작, 회전 도구로 꽃 모양 완성 후
원형 도구로 원 만들기, 꽃 모양 복사 후 선색 변경

2

블렌드 기능과 망 도구를 사용하여 개체를 만들어 보세요.

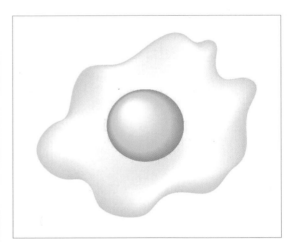

▲ 완성파일 : 섹션 06〉완성〉기초02.ai

힌트 • 펜 도구와 원형 도구로 후라이 모양 제작, 망 도구 사용하여 흰자
부분 입체적으로 표현, 크기 조절 도구로 원 모양 두 개 더 축소 복
사 후 각각 면색 적용, 블렌드 기능 이용하여 입체적으로 색상 표현

3

그레이디언트 색상을 이용하여 입체적인 공을 만들어 보세요.

▲ 완성파일 : 섹션 06〉완성〉기초03.ai

힌트 • 원형 도구와 직접 선택 도구를 사용한 공 모양 제작, 그레이디언트
도구와 패널을 사용한 입체감 표현, 투명도 패널의 불투명도 조절,
문자 도구로 숫자 입력

심화문제

1) 그레이디언트 색상을 활용하여 사과를 만들어 보세요.

▲ 완성파일 : 섹션 06〉완성〉심화01.ai

힌트 • 원형 도구로 공 모양 제작, 펜 도구로 원을 가로지르는 여러 개의 곡선 만들기, 전체 오브젝트 선택 후 패스파인더의 나누기 적용, 각각 선택 후 그레이디언트 도구와 패널 사용하여 그레이디언트 색상 적용

2) 문자 도구와 그레이디언트 색상을 이용하여 입체적인 개체를 만들어 보세요.

▲ 완성파일 : 섹션 06〉완성〉심화02.ai

힌트 • 문자 도구로 글자 입력 후 윤곽선 만들기, 기울이기 도구로 세로로 기울이기, 펜 도구로 각각 입체적인 모양 그린 후 그레이디언트 도구와 패널 사용하여 그레이디언트 색상 적용

3) 망 도구를 사용하여 사실적인 개체를 만들어 보세요.

▲ 완성파일 : 섹션 06〉완성〉심화03.ai

힌트 • 펜 도구로 모양 제작, 망 도구 사용하여 입체적으로 표현

07 그리기 도구 활용하기

물방울 브러쉬 도구는 마우스를 채색하듯이 자유롭게 드래그하여 면 속성의 개체를 표현할 수 있는 도구이고, 페인트브러쉬 도구는 회화적인 느낌의 이미지를 자유롭게 드로잉하여 표현할 때 유용하게 사용되며 선에 독특한 페인팅 효과와 패턴, 그리고 직접 제작한 개체를 대입하여 회화적이고 화려한 효과를 적용할 수 있습니다.

Preview

〈학습내용〉

따라하기 01. 물방울 브러쉬 도구로 채색하기 따라하기 02. 페인트브러쉬 도구 사용법 익히기
따라하기 03. 브러쉬 등록 및 활용하기

▲ 완성파일 : 섹션 07〉완성〉실습01.ai

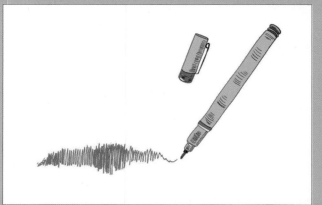

▲ 완성파일 : 섹션 07〉완성〉실습02.ai

▶ 완성파일 : 섹션 07〉완성〉실습03.ai

 체크포인트

– 물방울 브러쉬 도구 사용법을 익힙니다.
– 페인트 브러쉬 도구와 브러쉬 패널에 대해 알아봅니다.
– 원하는 브러쉬 모양을 직접 등록하고 활용해 봅니다.

01 [파일]-[열기] 메뉴를 선택하여 '섹션 07〉샘플〉실습01.ai' 파일을 불러옵니다. 도구 패널에서 물방울 브러쉬 도구를 더블 클릭하여 브러쉬의 크기를 설정합니다.

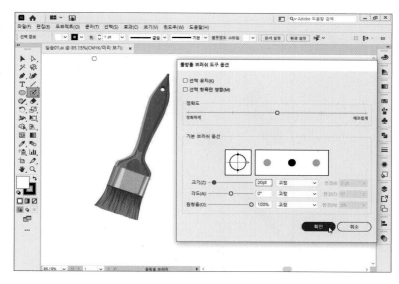

02 색상 패널에서 원하는 색상을 지정하고 브러쉬 개체 하단에 마우스를 드래그하여 색칠하듯이 모양을 만듭니다.

강의노트 물방울 브러쉬 도구는 마우스를 채색하듯이 자유롭게 드래그 하여 면 속성의 개체를 나타낼 수 있는 도구로 동일한 색상으로 채색이 될 경우에는 기존 개체와 합쳐지게 되고, 다른 색상일 경우에는 개별적으로 나타냅니다.

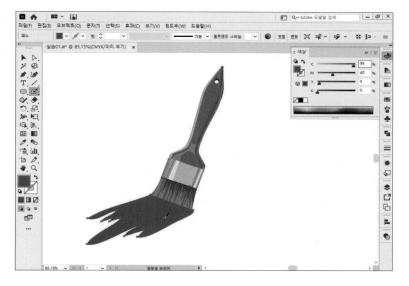

03 색상 패널에서 다른 색상을 지정하고 브러쉬의 크기를 조절해 가며 물감 모양을 만들어 봅니다.

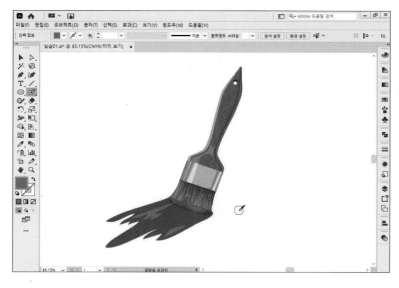

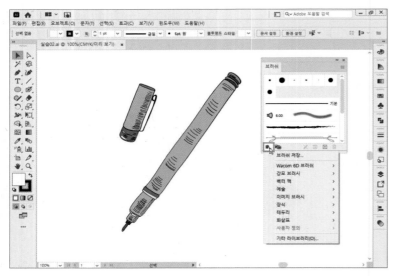

01 [파일]-[열기] 메뉴를 선택하여 '섹션 07〉샘플〉실습02.ai' 파일을 불러옵니다. [윈도우] 메뉴에서 브러쉬 패널을 불러온 후 패널 하단의 브러쉬 라이브러리 메뉴 아이콘을 클릭합니다.

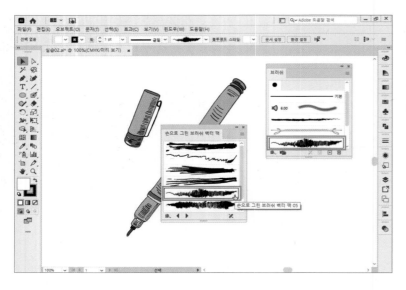

02 벡터 팩 브러쉬에서 손으로 그린 브러쉬 백터 팩 패널을 불러와 손으로 그린 브러쉬 백터 팩 05를 선택하면 브러쉬 패널에 추가됩니다.

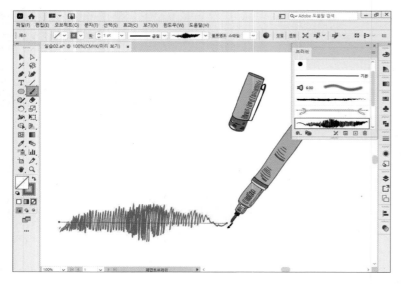

03 도구 패널에서 페인트브러쉬 도구를 선택하고 색상 패널에서 선색을 지정한 후 [Shift] 키를 누른 채 마우스를 드래그 하여 브러쉬 효과를 적용합니다.

강의노트 페인트브러쉬 도구는 브러쉬 패널에서 브러쉬의 종류를 지정한 후 마우스로 자유롭게 드래그하여 독특한 외곽선을 그릴 수 있는 도구입니다. 다양한 모양의 브러쉬가 저장되어 있는 브러쉬 라이브러리 메뉴에서 원하는 브러쉬 종류를 불러와 사용이 가능하며, 직접 등록하여 사용할 수도 있습니다.

04 오브젝트가 선택된 상태에서 브러쉬 패널의 해당 브러쉬를 더블클릭하여 방향을 바꿔줄 수도 있습니다.

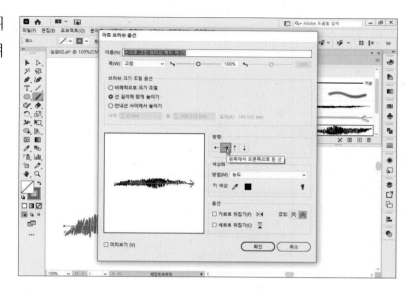

05 선의 두께가 너무 두껍거나 얇을 경우에는 획 패널에서 선의 두께를 조절해 줍니다.

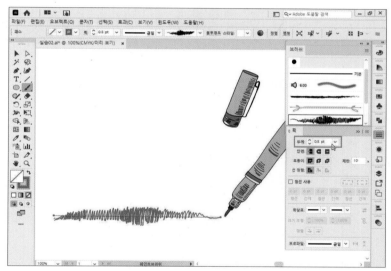

Power Upgrade

페인트브러쉬 도구 옵션 대화상자

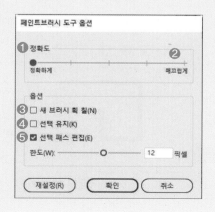

❶ 정확도 : 마우스 또는 타블렛 펜의 감도를 조절할 수 있는 항목입니다.

❷ 매끄럽게 : 곡선의 부드러움 정도를 조절하는 기능입니다.

❸ 새 브러쉬 획 칠 : 이 항목을 체크하였을 경우 브러쉬로 그려지는 개체의 내부에 면색이 적용됩니다.

❹ 선택 유지 : 이 항목을 체크하였을 경우 드로잉이 끝난 개체가 선택된 상태로 표시됩니다.

❺ 선택 패스 편집 : 이 항목을 체크하였을 경우 열린 패스를 그렸을 때 시작점과 끝점을 브러쉬 도구로 연결할 수 있습니다.

Power Upgrade

브러쉬 패널

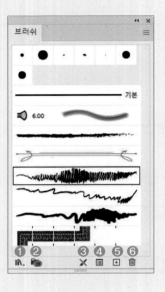

① 브러쉬 라이브러리 메뉴 : 일러스트레이터에서 제공하는 기본 브러쉬 라이브러리를 불러와 사용할 수 있습니다.

② 라이브러리 패널 : 라이브러리 패널을 불러옵니다.

③ 브러쉬 선 제거 : 선택한 오브젝트의 브러쉬 적용을 해제합니다.

④ 선택한 오브젝트의 옵션 : 선택한 오브젝트에 적용한 브러쉬의 옵션을 설정합니다.

⑤ 새 브러쉬 : 새로운 브러쉬를 만듭니다.

⑥ 브러쉬 삭제 : 선택한 브러쉬를 삭제합니다.

종류별 브러쉬 옵션 대화상자

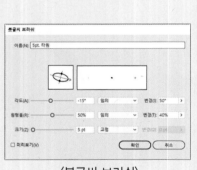

〈붓글씨 브러쉬〉

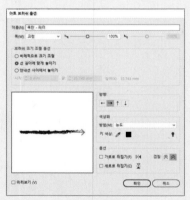

〈아트 브러쉬〉

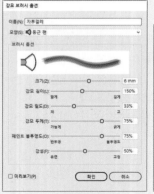

〈강모 브러쉬〉

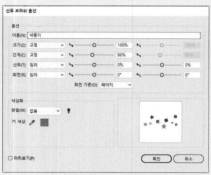

〈산포 브러쉬〉

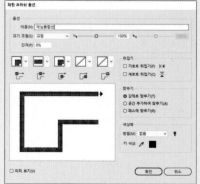

〈패턴 브러쉬〉

따라하기 03 브러쉬 등록 및 활용하기

01 [파일]-[열기] 메뉴를 선택하여 '섹션
07>샘플>실습03.ai' 파일을 불러옵니
다. 도구 패널에서 원형 도구를 선택하고 도큐
먼트에 드래그 하여 타원형을 그린 후 색상 패
널에서 면색을 적용합니다.

02 선택 도구를 사용하여 개체를 선택하
고 브러쉬 패널로 드래그 하면 나타난
대화상자에서 아트 브러쉬를 지정합니다.

03 그러면 다시 세부 옵션을 조절할 수
있는 아트 브러쉬 옵션 대화상자가 나
타납니다. 여기서는 기본값으로 등록해 보겠
습니다.

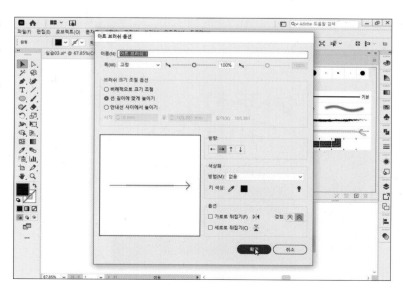

04 브러쉬 패널에 등록된 길쭉한 타원형 브러쉬를 지정하고 도구 패널에서 페인트브러쉬 도구를 선택한 후 자유롭게 드래그하여 글자 모양을 그립니다.

05 모양이 맘에 들지 않을 경우에는 Ctrl+Z를 눌러 취소하고 다시 드래그 하여 그려주는 방식으로 입력하고자 하는 문장을 그려줍니다.

06 선의 두께를 조절하고자 할 경우에는 오브젝트를 선택하고 획 패널에서 두께를 조절합니다.

07 계속하여 앞서 등록한 아트 브러쉬를 선택한 상태에서 페인트브러쉬 도구를 사용하여 오른쪽 상단에 커피 잔 모양의 오브젝트를 그려줍니다.

08 적용된 브러쉬 효과를 수정하고자 할 경우에는 브러쉬 패널에서 해당 브러쉬를 더블클릭하여 대화상자에서 옵션을 조절할 수 있습니다.

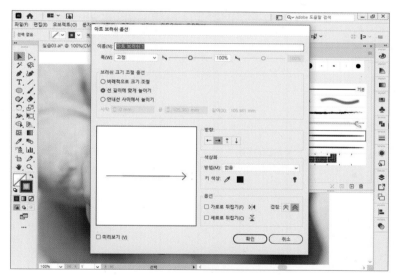

1

페인트브러쉬 도구를 사용하여 직접 모양을 만들어 보세요.

힌트 • 목탄-가늘게 브러쉬 효과를 적용한 페인트브러쉬 도구 사용

▲ 완성파일 : 섹션 07〉완성〉기초01.ai

2

페인트브러쉬 도구를 사용하여 직접 모양을 만들어 보세요.

힌트 • 펜 도구와 원형 도구, 회전 도구를 활용한 바람개비 모양 제작, 그런지 브러쉬 벡터 팩 06 브러쉬를 적용한 파도 모양 제작

▲ 완성파일 : 섹션 07〉완성〉기초02.ai

3

주어진 오브젝트를 불러와 채색 작업을 해 보세요.

▲ 완성파일 : 섹션 07〉완성〉기초03.ai

▲ 완성파일 : 섹션 07〉완성〉기초03.ai

힌트 • 물방울 브러쉬 도구를 사용한 채색

1) 개체를 직접 만들어 다양한 효과를 적용해 보세요.

힌트 • 연필 도구를 사용한 스케치 원 모양 제작, 원형 도구로 원 그린 후 패더 효과와 불투명도 적용. 목탄-가늘어짐 브러쉬 효과를 적용한 문자 개체 만들기

▲ 완성파일 : 섹션 07〉완성〉심화01.ai

2) 물방울 브러쉬 도구를 사용하여 쿠키 모양을 만들어 보세요.

힌트 • 물방울 브러쉬 도구를 사용한 쿠키 모양과 문자 모양 제작

▲ 완성파일 : 섹션 07〉완성〉심화02.ai

3) 브러쉬 기능을 사용하여 액자 형식의 서식류를 만들어 보세요.

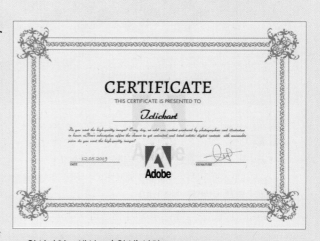

힌트 • 사각형 도구를 사용한 틀 제작, 로코코 패턴 브러쉬 적용, 문자 도구로 내용 입력

▲ 완성파일 : 섹션 07〉완성〉심화03.ai

일러스트레이터의 심볼 기능은 개체를 반복적으로 사용해도 파일의 크기가 일정하게 유지될 수 있다는 점에서 유용하게 사용하고 있습니다. 패턴 또한 DTP 분야나 직물 디자인 분야 등 실무에서 많이 응용됩니다. 다양한 모양의 심볼과 패턴을 제작하여 개성 있는 디자인을 만들어 보세요.

〈학습내용〉

따라하기 01. 심볼 사용하기   따라하기 02. 심볼 등록 및 활용하기
따라하기 03. 패턴 등록하기   따라하기 04. 패턴 등록 및 활용하기

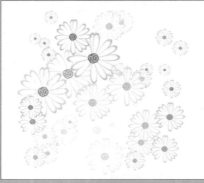

▲ 완성파일 : 섹션 08〉완성〉실습01.ai

▲ 완성파일 : 섹션 08〉완성〉실습02.ai

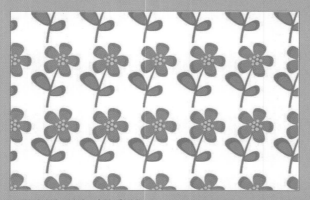

▲ 완성파일 : 섹션 08〉완성〉실습03.ai

▲ 완성파일 : 섹션 08〉완성〉실습04.ai

 체크포인트

– 다양한 심볼 도구와 심볼 패널을 학습합니다.
– 심볼 패널에 원하는 개체를 제작하여 등록 후 활용합니다.
– 패턴 등록 방법을 익힙니다.
– 원하는 패턴 무늬를 등록하여 활용합니다.

01 [파일]-[새로 만들기] 메뉴를 실행하여 작업할 새로운 아트보드를 만듭니다. [윈도우] 메뉴에서 심볼 패널을 불러오고 도구 패널에서 심볼 분무기 도구를 더블클릭하여 브러쉬의 크기를 조절합니다.

02 그리고 심볼 패널 하단의 심볼 라이브러리 메뉴 아이콘을 클릭하여 꽃 패널에서 데이지 심볼을 선택합니다.

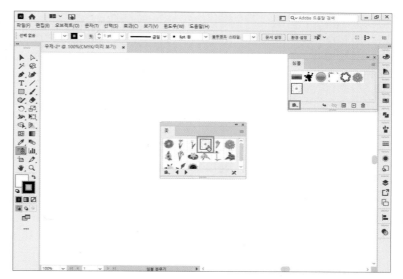

03 심볼 패널에 추가된 데이지 심볼을 선택하고 도큐먼트에 드래그 하여 뿌려줍니다.

심볼 분무기 도구는 심볼을 뿌려주는 도구로써 심볼 패널에서 심볼을 선택하거나 이미 등록된 심볼 라이브러리에서 원하는 모양을 불러와 사용하면 됩니다. 또한 사용자가 직접 제작한 개체를 심볼로 등록하여 사용할 수도 있습니다.

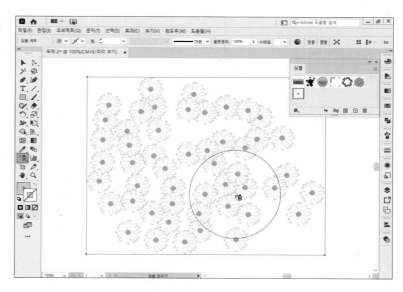

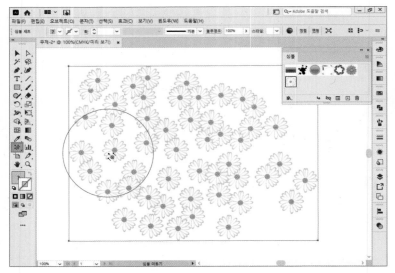

04 뿌려진 심볼이 선택되어 있는 상태에서 심볼 이동기 도구로 겹쳐진 심볼을 드래그 하여 위치를 이동시켜 줍니다.

강의노트 심볼 이동기 도구는 뿌려진 심볼을 드래그 하여 위치를 이동시킬 수 있는 도구입니다. 마우스로 드래그하면 드래그 한 방향으로 화살표가 나타나고 심볼이 이동하게 됩니다.

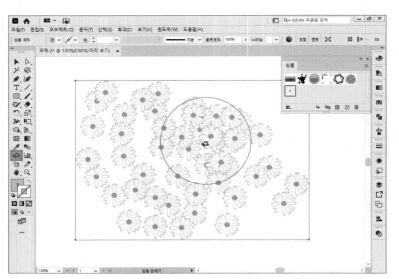

05 심볼 분쇄기 도구를 선택하고 뿌려진 심볼 위에 마우스를 누르고 있으면 심볼이 모아집니다. 반대로 [Alt]키를 같이 눌러주면 분산시킬 수 있습니다.

강의노트 심볼 분쇄기 도구는 집합 도구로서 도큐먼트에 뿌려진 심볼을 모으거나 분산시키는 도구입니다. 심볼을 드래그하면 모아지게 되고, [Alt]키를 누른 채 드래그하면 분산됩니다.

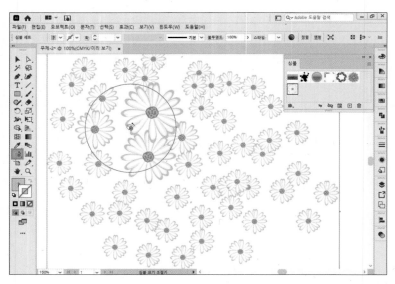

06 심볼의 크기를 자유롭게 조절하기 위해서 심볼 크기 조절기 도구를 선택하고 마우스를 눌러 심볼의 크기를 확대합니다. 반대로 [Alt]키를 같이 눌러주면 크기가 작아집니다.

강의노트 심볼 크기 조절기 도구는 심볼의 크기를 확대 및 축소시키는 도구입니다.

계속하여 심볼 회전기 도구를 선택하고 마우스를 드래그 하면 심볼이 회전됩니다.

강의 노트 심볼 회전기 도구는 심볼을 회전시키는 도구입니다.

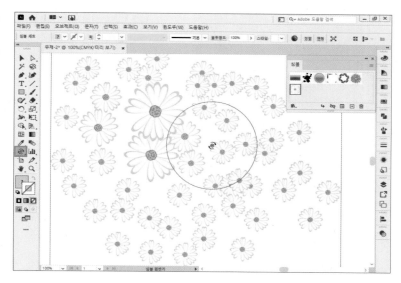

 심볼 염색기 도구를 선택하고 색상 패널에서 면색을 지정합니다. 그리고 드래그 하여 칠해주면 기존 심볼에 색상이 추가되어 변경됩니다.

강의 노트 심볼 염색기 도구는 채색 도구로써 심볼에 지정한 색상을 적용시킬 수 있습니다.

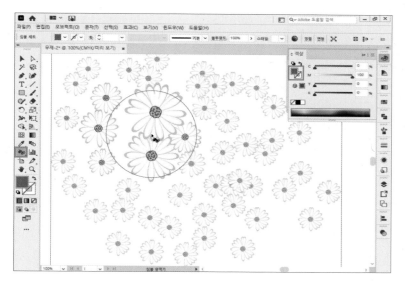

 심볼 투명기 도구는 심볼에 투명도를 적용할 수 있으며, 마찬가지로 [Alt] 키를 누른 상태에서 드래그 하면 투명해진 심볼을 원래 상태로 되돌릴 수 있습니다.

강의 노트 심볼 투명기 도구는 심볼에 투명도를 적용할 수 있습니다.

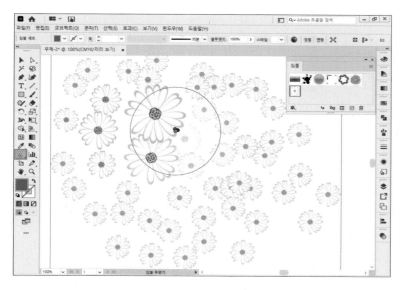

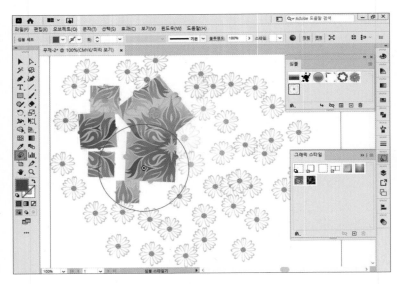

10 마지막으로 심볼 스타일기 도구를 선택합니다. [윈도우] 메뉴에서 그래픽 스타일 패널을 불러오고 특정 효과를 선택한 후 심볼에 드래그하면 선택된 스타일이 심볼에 적용됩니다.

강의노트 심볼 스타일기 도구는 뿌려진 심볼에 그래픽 스타일 패널에서 선택한 스타일을 적용시킬 수 있는 도구입니다.

Power Upgrade

심볼 도구 옵션 조절

심벌 툴을 사용하면서 브러쉬의 크기 조절이나 뿌려지는 양 조절은 대화상자를 불러와 다시 설정하는 방법도 있지만, 키보드의 단축키를 사용하면 더욱 편리하고 빠르게 작업할 수 있습니다.

1. [를 누르면 브러쉬의 크기가 축소됩니다.

2.] 를 누르면 브러쉬의 크기가 확대됩니다.

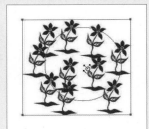

3. [Shift]+[를 누르면 심벌의 뿌려지는 양이 적어집니다.

3. [Shift]+] 를 누르면 심벌의 뿌려지는 양이 많아집니다.

Power Upgrade

심볼 도구 옵션 대화상자

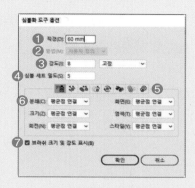

① 직경 : 브러쉬의 크기를 조절합니다.

② 방법 : 도구 사용을 정의할 수 있습니다.

③ 강도 : 브러쉬를 드래그할 때 뿌려지는 심볼의 양을 조절합니다.

④ 심볼의 세트 밀도 : 브러쉬의 밀도를 설정하는 옵션으로 수치가 높을수록 가까이 뿌려집니다.

⑤ 심볼 아이콘 : 조절하고자 하는 도구의 종류를 선택하여 사용합니다.

⑥ 분쇄 ~ 스타일 : 심볼의 밀도, 크기, 방향, 투명도, 색상, 스타일을 설정하는 옵션입니다.

⑦ 브러쉬 크기 및 강도 표시 : 이 항목을 체크하였을 경우 아트보드에서 브러쉬의 크기와 뿌려지는 강도를 볼 수 있습니다.

심볼 패널

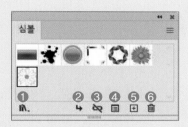

① 심볼 라이브러리 메뉴 : 일러스트레이터에서 제공하는 심볼을 불러와 사용할 수 있습니다.

② 심볼 예제 가져오기 : 선택한 심볼을 아트보드 중앙에 불러옵니다.

③ 심볼에서 연결 끊기 : 아트보드에 불러온 심볼을 일반 개체로 변환시켜줍니다.

④ 심볼 옵션 : 선택한 심볼의 옵션 패널을 열어줍니다.

⑤ 새 심볼 : 선택한 개체를 심볼로 등록합니다.

⑥ 심볼 삭제 : 선택한 심볼을 삭제합니다.

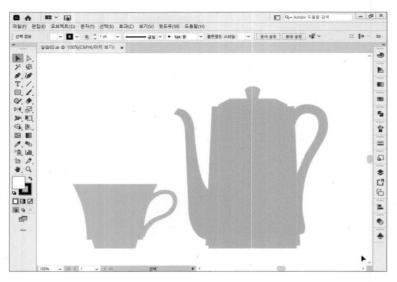

01 [파일]-[열기] 명령으로 '섹션 08〉샘플 폴더안의 실습02.ai' 파일을 불러옵니다. 심볼을 직접 등록하여 컵과 주전자에 표현해 보도록 하겠습니다.

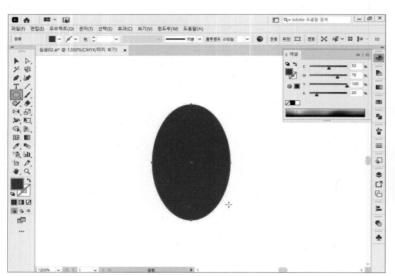

02 먼저 심볼로 등록할 개체를 만들기 위해서 돋보기 도구로 화면을 크게 확대한 후 아트보드의 빈 공간에 원형 도구를 사용하여 타원형을 그려주고, 면색을 적용합니다.

TIP

심볼 등록 시 개체의 크기를 너무 크게 등록하면 컨트롤 하기 어려우므로 가능하면 화면을 확대하여 적당한 크기로 등록하는 것이 좋습니다.

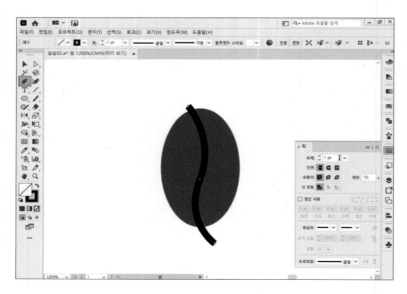

03 다시 펜 도구로 타원형을 가로지르는 곡선을 그린 후 획 패널에서 선의 두께를 조절합니다.

곡선이 선택된 상태에서 [오브젝트]-[패스]-[윤곽 선] 메뉴를 실행하여 선을 면으로 변환시켜줍니다.

강의노트 윤곽 선은 선을 면으로 전환시켜 주는 기능으로 알아두시면 유용하게 사용할 수 있는 기능입니다.

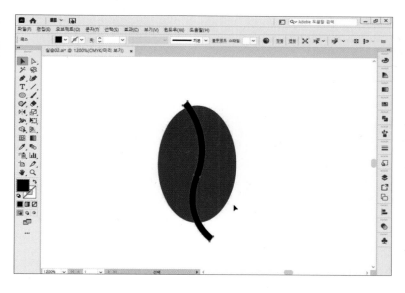

05 그리고 모두 선택한 후 패스파인더 패널에서 앞면 오브젝트 제외 버튼을 클릭하여 커피 모양을 완성합니다.

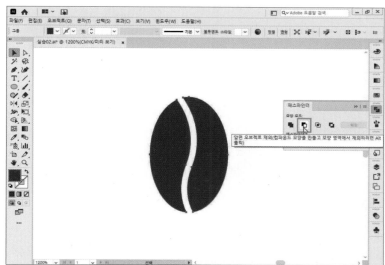

06 이번에는 나뭇가지 모양을 만들기 위해서 펜 도구로 곡선 면을 그려주고 색상 패널에서 면색을 적용합니다.

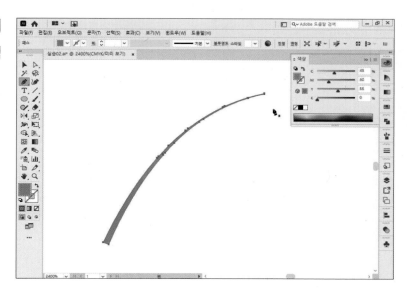

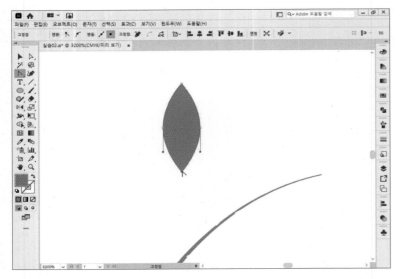

07 다시 원형 도구를 선택하고 타원형을 그려준 뒤 고정점 도구를 사용하여 양쪽 끝 고정점을 클릭하여 뾰족하게 모양을 수정합니다.

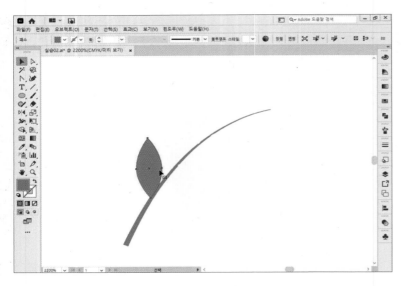

08 선택 도구로 앞서 그려놓은 곡선에 이동시켜 테두리 상자 또는 자유 변형 도구를 사용하여 크기를 조절하거나 회전시켜 줍니다.

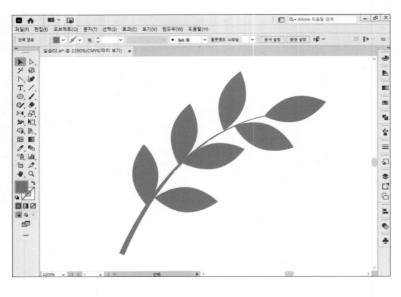

09 선택 도구로 [Alt] 키를 누른 채 드래그 하여 여러 개를 복사한 후 각각 회전시켜 나뭇가지 모양을 완성합니다.

10 앞서 만들어 놓은 커피 모양 개체를 선택하고 Alt 키를 누른 채 드래그 하여 복사한 후 색상 패널에서 면색을 수정합니다.

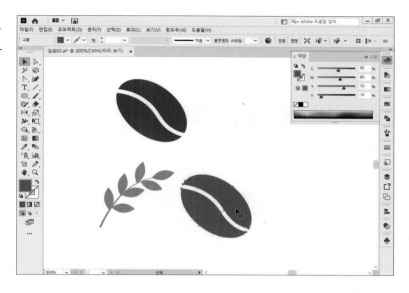

11 그런 다음 테두리 상자 또는 자유 변형 도구를 사용하여 크기를 축소하고 회전시켜줍니다.

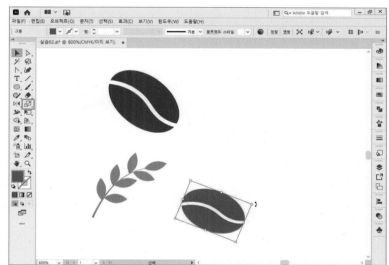

12 나머지 커피 모양 또한 위와 동일한 방법으로 복사 후 색상을 변경하고 크기를 조절하여 배치합니다.

13 마찬가지로 나뭇가지 모양 또한 복사 후 크기를 조절하거나 회전시켜 자유 롭게 배치합니다.

14 이제 선택 도구를 사용하여 모든 개체 를 선택한 후 심볼 패널로 드래그하여 그래픽 심볼로 등록합니다.

15 심볼을 뿌리기 전에 먼저 컵 모양 개체 를 선택하고 [편집]-[복사] 메뉴를 실 행하여 클립보드에 저장시켜 놓습니다.

16 그리고 심볼 분무기 도구를 선택하고 앞서 불러온 컵 개체 위쪽에 자유롭게 드래그 하여 등록된 심볼을 뿌려줍니다.

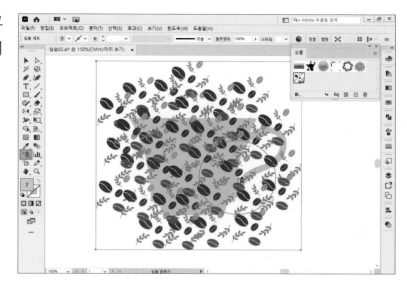

17 심볼 이동기 도구나 심볼 분쇄기 도구 등을 사용하여 골고루 퍼지도록 심볼을 정리합니다.

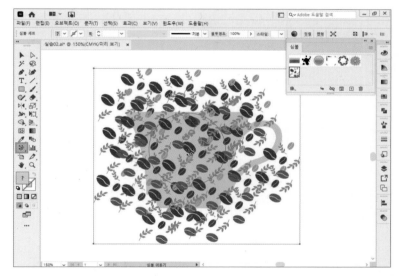

18 또한 심볼 회전기 도구를 사용하여 회전시켜주고, 필요에 따라 심볼 크기 조절기 도구를 사용하여 크기를 조절합니다.

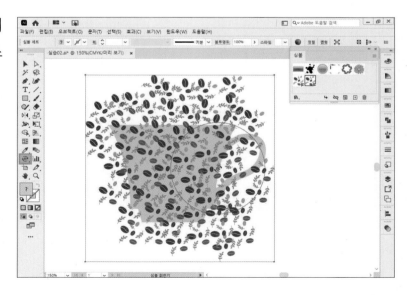

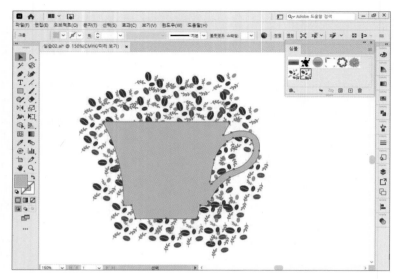

19 이제 [편집]-[제자리에 붙이기] 메뉴를 실행하여 앞서 클립보드에 저장해둔 컵 개체를 붙여넣기 합니다.

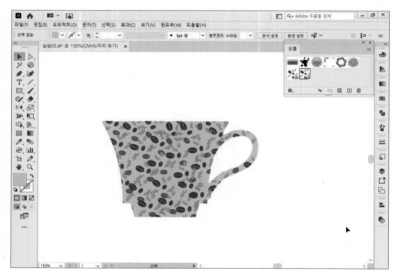

20 이제 전체 게체를 선택하고 [오브젝트]-[클리핑 마스크]-[만들기] 메뉴를 실행하여 컵 안쪽에만 심볼이 보이도록 정리해 줍니다.

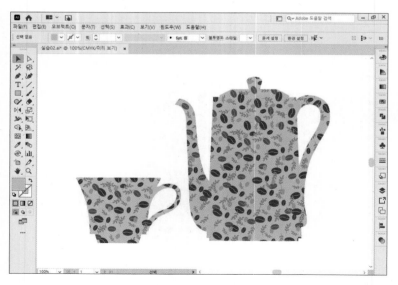

21 위와 동일한 방법으로 오른쪽 주전자 모양 또한 심볼을 사용하여 표현해 봅니다.

강의 노트 클리핑 마스크는 가장 위쪽에 위치한 개체 형태 안에만 보이도록 나머지 개체를 가려주는 기능입니다.

01 [파일]-[새로 만들기] 메뉴를 실행하여 작업할 아트보드를 만듭니다. 꽃 모양을 직접 제작하여 패턴으로 등록해 보겠습니다. 도구 패널에서 별모양 도구를 선택하고 포인트 다섯 개짜리 별 모양을 그려주고, 색상 패널에서 면색을 적용합니다.

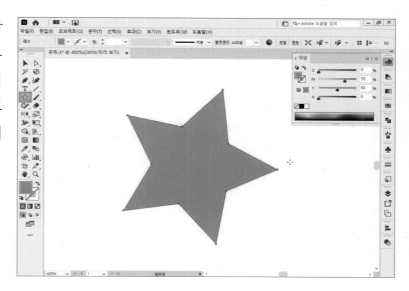

02 고정점 도구를 선택하고 별 끝 고정점을 마우스로 드래그 하여 곡선으로 모양을 수정합니다.

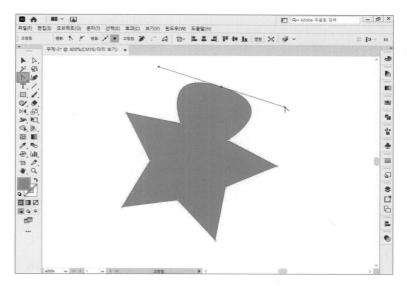

03 나머지 뾰족한 끝 모양 역시 동일한 방법으로 모양을 수정합니다.

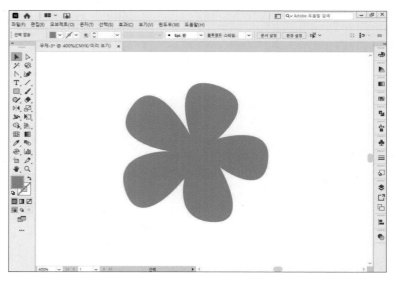

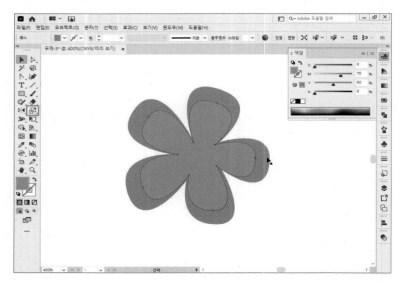

04 선택 도구로 개체를 선택하고 도구 패널에서 크기 조절 도구를 더블클릭하여 100%보다 적은 값을 입력한 후 복사를 누릅니다. 또한 색상 패널에서 색상을 변경합니다.

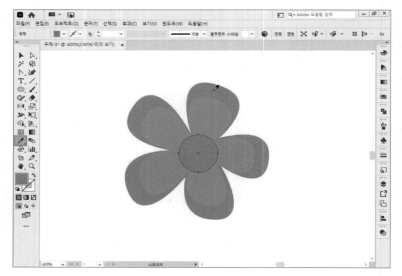

05 원형 도구를 사용하여 중앙에 원을 그려주고, 개체가 선택된 상태에서 스포이드 도구를 선택한 후 앞서 제작한 큰 개체를 클릭하여 동일한 색상으로 적용합니다.

강의 노트 스포이드 도구는 개체에 적용된 색상, 패턴, 그레이디언트 등의 속성을 추출, 복사하여 다른 개체에 그대로 적용시키는 도구입니다.

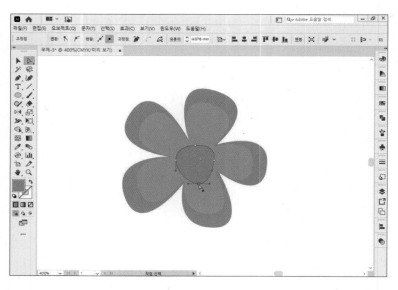

06 도구 패널에서 직접 선택 도구를 선택하고 고정점과 방향선 등을 이동시켜 모양을 수정합니다.

07 다시 원형 도구를 선택하고 Shift 키를 누른 채 드래그 하여 정원을 그리고 색상 패널에서 면색을 지정합니다.

TIP

동일한 색상을 여러 번 사용하고자 할 경우에는 견본 패널에 저장시켜 두면 용이하게 작업할 수 있습니다.

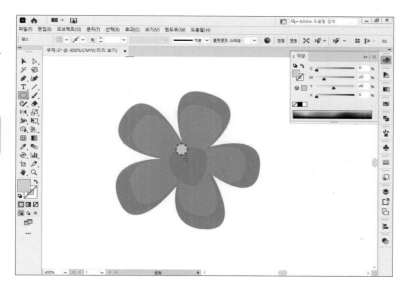

08 선택 도구로 Alt 키를 누른 채 드래그 하여 하나를 더 복사한 후 테두리 상자 또는 자유 변형 도구를 사용하여 크기를 조절합니다.

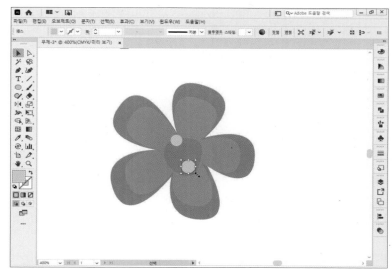

09 위와 동일한 방법으로 여러 개의 원을 복사하여 각각 크기를 조절해 줍니다.

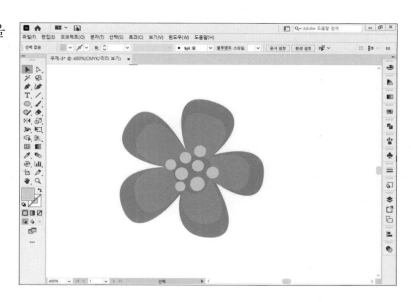

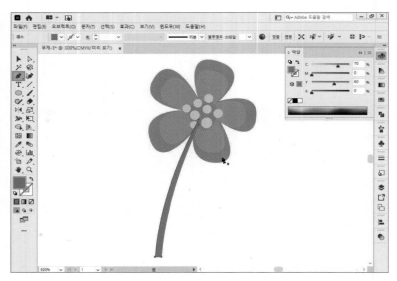

10 줄기 모양을 만들기 위해서 펜 도구를 선택하고 곡선 면을 그려준 뒤 색상 패널에서 면색을 적용합니다.

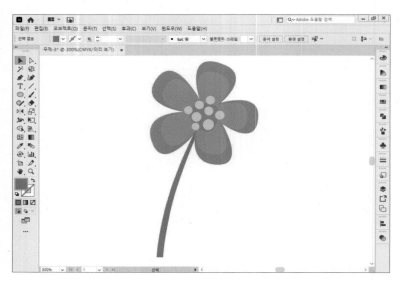

11 또한 [오브젝트]-[정돈]-[맨 뒤로 보내기] 메뉴를 실행하여 앞서 제작한 꽃잎 뒤쪽으로 보내줍니다.

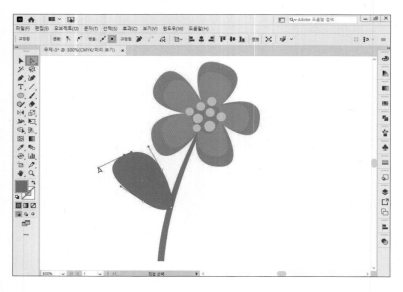

12 잎을 만들기 위해서 원형 도구를 사용하여 타원형을 그려준 뒤 직접 선택 도구로 모양을 수정합니다.

13 개체가 선택된 상태에서 도구 패널의 크기 조절 도구를 더블클릭하여 100% 보다 적은 값을 입력한 후 복사를 눌러 축소복사하고, 색상을 변경합니다.

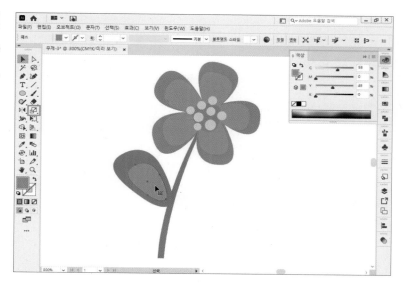

14 선택 도구로 두 개의 개체를 선택한 후 도구 패널에서 반사 도구를 선택합니다. 그리고 Alt 키를 누른 채 줄기 부분을 클릭하여 나타난 대화상자에서 세로축을 지정하고 복사를 눌러 반사시켜줍니다.

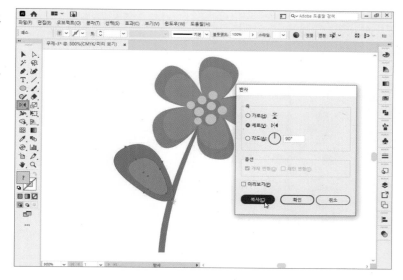

15 테두리 상자나 자유 변형 도구를 사용하여 크기를 축소하고 회전시켜줘 꽃 모양 개체를 완성합니다.

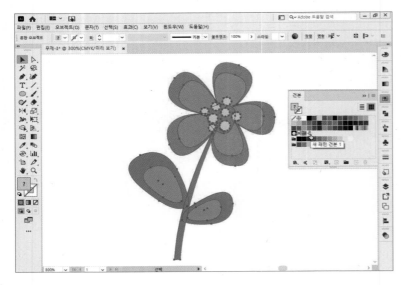

16 이제 완성된 개체를 패턴으로 등록하기 위해서 모두 선택하고 견본 패널로 드래그합니다.

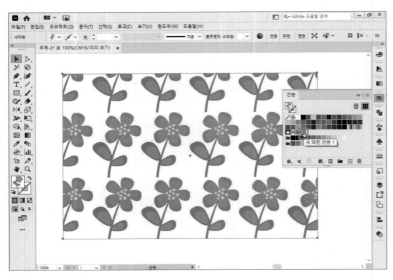

17 도구 패널에서 사각형 도구를 선택하고 도큐먼트에 드래그 하여 직사각형을 만들고 앞서 등록하였던 패턴을 채워봅니다.

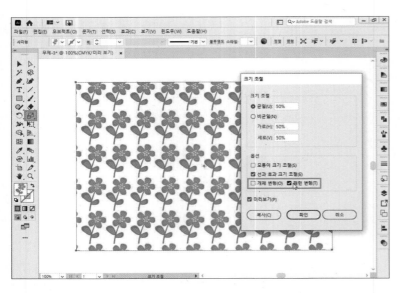

18 패턴의 크기를 조절하기 위해서 크기 조절 도구를 더블클릭하여 대화상자 하단의 개체 변형 항목은 체크를 해제하고 패턴 변형 항목만을 체크한 후 패턴 크기를 조절합니다.

19 다시 회전 도구를 더블클릭하여 위와 동일하게 패턴 변형만을 체크하고 각도 값을 입력하여 회전시켜 봅니다.

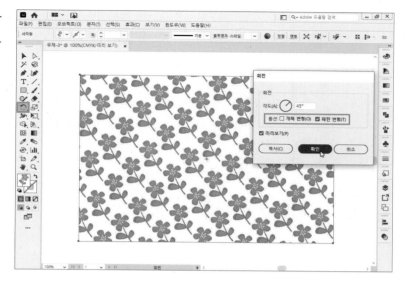

20 이번에는 무늬와 무늬 사이가 벌어진 모양을 등록하기 위해서 도구 패널에서 사각형 도구를 선택하고 선색과 면색 모두 없앤 상태에서 개체를 포함하는 사각형을 만듭니다.

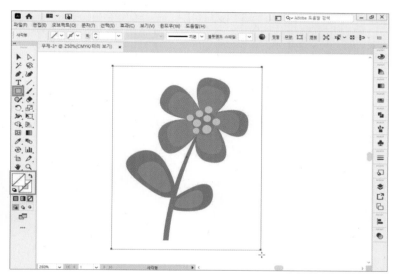

TIP

사각형을 그릴 때 선색이나 면색이 들어가면 그 색상까지 패턴 무늬로 등록되고, 여기서는 단지 영역만을 표시하기 위해서 색상을 모두 없앤 상태로 그려줍니다.

21 그런 다음 전체 개체를 선택하고 견본 패널로 드래그 하여 패턴을 등록합니다.

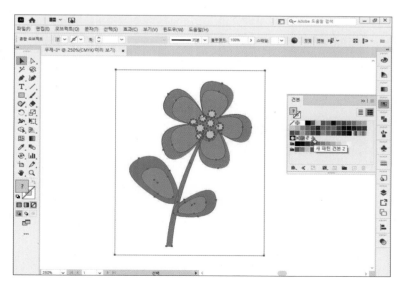

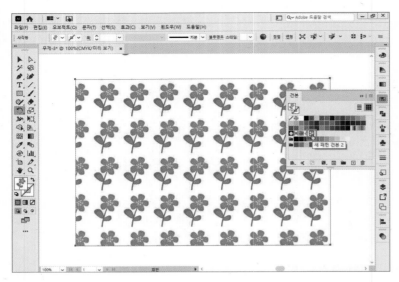

22 마찬가지로 사각형 도구를 사용하여 직사각형을 만든 다음 면에 적용시켜 봅니다.

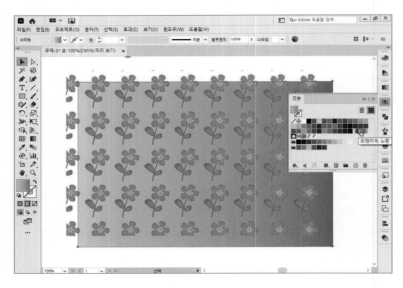

23 패턴 등록 시 배경을 투명하게 등록하였기 때문에 하단에 이미지나 그레이디언트 색상 등을 겹쳐 표현할 수도 있습니다.

01 [파일]-[새로 만들기] 메뉴를 실행하여 작업할 아트보드를 만듭니다. 패턴으로 등록할 무늬를 만들기 위해서 먼저 도구 패널에서 사각형 도구를 선택하고 Shift 키를 누른 채 드래그 하여 정사각형을 그려준 뒤 면 색을 적용합니다.

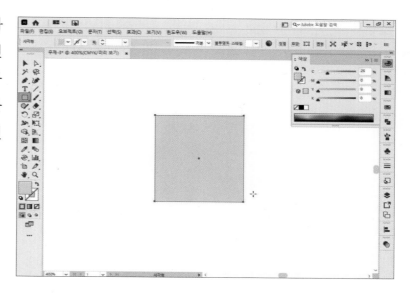

02 테두리 상자 또는 자유 변형 도구를 사용하여 Shift 키를 누른 채 45° 회전시켜줍니다.

> **TIP**
> Shift 키는 사각형이나 원을 그릴 때 정사각형이나 정원을 그리기 위해서 사용하기도 하고, 회전이나 이동 시 정확히 수평, 수직, 45° 각도로 회전 및 이동됩니다.

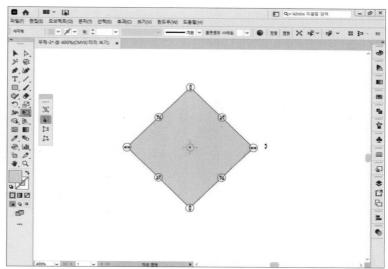

03 그리고 크기 조절 도구를 더블클릭하여 대화상자의 비균일 항목의 가로 값만 100%보다 낮게 입력하여 가로 크기만 축소시켜줍니다.

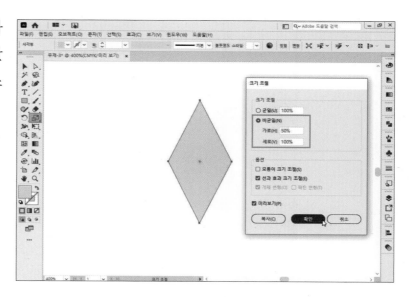

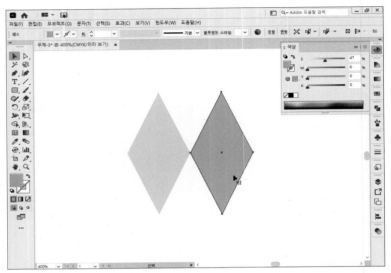

04 선택 도구로 Alt + Shift 키를 누른 채 옆으로 이동시켜 하나를 복사한 후 색상 패널에서 면색을 수정합니다.

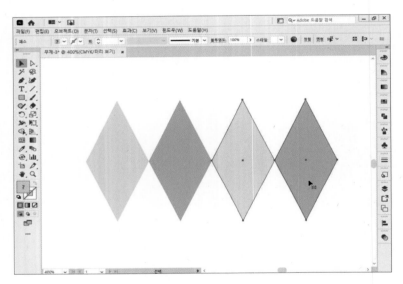

05 다시 두 개의 개체를 모두 선택하여 Alt + Shift 키를 누른 채 옆으로 이동시켜 복사합니다.

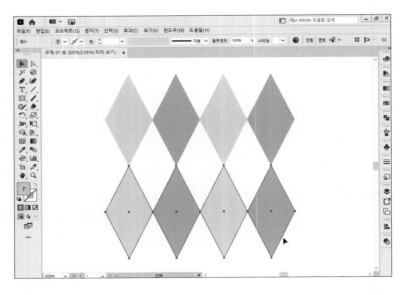

06 이번에는 네 개의 마름모꼴을 전부 선택하고 Alt + Shift 키를 누른 채 아래로 이동시켜 복사합니다.

07 점선을 만들기 위해서 앞서 작업한 마름모꼴 세 개만을 선택하고 Alt 키를 누른 채 드래그 하여 교차되도록 복사합니다.

> **Tip**
> [보기] – [특수 문자 안내선] 메뉴를 클릭하여 활성화 시킨 뒤 작업하면 개체의 중심점을 찾기 쉽습니다.

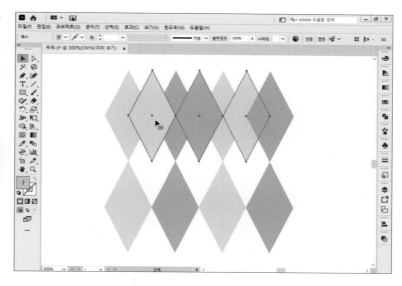

08 개체가 선택된 상태에서 색상 패널에서 면색은 없애고 선색만 흰색을 지정합니다.

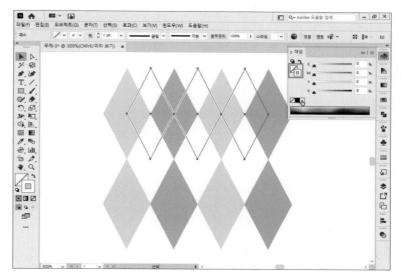

09 또한 획 패널에서 선의 두께를 조절하고, 점선 사용 항목을 체크하여 점선값을 설정합니다.

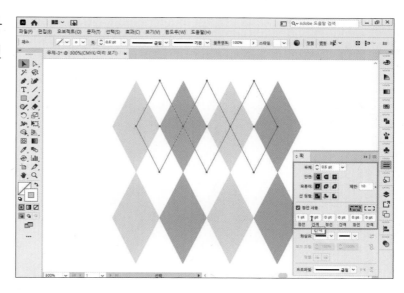

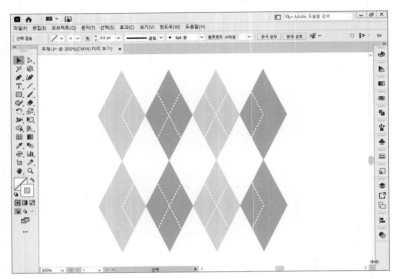

10 하단의 점선 또한 앞서 제작한 점선을 복사하여 무늬를 완성합니다.

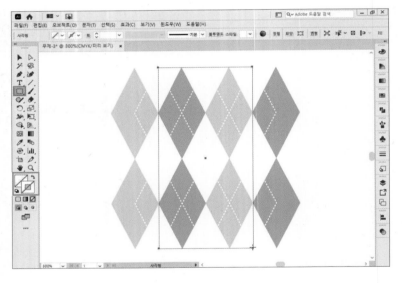

11 이제 패턴으로 등록하기 위해서 사각형 도구를 선택하고 선색과 면색 모두 없앤 상태에서 개체를 포함하는 사각형을 만듭니다.

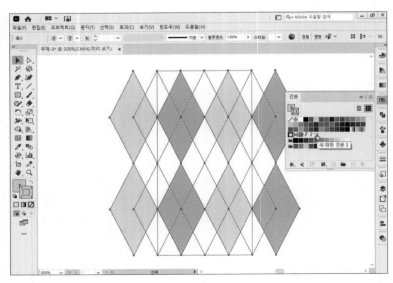

12 그런 다음 전체 개체를 모두 선택하고 견본 패널로 드래그하여 패턴을 등록합니다.

13 도구 패널에서 펜 도구를 선택하고 조끼 모양을 직접 그려 줍니다. 또한 세부적인 모양 수정이 필요할 경우에는 직접 선택 도구를 사용하여 수정하면 됩니다.

14 색상 패널에서 면색을 적용하고, 목과 어깨 부분 등 나머지 또한 직접 그려주어 색상을 적용합니다.

15 패턴을 채워 넣기 위해서 먼저 조끼 모양 개체를 선택하고, [편집]-[복사], [편집]-[제자리에 붙이기] 메뉴를 연속적으로 실행하여 하나를 복사합니다.

16 그런 다음 견본 패널에서 앞서 등록한 무늬를 클릭하여 적용합니다.

17 크기 조절이 필요할 경우에는 도구 패널의 크기 조절 도구를 더블클릭하여 패턴 변형 항목만 체크하고 크기를 조절합니다.

memo

1

모양을 직접 심볼로 등록하여 각종 심볼 도구들을 사용해 보세요.

▲ 완성파일 : 섹션 08〉완성〉기초01.ai

힌트 • 펜 도구로 잎사귀 모양 만들어 심볼 패널에 등록, 심볼 분무기 도구, 심볼 이동기 도구, 심볼 크기 조절기 도구, 심볼 염색기 도구 등을 사용하여 분포, 클리핑 마스크로 심볼 정리

2

패턴을 활용하여 개체를 만들어 보세요.

▲ 완성파일 : 섹션 08〉완성〉기초02.ai

힌트 • 펜 도구로 티셔츠 모양 제작, 사각형 도구로 무늬 제작하여 패턴으로 등록, 패턴 적용 후 크기 조절 도구와 회전 도구 등을 사용하여 패턴 자연스럽게 표현

3

패턴을 활용하여 앞치마를 만들어 보세요.

힌트 • 사각형 도구로 패턴 무늬 제작 후 등록, 펜 도구로 앞치마 모양 제작, 패턴 적용 후 크기 조절 및 회전 도구 사용, 펜 도구로 곡선 면 작업 후 획 패널에서 점선 제작, 문자 도구로 단어 입력

▲ 완성파일 : 섹션 08〉완성〉기초03.ai

1) 다양한 기능을 활용하여 배경 이미지를 만들어 보세요.

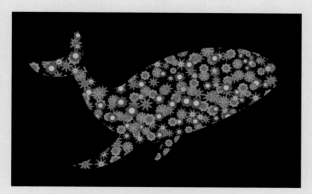

▲ 완성파일 : 섹션 08>완성>심화01.ai

힌트 • 원형 도구, 고정점 도구, 회전 도구, 크기 조절 도구 등을 사용하여 다양한 모양의 꽃 모양 제작과 심볼 등록, 펜 도구를 사용한 돌고래 모양 제작, 심볼 도구들을 사용하여 배치 후 클리핑 마스크 적용

2) 다양한 기능을 활용하여 광고 이미지를 만들어 보세요.

▲ 완성파일 : 섹션 08>완성>심화02.ai

힌트 • 원형 도구, 펜 도구, 크기 조절 도구, 패스파인더 기능등을 사용하여 꽃 모양 제작 후 심볼 등록, 각종 심볼 도구 등을 사용하여 심볼 배치, 원형 도구와 문자 도구를 사용하여 라벨 작업

3) 다양한 모양의 패턴을 활용하여 재미난 개체를 만들어 보세요.

▲ 완성파일 : 섹션 08>완성>심화03.ai

힌트 • 원형 도구와 직접 선택 도구, 고정점 도구를 사용한 하트 모양 제작, 패스파인더의 나누기 기능을 활용한 분리, 다양한 도형 도구들을 사용하여 패턴 등록 후 활용

Section

09 3D 및 왜곡 기능 사용하기

이번 시간에는 3D 기능으로 렌더링 효과가 적용된 사실적인 개체를 만들어 보고, 또 파워포인트에서 만들거나 제작하기 어려운 도형, 도해 등을 제작하여 프레젠테이션에 활용할 수 있는 다양한 그래프 형식을 제작해 보겠습니다. 그리고 다양한 왜곡 기능을 사용하여 로고나 독특한 개체를 직접 제작해 보겠습니다.

Preview

〈학습내용〉

따라하기 01. 그래프 도구 사용하기
따라하기 03. 비트맵 이미지를 벡터 개체로 변환하기
따라하기 05. 3D 기능 활용하기

따라하기 02. 다양한 왜곡 기능 사용하기
따라하기 04. 입체 문자 표현하기

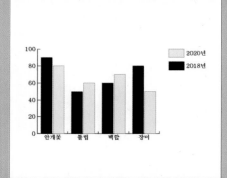

▲ 완성파일 : 섹션 09〉완성〉실습01.ai

▲ 완성파일 : 섹션 09〉완성〉실습02.ai

▲ 완성파일 : 섹션 09〉완성〉실습03.ai

▲ 완성파일 : 섹션 09〉완성〉실습04.ai

◀ 완성파일 : 섹션 09〉완성〉실습05.ai

 체크포인트

– 다양한 모양의 그래프를 만들어 봅니다.
– 다양한 왜곡 기능을 익힙니다.
– 이미지 추적 메뉴와 패널 사용법을 익힙니다.
– 3D 기능을 사용하여 문자를 입체적으로 표현합니다.
– 3D 기능을 사용하여 입체적인 개체를 만들어 봅니다.

01 [파일]-[새로 만들기] 메뉴를 실행하여 작업할 새로운 아트보드를 만듭니다. 도구 패널에서 막대 그래프 도구를 선택하고 도큐먼트에 드래그 하여 그래프가 만들어질 영역을 만듭니다.

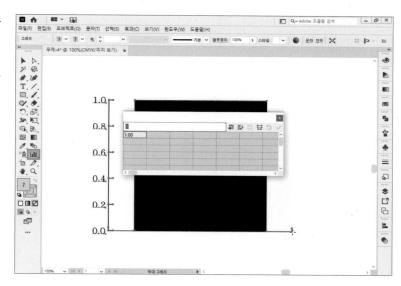

02 데이터를 입력할 수 있는 셀 상자가 나타나면 데이터 값을 입력하고 적용 버튼을 클릭합니다.

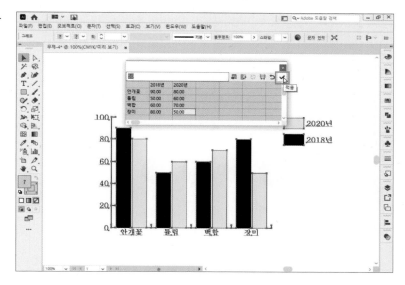

03 입력된 데이터 수치가 흑백 개체 형태의 그래프로 만들어집니다. 직접 선택 도구로 그래프를 선택하여 부분적으로 색상을 변경할 수도 있습니다.

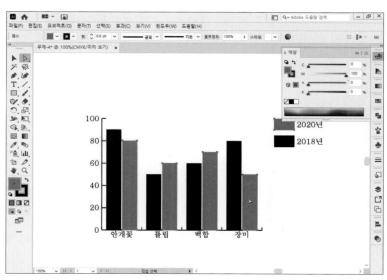

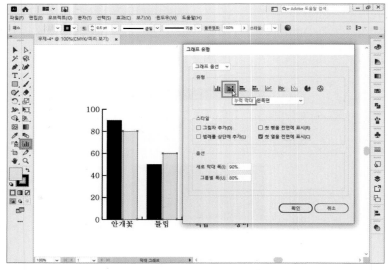

04 막대 그래프 뿐만 아니라 다양한 모양의 그래프 형태로 변경시켜 보겠습니다. 만들어 놓은 그래프를 선택하고 그래프 도구를 더블클릭하면 그래프 유형 대화상자가 나타납니다. 유형 항목에서 두 번째 누적 막대 그래프를 선택하고 확인 버튼을 클릭합니다.

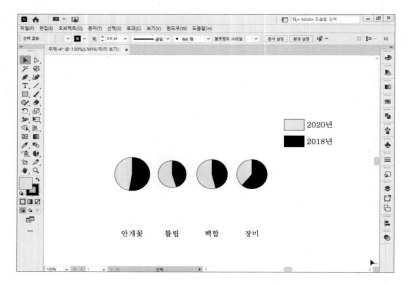

05 동일한 방법으로 다양한 그래프를 선택하여 적용시켜 봅니다.

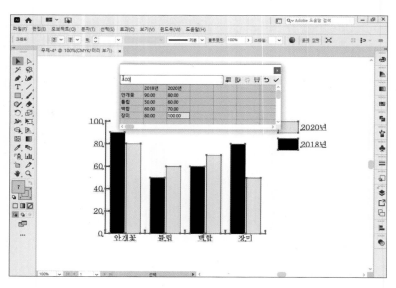

06 데이터를 편집하려면 그래프를 선택하고 [오브젝트]-[그래프]-[데이터]를 실행하여 데이터 셀 편집 대화상자에서 수정할 수 있습니다.

Power Upgrade

▶ **막대 그래프 도구** : 그래프 도구는 데이터를 이용하여 그래프를 만들어 주는 기능으로 9가지의 그래프 종류와 그 밖의 시각적인 효과도 줄 수 있습니다. 기본 그래프로 세로 막대로 구성되는 그래프입니다.

▶ **누적 세로 막대 그래프 도구** : 비교되는 두 개의 값을 하나의 세로 막대에 누적하여 보여줍니다.

▶ **가로 막대 그래프 도구** : 가로 막대로 구성되는 그래프입니다.

▶ **가로 누적 막대 그래프 도구** : 비교되는 두 개의 값을 하나의 가로 막대에 누적하여 보여줍니다.

▶ **선 그래프 도구** : 데이터가 점으로 표시되며 점과 점을 직선으로 연결하여 보여줍니다.

▶ **영역 그래프 도구** : 서로 다른 변수들의 종합적인 영역이 표시됩니다.

▶ **산포 그래프 도구** : 점으로 데이터를 표현합니다.

▶ **파이 그래프 도구** : 파이 모양의 원으로 데이터를 보여줍니다.

▶ **레이더 그래프 도구** : 중앙 지점에 상대 값을 나타냅니다.

데이터 입력 창

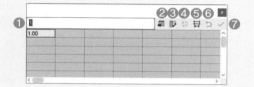

❶ **데이터 입력 창** : 그래프로 표현하고자 하는 데이터를 입력합니다.

❷ **데이터 불러오기** : 그래프의 데이터로 사용할 외부 데이터를 불러옵니다.

❸ **행/열 위치 바꿈** : 행과 열의 데이터를 교체합니다.

❹ **x/y 교체** : X축과 Y축을 교체합니다.

❺ **셀 유형** : 각 셀의 스타일을 설정합니다.

❻ **복귀** : 변경된 모든 내용을 복구시킵니다.

❼ **적용** : 입력한 데이터를 그래프에 적용합니다.

그래프 유형 도구 대화상자

❶ **유형** : 9가지 그래프의 종류를 설정합니다.

❷ **스타일** : 그림자의 유무, 막대그래프가 겹칠 경우 위에 있는 막대가 우선으로 표현, 막대의 종류를 표시해주는 범례의 위치를 차트 위로 올려줄지의 여부, 막대 그래프가 겹칠 경우 앞에 있는 막대가 우선으로 표현될지의 여부를 선택합니다.

❸ **옵션** : 그래프의 종류에 따라 옵션이 달라집니다.

01 [파일]-[새로 만들기] 메뉴를 실행하여 작업할 새로운 아트보드를 만듭니다. 도구 패널에서 문자 도구를 선택하고 아트보드에 클릭하여 단어를 입력한 후 문자 패널에서 글꼴과 크기를 지정하고 색상을 적용합니다.

02 입력한 문자를 선택하고 [오브젝트]-[둘러싸기 왜곡]-[변형으로 만들기] 메뉴를 실행하면 대화상자가 나타납니다. 스타일에서 여러 가지 모양을 적용시켜 보고, 구부리기 값을 조절해 봅니다.

> **강의 노트** 변형으로 만들기 기능은 문자나 개체를 왜곡시켜 다양한 모양으로 표현합니다.

03 스타일 항목에서 위 부채꼴을 선택하고 확인 버튼을 눌러 문자를 휘게 표현합니다. 만일 입력된 문자의 글꼴이나 색상 등을 수정하고자 할 경우에는 상단 제어 패널에서 내용 편집 아이콘을 클릭하여 수정할 수 있습니다.

명령을 취소하고 이번에는 [오브젝트]-[둘러싸기 왜곡]-[망으로 만들기] 메뉴를 실행합니다. 대화상자에서 가로와 세로로 생성할 숫자를 입력한 후 확인 버튼을 누릅니다.

강의 노트 개체에 망점을 추가하여 직접 선택 도구로 망점을 선택, 이동시켜 모양을 변형합니다.

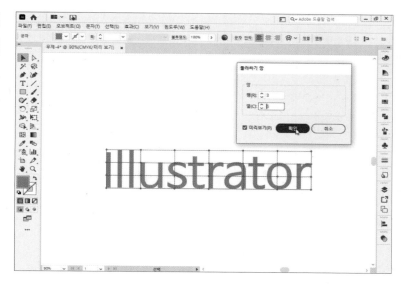

 그런 다음 직접 선택 도구를 사용하여 추가된 망점을 드래그 하여 이동시키면 문자들의 모양이 변형되는 것을 볼 수 있습니다.

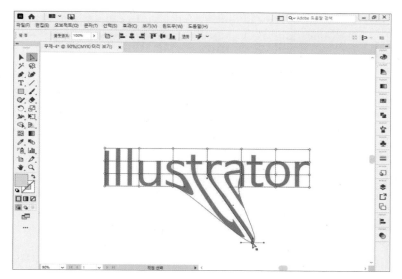

 마지막으로 입력된 문자위에 원형 도구를 사용하여 타원형을 그려줍니다.

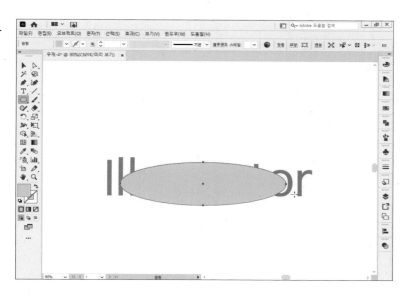

07 그리고 문자와 원 모두 선택하고 [오브젝트]-[둘러싸기 왜곡]-[최상위 오브젝트로 만들기] 메뉴를 실행하면 원 안쪽에만 문자들이 변형되어 나타납니다.

> **강의노트** 최상위 개체로 만들기는 개체가 겹쳐있을 경우 상위 개체의 형태에 맞게 하위 개체가 모양이 변형되는 기능입니다.

Power Upgrade

변형 옵션 대화상자

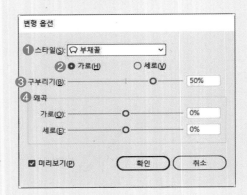

① 스타일
문자나 개체를 왜곡시키는 다양한 모양을 선택합니다.

② 가로, 세로
왜곡시키고자 하는 기준 축을 설정합니다.

③ 구부리기
모양이 휘는 정도 값을 설정합니다.

④ 왜곡
수평 또는 수직 방향으로 모양을 변형시킵니다.

따라하기 03 비트맵 이미지를 벡터 개체로 변환하기

01 [파일]-[새로 만들기] 메뉴를 실행하여 작업할 새로운 아트보드를 만듭니다. 다시 [파일]-[가져오기] 메뉴를 실행하여 '섹션 09〉샘플〉실습03.jpg' 파일을 선택하고 하단의 연결 항목을 해제하여 불러옵니다.

Tip

가져오기 기능은 *.ai 형식이 아닌 외부 파일형식으로 저장된 이미지를 불러올 때 사용하는 명령으로, 연결 항목을 체크한 상태로 가져오면 현재 작업 중인 도큐먼트에 포함되지 않으므로 적은 용량으로 저장할 수는 있지만, 장소를 옮기게 되면 링크 걸린 이미지를 같이 저장하여 일러스트 파일과 함께 가지고 다녀야 합니다.

02 불러온 이미지를 선택하고 [윈도우] 메뉴에서 이미지 추적 패널을 불러온 후 모드 항목에서 색상을 선택한 후 하단의 색상 수를 설정합니다.

강의 노트 이미지 추적은 비트맵 이미지를 일러스트레이터에서 편집 가능한 벡터 이미지로 변환시켜 주는 기능입니다.

03 속성 패널 하단의 확장을 누르거나 [오브젝트]-[이미지 추적]-[확장] 메뉴를 실행하여 비트맵 이미지를 벡터화 시킵니다.

이미지 추적 패널

① 자동 색상 : 자동으로 색상을 나타냅니다.

② 높은 색상 : 높은 색상으로 나타냅니다.

③ 낮은 색상 : 낮은 색상으로 나타냅니다.

④ 회색 음영 : 흑백으로 나타냅니다.

⑤ 흑백 : 검은색과 흰색으로만 나타냅니다.

⑥ 윤곽선 : 외곽선으로만 나타냅니다.

⑦ 사전 설정 : 여러 형태의 값으로 벡터화시켜 줍니다.

   ① 충실도가 높은 사진/충실도가 낮은 사진 : 높고 낮은 색상으로 나타냅니다.

   ② 3/6/16 색상 : 지정한 색상 수로 나타냅니다.

   ③ 회색 음영 : 흑백 명암으로 나타냅니다.

   ④ 흑백 로고 : 검은색과 흰색 로고 형식으로 나타냅니다.

   ⑤ 스케치 아트 : 스케치한 형태로 나타냅니다.

   ⑥ 윤곽 : 실루엣 형태로 나타냅니다.

   ⑦ 라인 아트 : 명암의 경계를 선으로 나타냅니다.

   ⑧ 기술 도면 : 전문적인 기술 도면 형태로 나타냅니다.

⑧ 보기 : 결과를 보는 방법을 설정합니다.

⑨ 모드 : 색상 모드를 설정합니다.

⑩ 팔레트 : 색상과 관련된 팔레트를 지정합니다.

⑪ 색상 : 색상 수를 설정합니다.

01 [파일]-[새로 만들기] 메뉴를 실행하여 작업할 새로운 아트보드를 만듭니다. 도구 패널에서 문자 도구를 선택하고 도큐먼트에 클릭하여 단어를 입력한 후 문자 패널에서 글꼴과 크기를 지정하고 색상을 적용합니다.

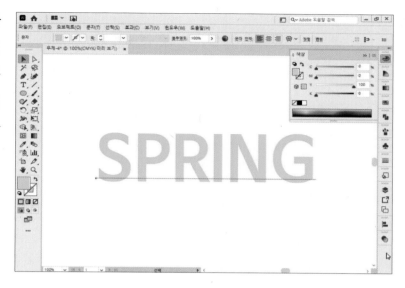

02 선택 도구로 문자를 선택하고 [효과]-[3D]-[돌출과 경사] 메뉴를 실행하여 3D 대화상자를 불러옵니다.

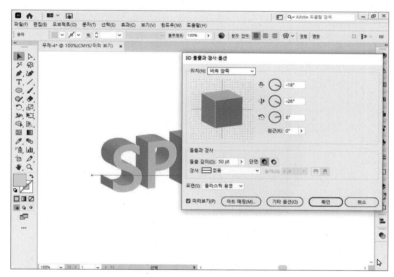

03 하단의 미리보기 항목을 체크하고 위치를 지정한 후 입체각도와 돌출 깊이 등의 옵션을 조절해 봅니다.

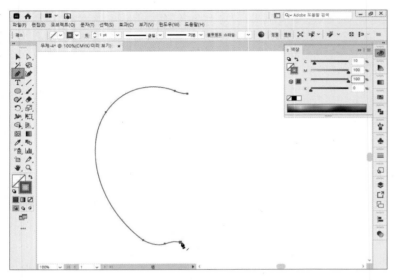

01 [파일]-[새로 만들기] 메뉴를 실행하여 작업할 새로운 아트보드를 만듭니다. 도구 패널에서 펜 도구를 선택하고 사과모양을 만들기 위한 곡선을 그리고, 선색을 지정합니다.

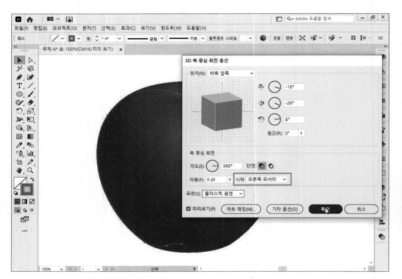

02 곡선을 선택하고 [효과]-[3D]-[축 중심 회전] 메뉴를 실행하여 대화상자를 불러온 후 시작 방향을 오른쪽 모서리로 선택하고 하단의 기타 옵션 버튼을 클릭하여 조명의 방향과 명암을 조절합니다.

TIP

효과를 적용한 후 수정하고자 할 경우에는 [윈도우] 메뉴에서 모양 패널을 불러와 적용된 효과 리스트를 더블클릭하여 수정할 수 있습니다.

03 펜 도구로 사과 꼭지 모양을 직접 그리고, 그레이디언트 패널에서 선형을 체크한 후 각각 색상을 적용합니다.

04 잎사귀를 만들기 위해서 펜 도구로 모양을 만들고, 등분하기 위한 곡선을 가로질러 하나 더 그려줍니다.

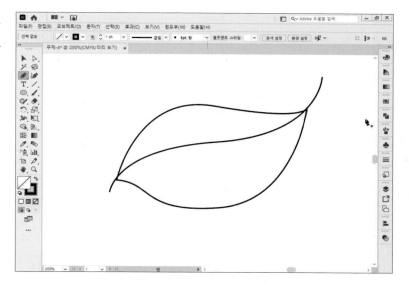

05 두 개의 개체를 선택하고 패스파인더 패널에서 나누기를 눌러주고, [오브젝트]−[그룹 풀기] 메뉴를 실행하여 각각 분리시켜 줍니다.

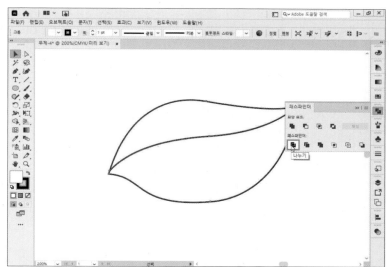

06 그런 다음 그레이디언트 패널에서 선형 형식을 선택하고 색상 슬라이더를 더블클릭하여 각각 초록색 계열로 색상을 적용합니다.

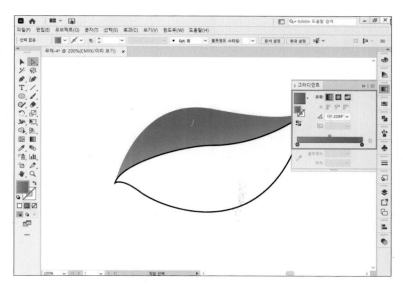

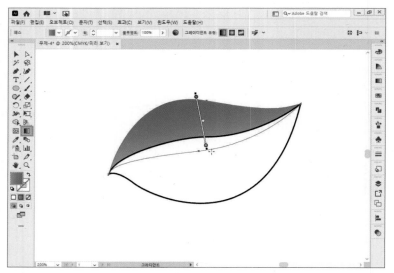

07 또한 그레이디언트 도구를 선택하고 잎사귀에 드래그 하여 색상 방향을 바꿔줍니다.

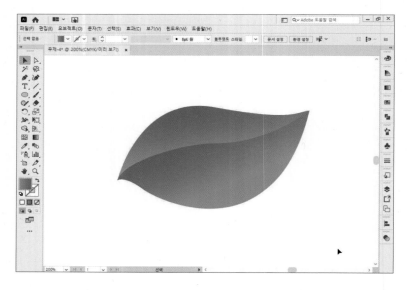

08 나머지 면 또한 위와 동일한 방법으로 그레이디언트 색상을 적용하여 색상 방향을 잡아줍니다.

09 마지막으로 펜 도구로 중앙의 곡선 면을 그려주고 면색을 적용하여 완성합니다.

memo

1

3D 기능을 사용하여 입체적인 이정표를 만들어 보세요.

힌트 • 사각형 도구, 다각형 도구, 패스파인더 기능을 사용하여 화살표 모양 제작, [효과] – [3D] – [돌출과 경사] 적용

▲ 완성파일 : 섹션 09〉완성〉기초01.ai

2

3D 기능을 사용하여 입체적인 개체를 만들어 보세요.

힌트 • 펜 도구를 사용하여 각각 곡선 제작, [효과] – [3D] – [축 중심 회전] 적용

▲ 완성파일 : 섹션 09〉완성〉기초02.ai

3

왜곡 기능을 사용하여 직접 로고를 만들어 보세요.

힌트 • 문자 도구로 문장 입력 후 윤곽선 만들기 적용, 원형 도구, 둥근 사각 형 도구로 돋보기 모양 제작, 문자 오브젝트 위쪽에 원을 그린 후 [오 브젝트] – [둘러싸기 왜곡] – [최상위 오브젝트로 만들기] 적용

▲ 완성파일 : 섹션 09〉완성〉기초03.ai

심화문제

1) 3D 기능을 활용하여 주사위 개체를 만들어 보세요.

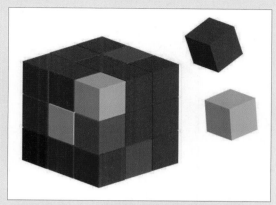

▲ 완성파일 : 섹션 09〉완성〉심화01.ai

힌트 • 사각형 도구와 [효과] – [3D] – [돌출과 경사] 기능을 사용하여 큐브 모양 제작, 여러 개 복사하여 각각 색상 적용

2) 주어진 개체를 활용하여 입체적인 캔 모양을 만들어 보세요.

▲ 준비파일 : 섹션 09〉샘플〉심화02.ai

▲ 완성파일 : 섹션 09〉완성〉심화02.ai

힌트 • 주어진 개체 심볼 패널에 심볼 등록, 펜 도구로 캔 모양 그린 후 [효과] – [3D] – [축 중심 회전] 적용, 대화상자에서 아트 매핑 클릭 후 표면 지정하고 등록된 심볼 적용

3) 앞서 학습하였던 다양한 기능을 활용하여 배경을 만들어 보세요.

▲ 완성파일 : 섹션 09〉완성〉심화03.ai

힌트 • 원형 도구, 직접 선택 도구, 그레이디언트 도구 등을 사용한 풍선 모양 제작, 문자 도구로 단어 입력 후 문자 패널 활용, [오브젝트] – [둘러싸기 왜곡] – [최상위 오브젝트로 만들기]를 적용한 풍선 모양 만들기, 원형 도구와 패스파인더 패널을 사용한 구름 모양 제작 후 불투명도 조절

포토샵+일러스트레이터
프로젝트 실전 연습

스티커 만들어 합성하기

이번 학습부터는 일러스트레이터와 포토샵을 함께 사용할 수 있는 이미지를 제작해 보겠습니다. 먼저 이번 장에서는 다양한 기능을 활용하여 일러스트레이터에서 스티커를 직접 제작한 후 포토샵 이미지와 자연스럽게 합성해 보겠습니다.

<학습내용>

따라하기 01. 일러스트레이터에서 스티커 모양 만들기   따라하기 02. 문자 입력하기
따라하기 03. 포토샵에서 이미지 합성하기

▲ 완성파일 : 01. 스티커)완성)로고.ai

▲ 완성파일 : 01. 스티커)완성)화분.psd

 체크포인트

– 일러스트레이터에서 도형 도구와 변형 도구를 사용하여 원형 틀을 만듭니다.
– 패스파인더와 문자 입력 도구 등을 사용하여 스티커 모양을 만듭니다.
– 복사 기능을 사용하여 포토샵에 붙여넣기 합니다.
– 포토샵에서 변형 기능을 사용하여 이미지를 합성합니다.

01 화면 하단의 작업 표시줄 왼쪽에 있는 '시작' 버튼을 클릭하고 Adobe Illustrator를 클릭하여 프로그램을 실행합니다. [파일]-[새로 만들기] 메뉴를 실행하거나 왼쪽 상단의 '새로 만들기' 버튼을 클릭하여 A4 용지 크기로 아트보드를 만듭니다.

02 [파일]-[저장] 또는 [다른 이름으로 저장] 메뉴를 실행하여 파일 형식과 이름을 지정한 후 저장합니다. 작업 도중 수시로 저장 명령을 실행하는 습관을 들이도록 합니다.

03 이제 본격적으로 작업하기 위해서 도구 패널에서 원형 도구를 선택하고 도큐먼트에 드래그 하여 타원형을 그려준 뒤 면색을 적용합니다.

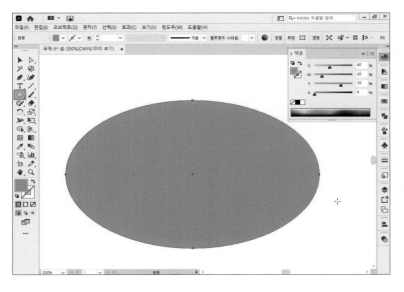

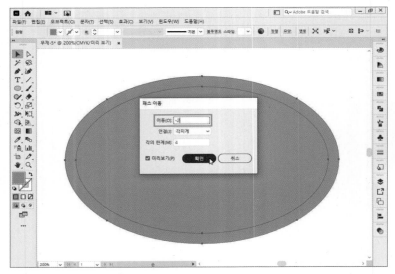

04 개체가 선택된 상태에서 [오브젝트]–[패스]–[패스 이동] 명령을 실행하여 –값을 적용하여 하나의 원을 더 만듭니다.

TIP

패스 이동 기능은 +값을 지정했을 경우에는 아래쪽에 큰 개체를 만들어주고, –값을 지정했을 경우에는 위쪽에 작은 개체를 하나 더 만들어 주는 기능입니다.

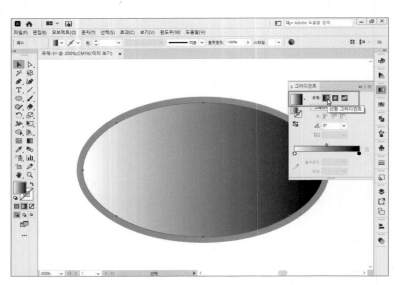

05 그런 다음 [윈도우] 메뉴에서 그라디언트 패널을 불러와 그레이디언트 유형을 선형으로 지정하여 기본 컬러를 적용합니다.

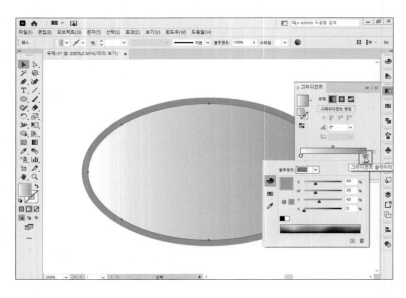

06 그라디언트 패널의 색상 슬라이더에서 검은색 슬라이더를 더블클릭하여 색상 패널에서 원하는 색상을 지정합니다.

07 반대편 슬라이더 또한 위와 동일한 방법으로 색상을 적용한 후 두 슬라이더 중앙에 마우스를 클릭하여 하나의 색상 슬라이더를 추가하고 더블클릭하여 색상을 적용합니다.

TIP
색상 패널에서 색상이 보이지 않을 경우에는 오른쪽 팝업 메뉴를 클릭하여 CMYK 모드를 선택하여 사용하면 되고, 색상 슬라이더를 삭제하고자 할 경우에는 슬라이더를 아래쪽으로 드래그 하면 됩니다.

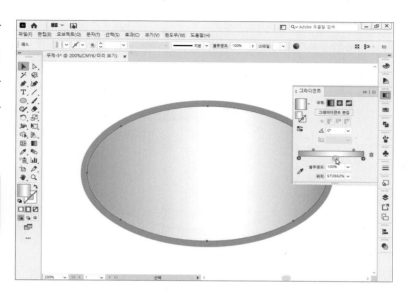

08 그레이디언트 색상이 적용된 원이 선택된 상태에서 다시 [오브젝트]-[패스]-[패스 이동] 명령을 실행하여 '–' 값을 적용하여 하나의 원을 더 만듭니다.

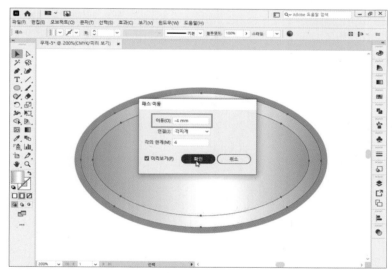

09 복사된 원에 색상 패널에서 면색은 없애고 선색을 적용한 후 획 패널에서 선의 두께를 지정합니다. 또한 단면 모양을 둥근 단면으로 지정하여 선 끝 모양을 둥글게 표현합니다.

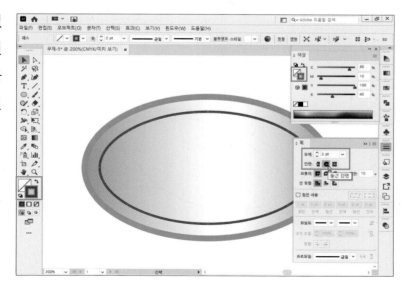

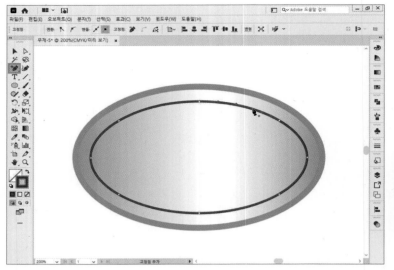

10 계속하여 선이 선택된 상태에서 도구 패널의 펜 도구를 선택합니다. 그런 다음 선에 마우스를 올리면 고정점 추가 도구로 모양이 바뀌는데 이때 고정점을 클릭하여 두 개를 추가합니다.

Tip

개체가 선택된 상태에서 펜 도구를 패스에 올리면 고정점 추가 도구가 나타나고 반대로 기존 고정점에 마우스를 올리면 고정점 삭제 도구로 일시적으로 바뀝니다. 개체 선택과 상관없이 고정점 추가 도구와 고정점 삭제 도구를 직접 사용하여도 됩니다.

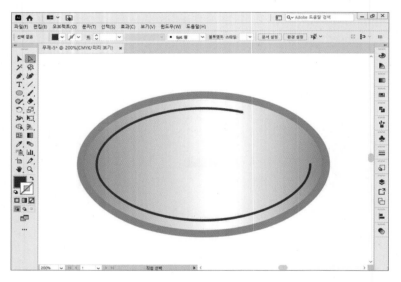

11 직접 선택 도구를 사용하여 추가된 고정점과 바로 옆의 고정점만을 선택한 후 Delete 키를 눌러 삭제합니다.

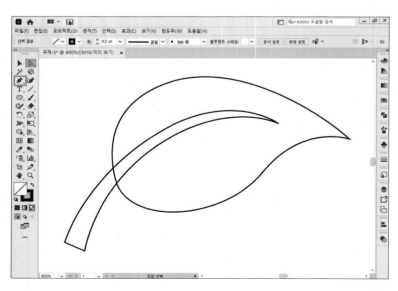

12 이번에는 잎사귀 모양을 만들기 위해서 펜 도구를 사용하여 곡선 면을 그리고, 다시 중앙에 면을 하나 더 겹쳐 그려줍니다.

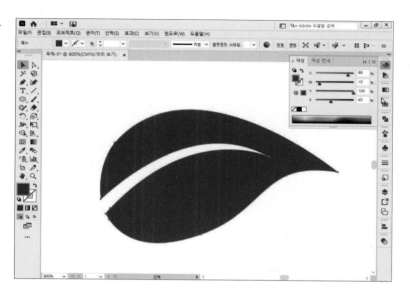 스티커 만들어 합성하기 S·e·c·t·i·o·n 01

13 그런 다음 두 개의 개체를 모두 선택하고 패스파인더 패널에서 '앞면 오브젝트 제외'를 눌러 겹친 부분을 없애주고, 색상 패널에서 면색을 적용합니다.

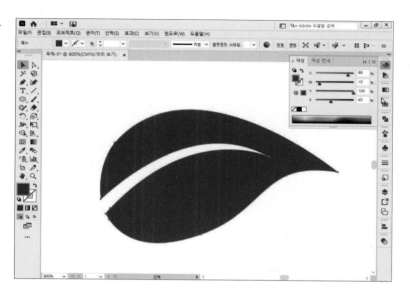

14 펜 도구를 사용하여 곡선 면을 그려주고 획 패널에서 선의 둥근 단면 모양과 두께를 지정합니다.

15 그리고 선이 선택된 상태에서 [오브젝트]-[패스]-[윤곽선] 명령을 실행하여 선을 면으로 변환시켜 줍니다.

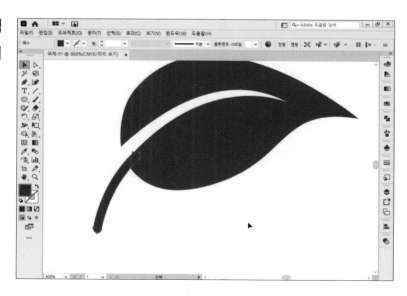

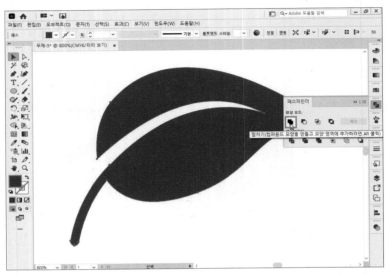

16 앞서 제작해 놓은 잎사귀 모양과 함께 선택한 후 패스파인더 패널에서 '합치기'를 눌러 하나로 합쳐줍니다.

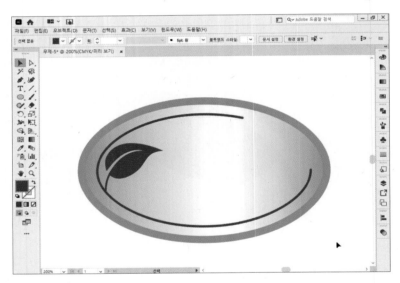

17 선택 도구를 사용하여 앞서 만들어 놓은 곡선 위로 이동시켜 자유 변형 도구로 크기를 조절하거나 회전시켜 위치를 잡아줍니다.

18 나머지 잎사귀 모양 또한 [Alt] 키를 누른 채 드래그 하여 여러 개를 복사한 후 각각 크기 조절과 회전으로 배치합니다.

01 휘어진 문자를 입력하기 위해서 펜 도구를 사용하여 곡선을 그려줍니다.

02 곡선이 선택된 상태에서 도구 패널의 패스 상의 문자 도구를 선택하여 곡선에 클릭한 후 단어를 입력합니다.

03 입력된 문자의 속성을 조절하기 위해서 문자 패널에서 글꼴과 크기를 조절하고, 색상 패널에서 색상을 적용합니다.

04 나머지 문자 또한 직접 입력 후 단락 패널에서 가운데 정렬을 실행합니다.

05 문자 도구로 상단의 문자와 하단의 문자 블록을 각각 설정하여 크기를 다르게 지정하고 색상을 적용합니다.

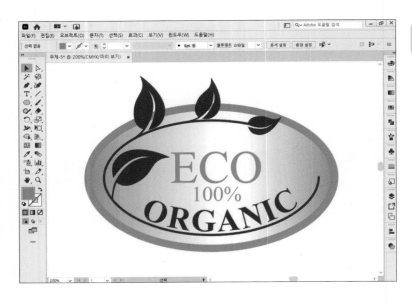

06 마지막으로 Ctrl + S 를 눌러 최종 일러스트 파일을 저장합니다.

01 포토샵 프로그램을 실행시킨 후 [파일]-[열기] 메뉴를 선택하여 '01. 스티커>샘플>화분.jpg' 이미지를 불러옵니다.

02 일러스트레이터에서 앞서 제작해 놓은 개체를 모두 선택하고, [편집]-[복사] 명령을 실행하여 클립보드에 저장합니다.

> **TIP**
>
> Ctrl + C (복사) 명령은 Alt 키를 누른 채 복사하는 것과는 다르게 클립보드에 저장하는 방식으로 다른 그래픽 프로그램과 호환하여 사용할 수 있습니다.

03 다시 포토샵으로 넘어와서 앞서 불러온 화분 이미지를 선택하고, [편집]-[붙여넣기] 명령을 실행하면 대화상자가 나타나는데 '고급 개체' 항목을 체크하고 확인을 누릅니다.

04 변형 컨트롤을 사용하여 크기를 조절한 후 Enter 키를 누르면 레이어 패널에 벡터 고급 개체라는 레이어가 생성되고 또한 라이브러리 패널에 그래픽 요소로 추가됨을 볼 수 있습니다.

TIP

라이브러리 패널에 추가된 개체들은 Create Cloud Libraries를 이용하여 언제든지 공동 작업이 가능하고, 프로그램 내에서 저장되어 수정이 용이합니다.

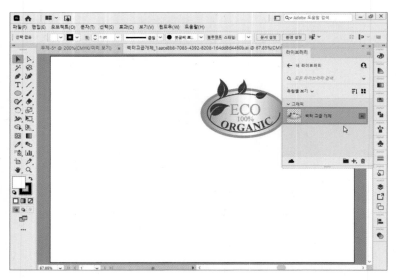

05 라이브러리 패널에서 추가된 개체를 더블클릭하면 일러스트레이터가 다시 활성화 되어 수정 후 저장하면 자동적으로 포토샵에서도 수정된 개체로 전환됩니다.

06 이제 모양을 입체적으로 수정하기 위해서 벡터 개체 상태에서는 변형이 안되므로 레이어 패널에서 해당 레이어 위에 마우스 오른쪽 키를 눌러 '레이어 래스터화' 명령을 실행하여 비트맵 이미지로 변환시킵니다.

07 그리고 [편집]-[변형]-[뒤틀기] 명령을 실행하여 모양을 자연스럽게 변형시키고 Enter 키를 눌러 완성합니다.

다른 형식으로 붙여넣기

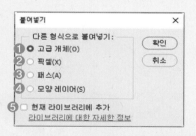

① **고급 개체** : 이미지 품질의 저하 없이 비율 조정, 변형 또는 이동할 수 있는 벡터 고급 개체로 아트를 붙입니다. 그런 다음 아트를 가져오면 파일 데이터가 Photoshop 문서에 별개의 레이어로 포함됩니다.

② **픽셀** : 이 옵션을 선택하면 아트를 픽셀로 붙이며 아트가 Photoshop 문서에서 자체의 레이어에 래스터화되고 배치되기 전에 픽셀의 비율을 조정하거나 변경하거나 이동시킬 수 있습니다.

③ **패스** : 이 옵션을 선택하면 아트를 패스로 붙이며 펜 도구들이나 [패스 선택 도구] 또는 [직접 선택 도구]를 사용하여 패스를 편집할 수 있고 패스가 [레이어] 패널에서 선택한 레이어에 붙여집니다.

④ **모양 레이어** : 이 옵션을 선택하면 아트를 새로운 모양 레이어(전경색으로 칠해진 패스가 포함된 레이어)로 붙입니다.

⑤ **현재 라이브러리에 추가** : 이 항목을 체크하면 Create Cloud Libraries를 이용하여 언제든지 공동 작업이 가능합니다.

02 홍보 이미지 만들기

일러스트레이터에서 비트맵 이미지를 불러온 후 물방울 브러쉬 도구를 사용하여 꽃 모양을 직접 그린 뒤 심볼로 등록, 활용하여 배경을 꾸미고 또한 브러쉬 기능을 사용하여 문자 입력 및 다양한 효과를 적용하여 홍보 이미지를 만들어 보겠습니다.

Preview

〈학습내용〉

따라하기 01. 일러스트레이터에 비트맵 이미지 가져오기   따라하기 02. 개체 제작과 심볼 등록하기

따라하기 03. 심볼 활용하기   따라하기 04. 브러쉬 효과 적용하기

▲ 완성파일 : 02. 홍보이미지〉완성〉꽃.ai

▲ 완성파일 : 02. 홍보이미지〉완성〉홍보이미지.ai

 체크포인트

– 일러스트레이터에서 비트맵 이미지를 불러옵니다.

– 물방울 브러쉬 도구를 사용하여 자유로운 모양의 개체를 만듭니다.

– 심볼을 등록하고 뿌려준 뒤 클리핑 마스크를 적용합니다.

– 페인트브러쉬 도구와 브러쉬 패널을 사용합니다.

01 일러스트레이터에서 [파일]-[새로 만들기] 메뉴를 실행하거나 왼쪽 상단의 '새로 만들기' 버튼을 클릭하여 A4용지 크기로 아트보드를 만듭니다.

02 [파일]-[가져오기] 명령을 실행하고 '02. 홍보이미지〉샘플〉말.jpg' 이미지를 선택한 후 대화상자 하단에 '연결' 항목의 체크를 해제하고 가져오기를 누릅니다.

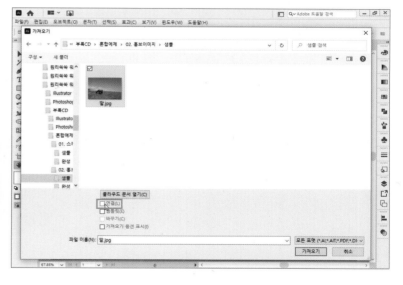

> **TIP**
> 연결 항목을 체크하면 일러스트레이터 문서와는 별개로 비트맵 이미지를 말 그대로 연결만 하여 가져오므로 동일 폴더 안에 비트맵 이미지를 포함시켜야 합니다. 반대로 체크를 해제하여 불러오면 일러스트레이터 문서에 비트맵 이미지가 포함되므로 용량은 많이 나오지만 비트맵 이미지를 가지고 다닐 필요는 없습니다.

03 아트보드 상에 마우스를 클릭하여 이미지를 불러오고, [윈도우] 메뉴에서 연결 패널을 불러와 보면 이미지의 작은 축소판을 표시하고 아이콘을 사용하여 아트웍의 상태를 나타냅니다.

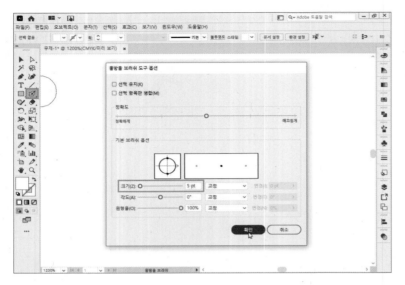

01 도구 패널에서 물방울 브러쉬 도구를 더블클릭하여 대화상자에서 크기를 설정합니다.

02 면색을 노란색 계열로 지정한 다음 도큐먼트에 자유롭게 드래그 하여 꽃잎 모양을 만듭니다.

Tip

브러쉬 사용 중 키보드의] 버튼을 클릭하면 브러쉬 크기가 커지고, 반대로 [버튼을 클릭하면 크기가 작아져 자유롭게 작업할 수 있습니다.

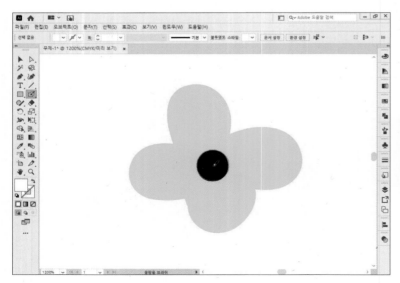

03 연속적으로 마우스를 드래그 하여 꽃모양을 만들고, 면색을 검정색으로 지정하여 중앙 부분을 클릭하여 꽃을 만듭니다.

Tip

물방울 브러쉬 도구는 마우스를 채색하듯이 자유롭게 드래그하여 면 속성의 개체를 만들 수 있는 도구로 동일한 색상으로 채색이 될 경우에는 기존 개체와 합쳐지게 되고, 다른 색상일 경우에는 개별적으로 만들어집니다.

04 나머지 꽃 모양 또한 위와 동일한 방법으로 두 개를 더 만들어 줍니다.

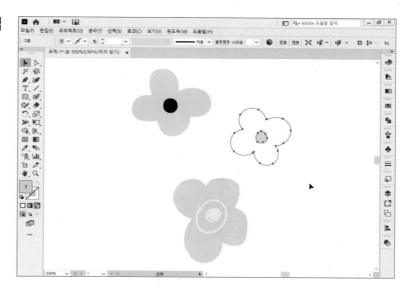

05 하단의 잎 모양 또한 다른 색상과 브러쉬 크기를 조절하여 각각 면을 그려줍니다. 그런 다음 [오브젝트]−[정돈]−[맨 뒤로 보내기] 명령을 실행하여 꽃잎 뒤로 보내줍니다.

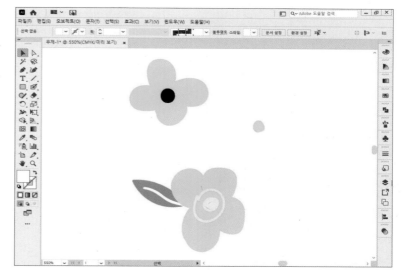

06 [윈도우] 메뉴에서 심볼 패널을 불러온 후 전체 개체를 선택하고 패널 안쪽으로 드래그 하여 심볼로 등록합니다.

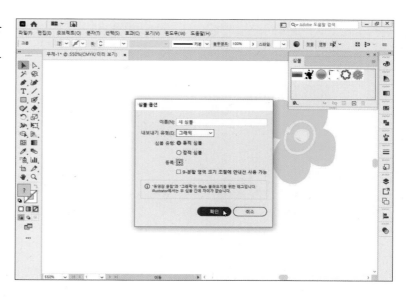

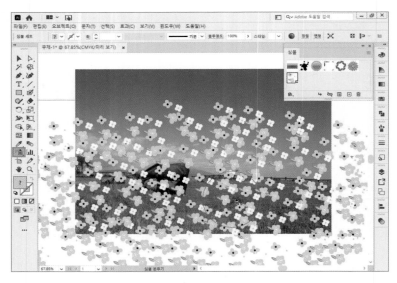

01 심볼 패널에서 앞서 제작해 놓은 심볼을 선택하고 도구 패널에서 심볼 분무기 도구를 선택합니다. 그런 다음 이미지 위에 마우스를 자유롭게 드래그 하여 심볼을 뿌려줍니다.

02 심볼 이동기 도구나 심볼 분쇄기 도구 등을 사용하여 골고루 퍼지도록 심볼을 정리합니다.

03 또한 심볼 회전기 도구를 사용하여 회전시켜주고, 필요에 따라 심볼 크기 조절기 도구를 사용하여 크기를 조절합니다.

04 왼쪽 상단 또한 위와 동일한 방법으로 심볼을 뿌려주고 정돈해 줍니다.

05 도구 패널에서 물방울 브러쉬 도구를 선택하고 심볼로 등록한 꽃 모양과 비슷한 꽃을 여러 개 만들어줍니다. 그런 다음 전체 개체를 선택하고 [오브젝트]-[그룹] 명령을 실행하여 하나의 그룹으로 묶어줍니다.

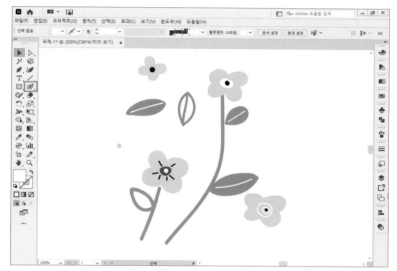

06 선택 도구를 사용하여 앞서 뿌려준 심볼과 함께 배치합니다. 크기 조절이 필요할 경우에는 자유 변형 도구를 사용하여 조절하거나 회전시켜 줍니다.

07 ⌈Alt⌋ 키를 누른 채 여러 개를 복사하여 각각 크기를 조절하고 회전시켜 여러 개를 배치합니다.

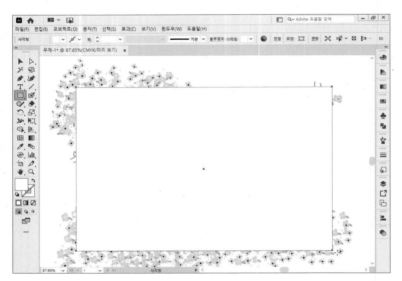

08 배경을 정리하기 위해서 사각형 도구를 선택하고 하단의 비트맵 이미지와 동일한 크기의 사각형을 그려줍니다.

09 그리고 전체 개체를 모두 선택하고 [오브젝트]-[클리핑 마스크]-[만들기] 메뉴를 실행하여 비트맵 이미지 안쪽에만 보이도록 정리해 줍니다.

TIP

클리핑 마스크는 가장 위쪽에 위치한 개체 형태 안에만 보이도록 나머지 개체를 가려주는 기능입니다.

01 [윈도우] 메뉴에서 브러쉬 패널을 불러온 후 패널 하단의 브러쉬 라이브러리 메뉴 아이콘을 클릭하여 예술 브러쉬에서 예술_붓글씨 패널을 불러와 '40pt 평평하기'를 선택하여 브러쉬 패널에 추가됩니다.

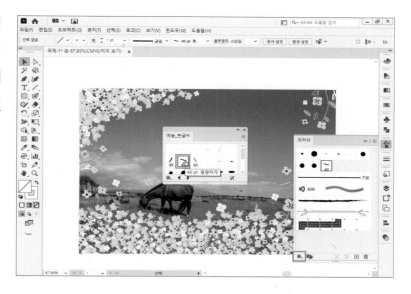

02 도구 패널에서 페인트브러쉬 도구를 선택하고 색상 패널에서 선색을 흰색으로 지정한 후 마우스를 자유롭게 드래그 하여 글자 모양을 그려줍니다.

03 맘에 들지 않을 경우에는 Ctrl + Z 를 눌러 취소하고 다시 그리는 방법으로 여러 번 드래그 하여 '제주'라는 문자를 그려줍니다.

04 선의 두께가 너무 두껍거나 얇을 경우에는 획 패널에서 선의 두께를 조절해 줍니다.

05 마지막으로 펜 도구를 선택하고 말을 따라 곡선을 그려줍니다.

06 획 패널에서 선의 두께를 지정하고, 점선 사용 항목을 체크한 후 점선과 간격을 설정하여 완성합니다.

03 스칸디나비안 패턴 만들기

스칸디나비안 패턴이란 눈의 결정, 침엽수, 순록 등으로 북구의 노르웨이, 스웨덴, 덴마크 등에서 많이 볼 수 있는 무늬인데 스웨터나 모자, 장갑, 양말 등에 많이 사용하는 패턴입니다. 먼저 포토샵에서 이미지를 분리해서 일러스트레이터로 각각 불러온 후 패턴 제작 및 응용하여 꾸며 보도록 하겠습니다.

Preview

〈학습내용〉

따라하기 01. 포토샵에서 이미지 분리하기

따라하기 03. 패턴 문양 제작하여 등록하기

따라하기 02. 일러스트레이터에서 비트맵 이미지 가져오기

따라하기 04. 패턴 활용하기

▲ 완성파일 : 03. 패턴디자인〉완성〉배경.psd

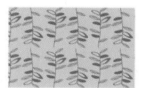

▲ 완성파일 : 03. 패턴디자인〉완성〉패턴.ai

▲ 완성파일 : 03. 패턴디자인〉완성〉패턴디자인.ai

 체크포인트

– 포토샵에서 펜 도구를 사용하여 이미지 선택 후 배경 이미지와 분리합니다.

– 각각 분리된 레이어를 파일 보내기 명령으로 각각 저장합니다.

– 일러스트레이터에서 비트맵 이미지를 불러옵니다.

– 물방울 브러쉬 도구와 연필 도구, 변형 도구 등을 사용하여 모양을 만듭니다.

– 견본 패널에 패턴을 등록하고 활용합니다.

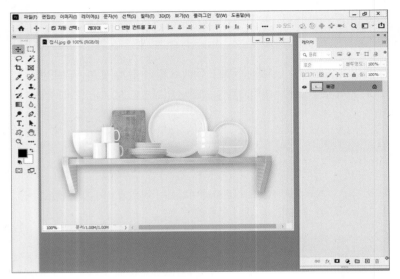

01 포토샵 프로그램을 실행시킨 후 [파일]-[열기] 메뉴를 선택하여 '03. 패턴 디자인〉샘플〉접시.jpg' 이미지를 불러옵니다.

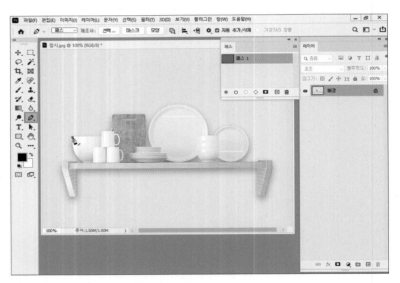

02 배경과 분리하기 위해서 먼저 도구 패널에서 펜 도구를 선택하고 [창] 메뉴에서 패스 패널을 불러옵니다. 그리고 패널 하단의 '새 패스를 만듭니다.' 버튼을 클릭하여 패스 영역을 만들고 이미지 외곽에 마우스를 클릭하여 시작점을 만듭니다.

03 이미지 외곽을 따라 직선과 곡선을 그려 처음 클릭하였던 시작점과 연결하여 패스 작업을 합니다.

TIP

패스 작업이 잘못됐을 경우 직접 선택 도구를 이용하여 패스의 고정점을 선택하거나 핸들을 이동시켜 모양을 수정하면 됩니다.

04 도마의 손잡이 부분 안쪽의 영역을 제외시키기 위해서 옵션 패널에서 '모양 오버랩 제외' 항목을 선택하고 손잡이 안쪽 부분을 패스 작업합니다.

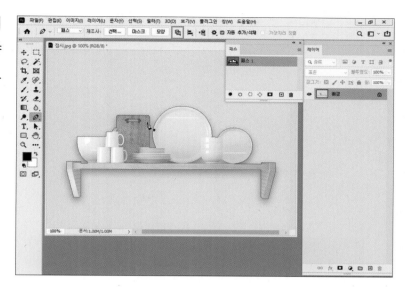

05 이제 패스 패널 하단의 '패스를 선택 영역으로 불러옵니다.' 버튼을 클릭하여 선택 영역으로 활성화시키거나, ⎡Ctrl⎤키를 누른 채 패널의 축소판을 클릭하여 선택합니다.

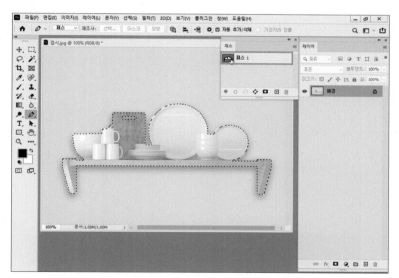

06 그리고 [레이어]-[새로 만들기]-[복사한 레이어] 명령을 실행하여 이미지를 하나 더 복사합니다.

Tip

복사한 레이어 기능은 선택된 이미지 영역을 복사하여 새로운 레이어로 만들어 주고, 오린 레이어 기능은 선택된 이미지 영역을 잘라 내어 새로운 레이어로 만듭니다.

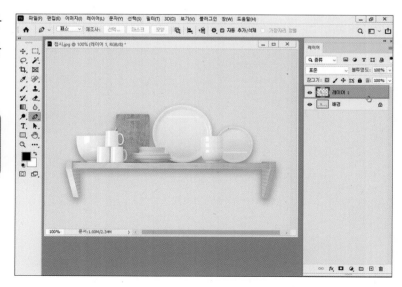

07 복사된 레이어를 선택하고 레이어 패널 하단의 '레이어 스타일을 추가합니다.' 버튼을 클릭하여 '그림자 효과'를 적용합니다.

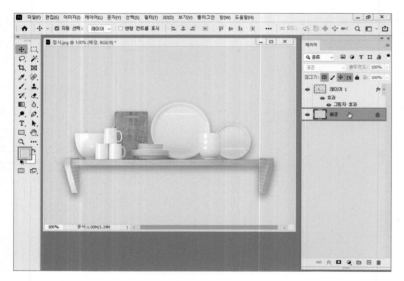

08 또한 배경 레이어를 선택하고 현재 배경색과 비슷한 색상으로 전경색을 지정하고 ⌞ Alt ⌟ + ⌞Delete⌟ 를 눌러 채워 넣습니다.

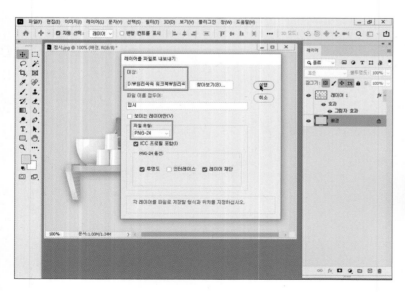

09 마지막으로 [파일]-[내보내기]-[레이어를 파일로...] 메뉴를 실행하여 대화상자에서 저장시킬 위치와 파일 유형(PNG), 투명도를 설정하고 실행 버튼을 눌러 분리된 레이어를 각각의 파일로 저장시킵니다.

TIP

내보내기의 레이어를 파일로...는 포토샵에서 작업한 여러 개의 레이어를 각각의 파일로 따로 저장시켜 주는 기능입니다.

01 일러스트레이터에서 [파일]-[새로 만들기] 메뉴를 실행하거나 왼쪽 상단의 '새로 만들기' 버튼을 클릭하여 A4용지 크기로 아트보드를 만듭니다.

02 [파일]-[가져오기] 명령을 실행하고 먼저 배경 이미지를 선택한 후 대화상자 하단에 '연결' 항목의 체크를 해제하고 가져오기를 누릅니다.

> **TIP**
> 연결 항목을 체크하면 일러스트레이터 문서와는 별개로 비트맵 이미지를 말 그대로 연결만 하여 가져오므로 동일 폴더 안에 비트맵 이미지를 포함시켜야 합니다. 반대로 체크를 해제하여 불러오면 일러스트레이터 문서에 비트맵 이미지가 포함되므로 용량은 많이 나오지만 비트맵 이미지를 가지고 다닐 필요는 없습니다.

03 아트보드에 이미지가 보이도록 마우스를 클릭한 후 자유 변형 도구 또는 테두리 상자를 이용하여 Shift 키를 누른 채 드래그 하여 크기를 축소합니다.

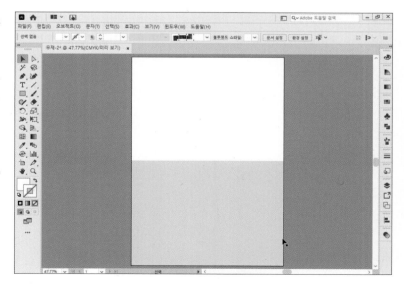

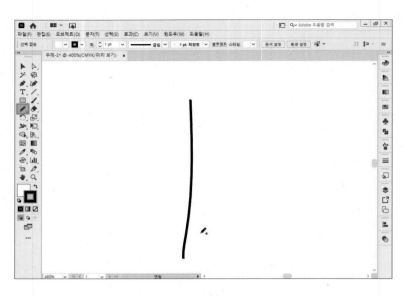

01 접시 이미지를 불러오기에 앞서 패턴 문양을 먼저 만들어 등록시켜 보겠습니다. 도구 패널에서 연필 도구를 선택하고 세로 방향으로 드래그 하여 선을 그립니다.

02 그런 다음 색상 패널에서 선색을 지정하고, 획 패널에서 선의 두께를 지정합니다.

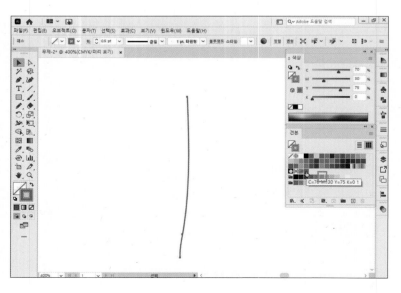

03 또한 동일한 색상을 계속 사용하기 위해서 [윈도우] 메뉴에서 견본 패널을 불러와 앞서 지정한 선색을 패널로 드래그 하여 저장시켜 둡니다.

04 계속하여 연필 도구가 선택된 상태에서 자유롭게 드래그 하여 선으로 잎사귀 모양을 만듭니다.

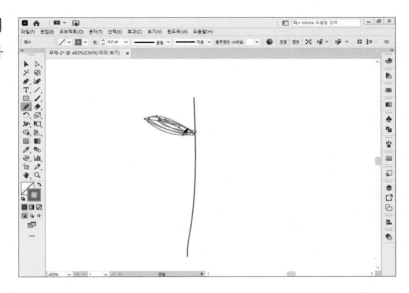

05 모양을 수정하고자 할 경우에는 도구 패널에서 매끄럽게 도구를 선택하고 선을 가로지르게 드래그 하여 모양을 수정합니다.

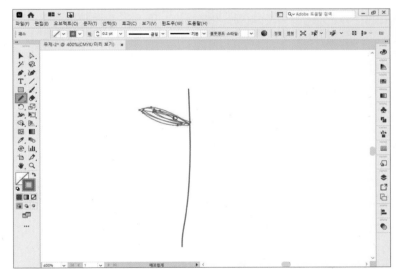

06 다른 모양을 만들기 위해서 도구 패널에서 물방울 브러쉬 도구를 더블클릭하여 브러쉬의 크기를 설정하고 자유롭게 드래그 하여 면을 만듭니다.

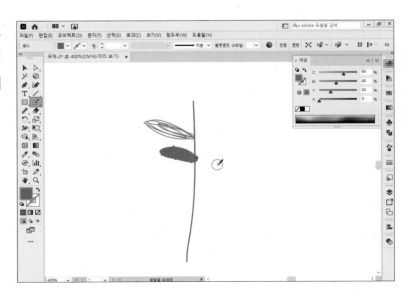

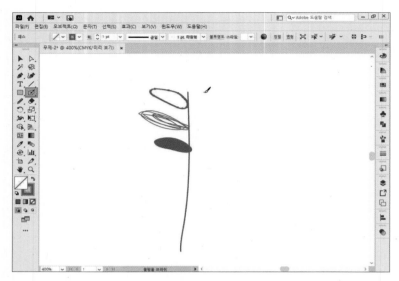

07 다시 반복적으로 물방울 브러쉬 도구를 사용하여 다른 모양을 만들고 면색을 수정합니다.

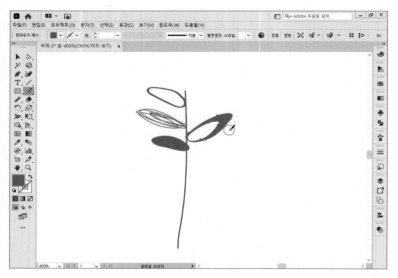

08 나머지 모양 또한 위와 동일한 방법으로 면을 작업하고 견본 패널에서 저장해 둔 색상을 적용합니다.

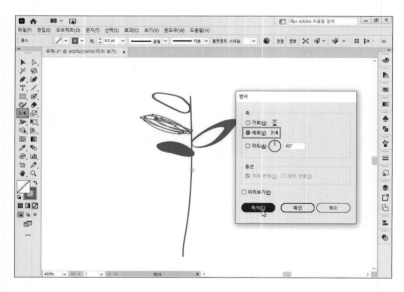

09 앞서 만들어 놓은 개체 하나를 선택하고 도구 패널에서 반사 도구를 선택합니다. 그런 다음 Alt 키를 누른 채 중심축을 클릭하면 나타난 대화상자에서 세로축을 지정하여 복사시킵니다.

10 복사된 개체를 자유 변형 도구 또는 테 두리 상자를 사용하여 크기를 조절하 거나 회전시켜 잎사귀 모양을 만듭니다.

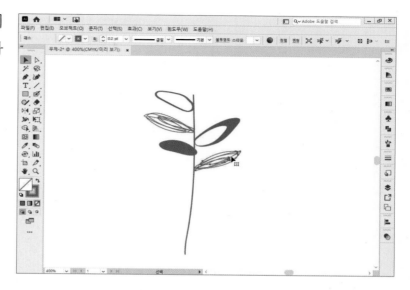

11 위와 동일한 방법으로 나머지 모양들 또한 반복 작업하여 하나의 문양을 완 성하고, [오브젝트]-[그룹] 명령으로 하나로 묶 어줍니다.

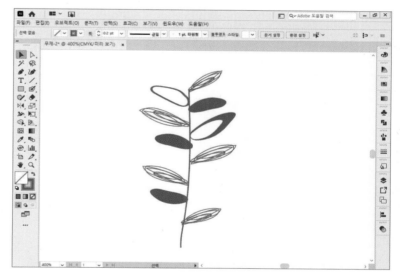

12 개체를 선택하고 도구 패널의 반사 도 구를 더블클릭하여 가로축을 지정하고 복사를 눌러 하나를 더 복사한 후 옆으로 이동 시켜 위치를 잡아줍니다.

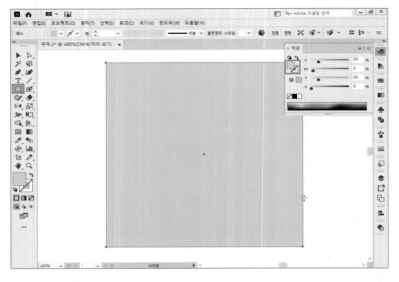

13 배경색을 만들기 위해서 사각형 도구를 선택하고 앞서 제작해 놓은 무늬 상단에 드래그 하여 사각형을 그려주고, 색상 패널에서 면색을 지정합니다.

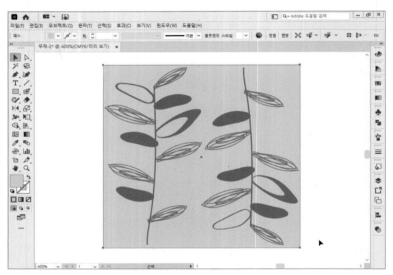

14 또한 사각형이 선택된 상태에서 [오브젝트]−[정돈]−[맨 뒤로 보내기] 메뉴를 실행하여 뒤로 보내줍니다.

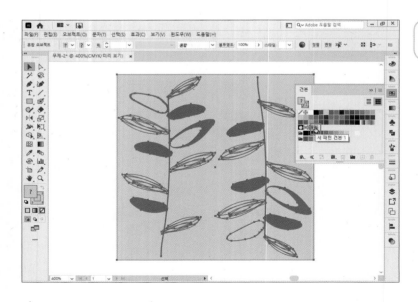

15 이제 전체 개체를 선택하고 견본 패널로 드래그 하여 패턴으로 등록합니다.

따라하기 04 패턴 활용하기

01 앞서 불러온 배경 이미지 위에 사각형 도구를 사용하여 직사각형을 그리고, 견본 패널에서 등록한 패널을 선택합니다.

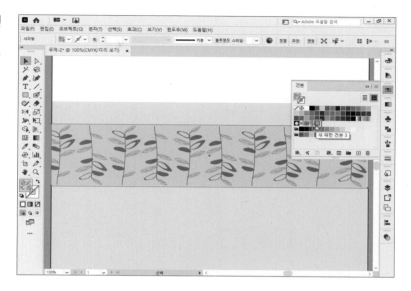

02 패턴의 크기를 조절하고자 할 경우에는 도구 패널의 크기 조절 도구를 더블 클릭하여 대화상자 하단의 '패턴 변형' 항목만 체크한 상태에서 크기를 조절합니다.

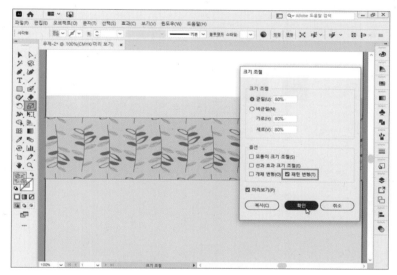

03 또한 패턴이 가지런히 보이도록 사각형의 크기를 조절하거나 이동시켜 깔끔하게 정돈합니다.

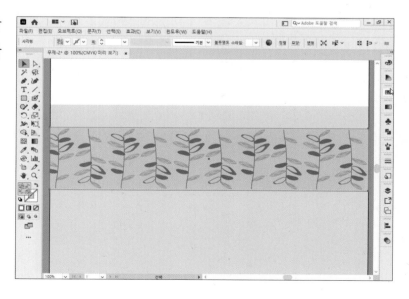

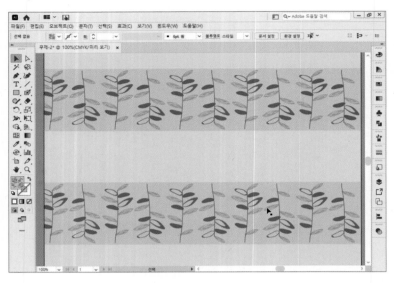

04 하나가 완성되었으면 개체가 선택된 상태에서 [Alt] + [Shift]키를 눌러 하단으로 드래그 하여 하나를 더 복사합니다.

05 앞서 포토샵에서 저장해 놓은 접시 이미지를 불러오기 위해서 [파일]−[가져오기] 명령을 실행하고 따로 저장된 레이어1 이미지를 선택한 후 대화상자 하단에 '연결' 항목의 체크를 해제하고 가져오기를 누릅니다.

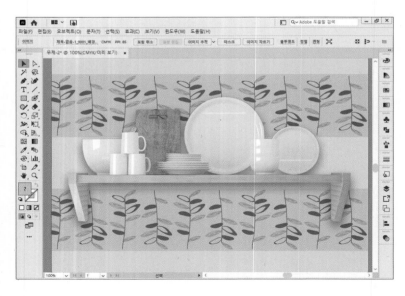

06 패턴 위에 이미지가 보이도록 마우스를 클릭한 후 자유 변형 도구 또는 테두리 상자를 이용하여 [Shift]키를 누른 채 드래그 하여 크기를 조절합니다.

07 상단에 앞서 등록해 놓은 패턴을 채워 넣을 직사각형을 사각형 도구를 사용하여 그려 준 뒤 견본 패널에서 패턴을 클릭하여 채워 넣습니다.

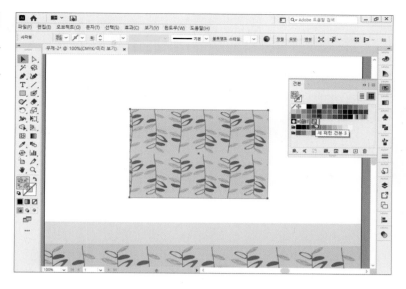

08 크기 조절이 필요할 경우에는 크기 조절 도구를 더블클릭하여 패턴 변형 항목만을 체크한 상태에서 크기를 조절합니다.

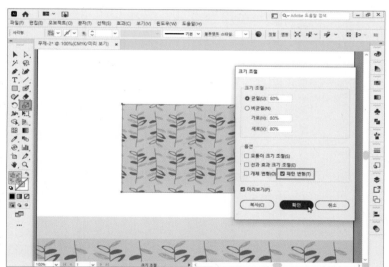

09 마지막으로 문자 도구를 사용하여 문장을 입력한 후 문자 패널에서 각각 글꼴과 크기를 조절하여 완성합니다.

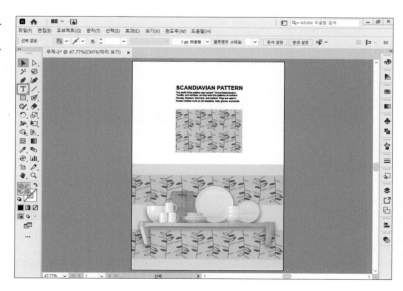

04 패키지 이미지 합성하기

일러스트레이터에서 다양한 기능을 사용하여 직접 로고를 제작한 후 주어진 비트맵 이미지에 자연스럽게 합성한 후 나머지 배경 이미지 또한 혼합 모드 등을 사용하여 합성합니다.

Preview

〈학습내용〉

따라하기 01. 일러스트레이터에서 로고 제작하기　　따라하기 02. 쇼핑백 이미지 합성하기
따라하기 03. 나머지 이미지 합성하기

▲ 완성파일 : 04. 패키지〉완성〉로고.ai

▲ 완성파일 : 04. 패키지〉완성〉패키지.psd

 체크포인트

- 일러스트레이터에서 다양한 기능을 사용하여 로고를 직접 제작합니다.
- 포토샵에서 로고를 불러옵니다.
- 클리핑 마스크와 혼합 모드 등을 사용하여 패턴과 로고를 합성합니다.
- 라이브러리 패널을 사용하여 여러 개의 로고를 합성하고 편집합니다.

01 일러스트레이터에서 [파일]-[새로 만들기] 메뉴를 실행하거나 왼쪽 상단의 '새로 만들기' 버튼을 클릭하여 A4용지 크기로 아트보드를 만듭니다.

02 도구 패널에서 둥근 사각형 도구를 선택하고 아트보드에 클릭하여 모퉁이 반경을 조절한 후 확인 버튼을 눌러 생성된 개체는 삭제하고 다시 드래그하여 원하는 크기대로 그려줍니다.

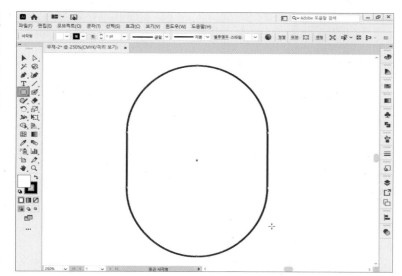

03 다시 사각형 도구를 선택하고 둥근 사각형을 가로지르는 직사각형을 겹쳐 그려줍니다.

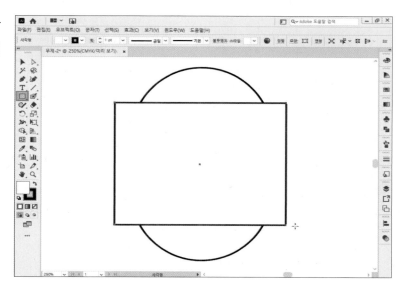

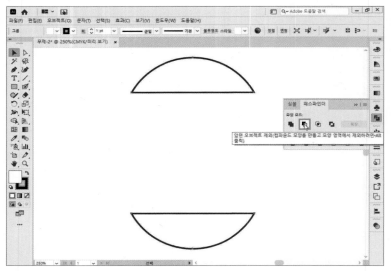

04 그리고 두 개의 개체를 모두 선택하고 패스파인더 패널에서 앞면 오브젝트 제외 버튼을 클릭하여 중앙 부분을 없애줍니다.

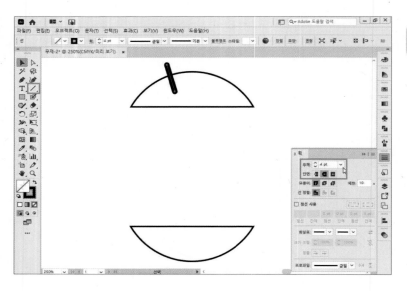

05 이번에는 도구 패널에서 선분 도구를 선택하고 사선을 그려준 뒤 획 패널에서 선의 두께와 둥근 단면을 지정합니다.

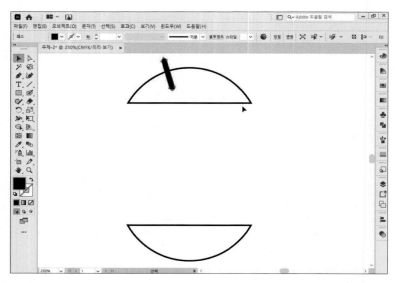

06 그리고 개체가 선택된 상태에서 [오브젝트]-[패스]-[윤곽선] 명령을 실행하여 선을 면으로 변환시켜 줍니다.

07 계속하여 선택 도구를 사용하여 Alt + Shift 키를 누른 채 옆으로 드래그 하여 하나를 복사한 후 Ctrl + D 를 눌러 하나를 더 복사합니다.

> **TIP**
>
> 변형 반복 기능 Ctrl + D 은 바로 전에 움직인 명령에 대한 반복 명령으로 개체가 선택되어 있는 상태에서 사용 가능합니다. 일정한 간격이나 각도로 개체를 반복적으로 복사할 때 유용하게 사용할 수 있는 기능입니다.

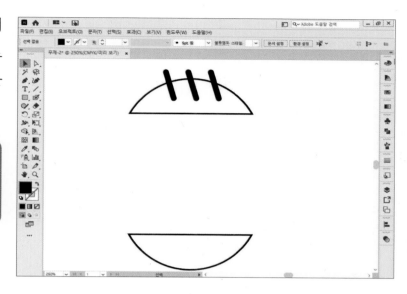

08 하단의 모양들 또한 세 개의 개체를 동시에 선택하고 Alt 키를 누른 채 드래그 하여 복사합니다.

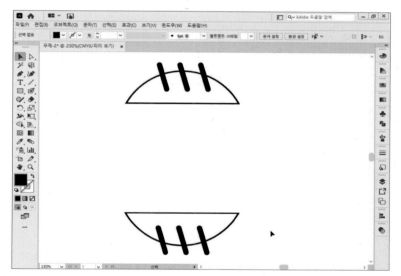

09 전체 개체를 모두 선택하고 패스파인더 패널에서 나누기 버튼을 클릭한 후 [오브젝트]-[그룹 풀기] 명령을 실행하여 각각 분리되도록 합니다. 그리고 불필요한 개체를 선택하여 삭제합니다.

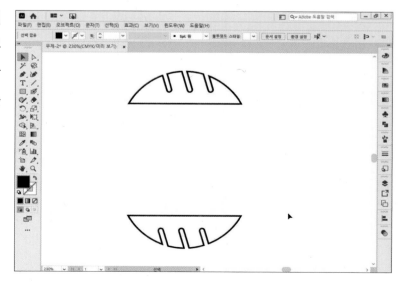

10 색상 패널에서 면색을 지정하고, 원형 도구를 사용하여 상단과 하단에 둥근 모양의 원을 여러 개 그려줍니다.

11 문자 도구를 사용하여 빈 공간에 클릭하여 두 행에 걸쳐 문자를 입력합니다.

12 각각 블록을 잡아 글꼴과 크기, 장평, 자간 등을 조절하여 개체 안쪽에만 보이도록 설정합니다.

13 다른 개체와 합성하기 위해서 문자를 선택한 후 [문자]-[윤곽선 만들기] 메뉴를 실행하여 개체로 변환시켜줍니다.

14 둥근 사각형 도구를 선택하고 첫 번째 문자 상단에 드래그 하여 모양을 그려 주고, 문자와 동일한 두께가 되도록 획 패널에서 선의 두께를 조절합니다.

15 그리고 직접 선택 도구로 불필요한 고정점을 각각 선택한 후 Delete 키를 눌러 삭제합니다.

16 마찬가지로 오브젝트가 선택된 상태에서 [오브젝트]-[패스]-[윤곽선] 명령을 실행하여 선을 면으로 변환시켜줍니다.

17 하단의 하나를 더 만들기 위해서 개체가 선택된 상태에서 도구 패널의 반사 도구를 더블클릭하여 수평축과 수직축으로 각각 두 번 더 명령을 적용하여 하나를 더 만들어줍니다.

18 또한 중앙에 사각형 도구를 사용하여 직사각형을 문자 개체와 연결하여 그려줍니다.

19 이제 전체 개체를 선택하고 패스파인더 패널에서 합치기 버튼을 눌러 하나로 합쳐주고, 색상 패널에서 면색을 적용합니다.

20 마지막으로 [파일]-[저장] 메뉴를 실행 하여 일러스트레이터 파일로 저장시켜 둡니다.

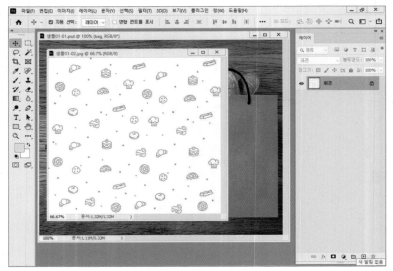

01 포토샵 프로그램을 실행시킨 후 [파일]-[열기] 메뉴를 선택하여 '04. 패키지>샘플>샘플1-01.psd, 샘플1-02.jpg' 두 이미지를 불러옵니다.

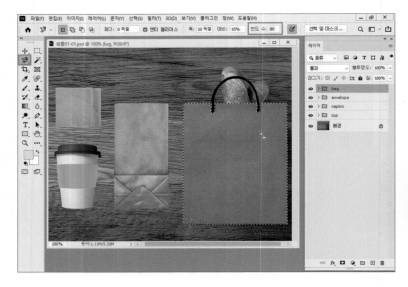

02 먼저 쇼핑백 이미지를 작업하기 위해서 도구 패널에서 자석 올가미 도구를 선택하고 옵션 패널에서 빈도수를 높게 지정한 후 손잡이 부분을 제외한 쇼핑백 외곽을 따라 선택합니다.

TIP

좀 더 자세히 선택 영역을 편집하고자 할 경우에는 올가미 도구를 선택하고 **Alt** 를 누른 채 드래그 하여 선택 영역을 제외시키거나 **Shift** 키를 누른 채 드래그 하여 영역을 추가하면 됩니다.

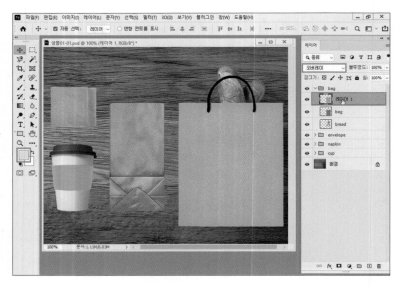

03 레이어 패널에서 bag 레이어 상단에 투명 레이어를 추가하고, 전경색을 밝은 색으로 지정한 후 **Alt** + **Delete** 키를 눌러 색상을 채웁니다. 또한 혼합 모드를 적용합니다.

04 이번에는 배경 이미지를 합성하기 위해서 패턴 이미지를 선택하고 도구 패널에서 자동 선택 도구를 선택하고 옵션 패널에서 인접 항목을 체크하지 않은 상태에서 색상 부분을 클릭하여 선택합니다.

> **Tip**
> 인접 옵션은 클릭한 지점에 해당하는 이미지와 동일 색상만을 선택하고, 체크를 해제할 경우에는 이미지 전체에서 클릭한 지점과 동일한 색상을 모두 선택할 수 있습니다.

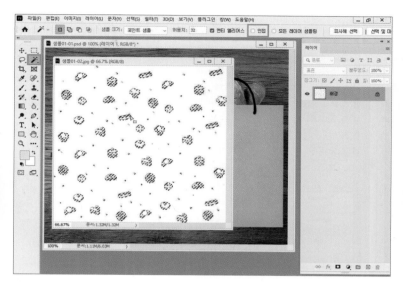

05 그리고 이동 도구로 앞서 작업해 놓은 쇼핑백 레이어 상단으로 드래그 하여 이미지를 끌어옵니다.

06 그리고 [레이어]-[매트]-[언저리 제거] 명령을 실행하여 외곽에 흰색 잔상을 없애줍니다.

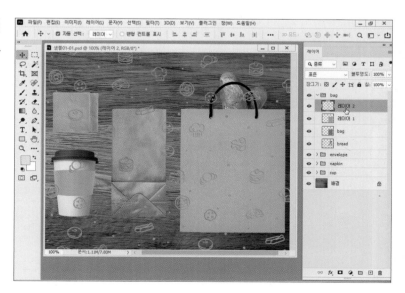

07 패턴 레이어가 선택된 상태에서 [레이어]-[클리핑 마스크 만들기] 메뉴를 실행하여 백 안쪽에만 보이도록 처리해 주고, [편집]-[자유 변형] 메뉴를 실행하여 크기를 조절합니다.

08 이제 로고를 불러오기 위해서 일러스트레이터에서 앞서 제작해 놓은 개체를 모두 선택하고 [편집]-[복사] 명령을 실행하여 클립보드에 저장합니다.

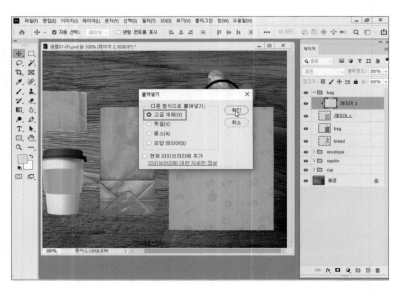

09 그런 다음 다시 포토샵으로 넘어와서 작업 중인 이미지를 선택하고 [편집]-[붙여넣기] 메뉴를 실행하여 대화상자에서 '고급 개체'를 선택합니다.

10 **Shift** 키를 누른 채 변형 컨트롤을 드래그 하여 크기를 축소하고, 레이어 패널 상단에서 혼합 모드를 적용합니다.

11 앞서 작업한 패턴과 로고가 겹치는 부분의 이미지를 삭제하기 위해서 도구 패널에서 지우개 도구를 선택하고 로고 부분과 겹치는 부분에 해당하는 이미지를 드래그 하여 지워줍니다.

12 마지막으로 좀 더 입체적으로 표현하기 위해서 bag 레이어를 선택하고 레이어 스타일에서 '그림자 효과'를 적용합니다.

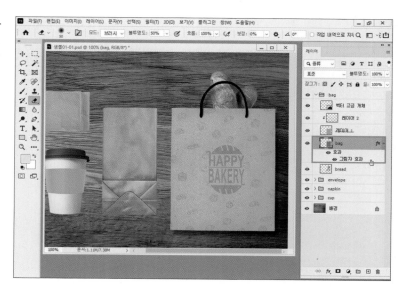

01 중앙의 Envelope 이미지를 합성하기 위해서 먼저 Ctrl 키를 누른 채 레이어의 축소판을 클릭하여 선택 영역을 활성화 시킵니다.

02 다시 사각형 선택 윤곽 도구를 선택하고 Alt 키를 누른 채 하단부분에 드래그 하여 선택 영역에서 제외시켜줍니다.

03 그리고 [레이어]-[새로 만들기]-[복사한 레이어] 명령을 실행하여 이미지를 하나 더 복사합니다.

04 앞서 합성한 패턴을 하나 더 사용하기 위해서 해당 레이어를 선택하고 패널 하단의 '새 레이어를 만듭니다.' 버튼으로 드래그 하여 하나를 더 복사하고, 앞서 작업해 놓은 레이어 위로 이동시켜줍니다.

05 그런 다음 [레이어]-[클리핑 마스크 만들기] 메뉴를 실행하여 사각형 안쪽에만 보이도록 처리해 주고, [편집]-[자유 변형] 메뉴를 실행하여 크기를 조절합니다. 또한 혼합 모드에서 '곱하기'를 적용합니다.

06 중앙에 로고를 불러오기 위해서 라이브러리 패널에서 앞서 불러올 때 저장된 로고를 선택하고 이미지 위로 드래그 하여 끌어옵니다.

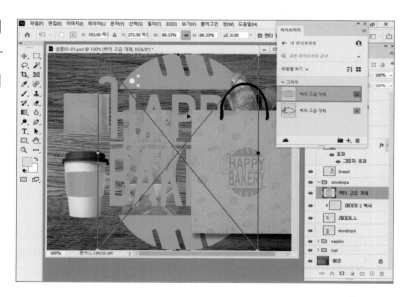

07 변형 컨트롤을 사용하여 크기를 조절하고 레이어 패널에서 혼합 모드를 적용합니다.

08 가장 아래 쪽에 있는 Envelope 레이어를 선택하고 레이어 스타일에서 그림자 효과를 적용하여 좀 더 입체적으로 표현합니다.

09 나머지 이미지들 또한 위와 동일한 방법으로 각각 로고와 패턴을 합성하여 완성합니다.

05 광고이미지 만들기

2D 프로그램인 일러스트레이터에서 3D 효과를 사용하여 문자를 입체적으로 제작하고, 그 외 다양한 선 모양 등을 만들어 포토샵에서 불러온 후 다양한 기능들을 사용하여 광고 이미지를 만들어 보겠습니다.

Preview

〈학습내용〉

따라하기 01. 일러스트레이터에서 3D 문자 만들기
따라하기 02. 격자무늬와 선 개체 만들기
따라하기 03. 비트맵 이미지 합성하기
따라하기 04. 벡터 개체 합성하기

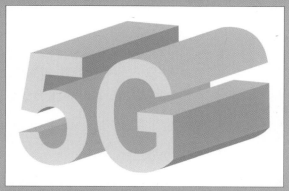

▲ 완성파일 : 05. 광고이미지〉완성〉5G.ai

▲ 완성파일 : 05. 광고이미지〉완성〉격자무늬.ai

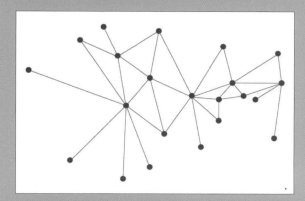

▲ 완성파일 : 05. 광고이미지〉완성〉라인.ai

▲ 완성파일 : 05. 광고이미지〉완성〉광고이미지.psd

 체크포인트

– 일러스트레이터에서 효과를 사용하여 3D 문자를 만듭니다.
– 다양한 도형 도구와 변형 기능으로 격자무늬와 선 개체를 만듭니다.
– 포토샵에서 선택 도구와 레이어 마스크를 이용하여 이미지들을 합성합니다.
– 벡터 개체를 각각 불러와 크기를 조절하는 등 자연스럽게 합성합니다.

01 일러스트레이터에서 [파일]-[새로 만들기] 메뉴를 실행하거나 왼쪽 상단의 '새로 만들기' 버튼을 클릭하여 A4용지 크기로 아트보드를 만듭니다.

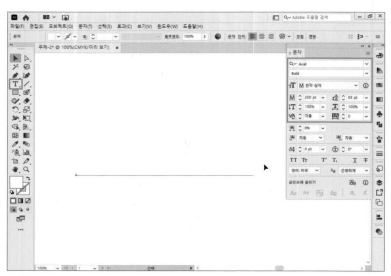

02 문자 도구를 선택하고 아트보드에 클릭하여 '5G'를 입력한 후 문자 패널에서 글꼴과 크기 등을 설정합니다. 또한 색상은 흰색으로 지정합니다.

03 문자를 선택하고 [효과]-[3D]-[돌출과 경사] 메뉴를 실행하여 대화상자에서 돌출 깊이와 각도 등을 설정합니다.

04 완성된 그대로 포토샵으로 가져가게 되면 3D 효과가 적용된 곡선 면 부분에 계단 현상이 일어납니다. 그래서 면을 하나로 만들기 위해서 [오브젝트]-[모양 확장] 메뉴를 실행하여 효과를 해제하고 일반 개체화 시켜 줍니다.

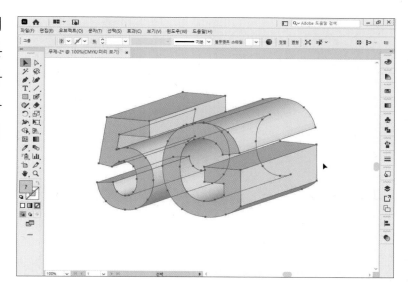

05 또한 [오브젝트]-[그룹 풀기] 명령을 중복적으로 적용하여 개체를 각각 분리합니다. 그런 다음 곡선 부분에 해당하는 개체를 함께 선택하여 패스파인더 패널에서 합치기를 적용합니다.

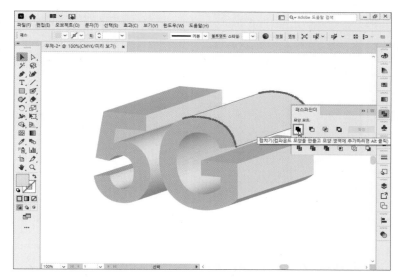

06 면색을 적용하고, 나머지 곡선 면 또한 위와 동일한 방법으로 하나의 면으로 처리하고 각각 색상을 적용합니다.

01 일러스트레이터에서 [파일]−[새로 만들기] 메뉴를 실행하거나 왼쪽 상단의 '새로 만들기' 버튼을 클릭하여 A4용지 크기로 아트보드를 만듭니다. 도구 패널에서 사각형 격자 도구를 선택하고 아트보드에 클릭하여 대화상자에서 가로와 세로 분할 수를 설정합니다.

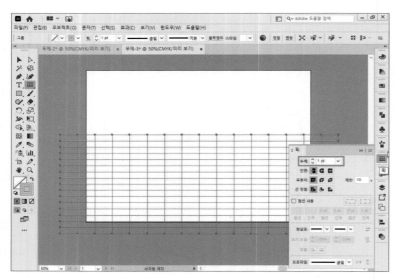

02 만들어진 격자무늬 개체는 삭제하고 마우스로 직접 드래그 하여 원하는 크기만큼 그린 다음 색상 패널에서 선색을 지정하고 획 패널에서 선의 두께를 설정합니다.

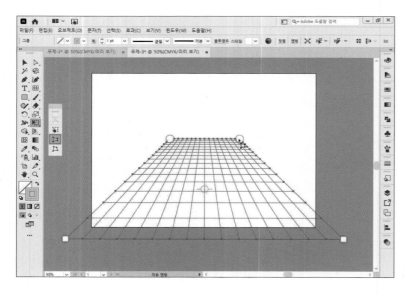

03 모양을 수정하기 위해서 도구 패널에서 자유 변형 도구 안의 원근 왜곡 도구를 선택하여 상단 부분을 좁혀줍니다.

04 계속하여 자유 변형 도구로 위에서 아래로 눌러주고, 전체를 원하는 크기만큼 조절하여 저장해 둡니다.

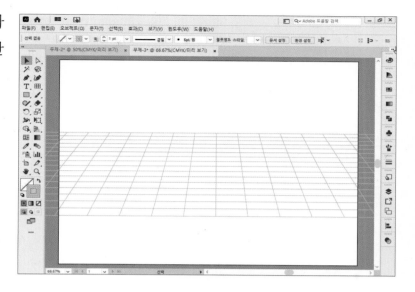

05 이번에는 선형 개체를 만들기 위해서 [파일]-[새로 만들기] 메뉴를 실행하여 A4용지 크기로 아트보드를 만듭니다. 그리고 도구 패널에서 원형 도구를 선택하고 Shift 키를 누른 채 드래그 하여 정원을 만듭니다.

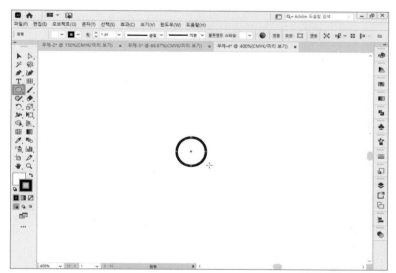

06 색상 패널에서 면색을 지정하고 선택 도구로 Alt 키를 누른 채 드래그 하여 원을 하나 복사합니다.

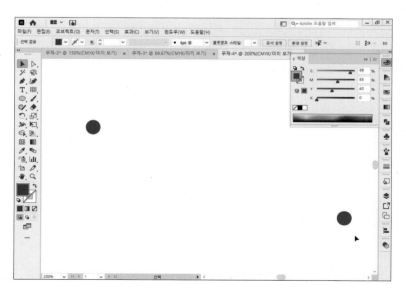

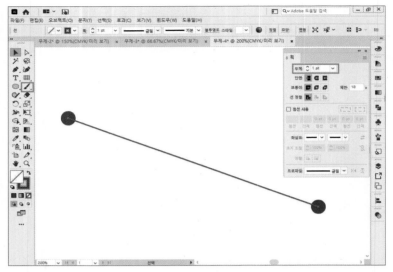

07 도구 패널에서 선분 도구를 선택하고 두 원을 가로지르는 선을 그려주고, 선 색과 선의 두께를 지정합니다.

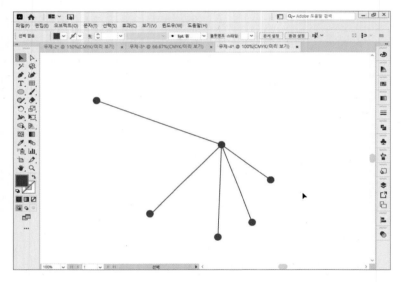

08 앞서 만들어 놓은 원을 위와 동일한 방법으로 여러 개 복사한 후 원과 원을 가로지르는 선을 각각 그려줍니다.

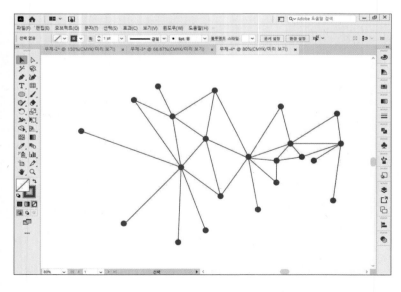

09 원하는 모양대로 모두 작업한 후 저장시켜 둡니다.

01 포토샵을 실행하고 시작 화면에서 '새로 만들기' 버튼을 클릭하거나, [파일]-[새로 만들기] 메뉴를 선택하여 가로, 세로, 해상도 등을 설정합니다.

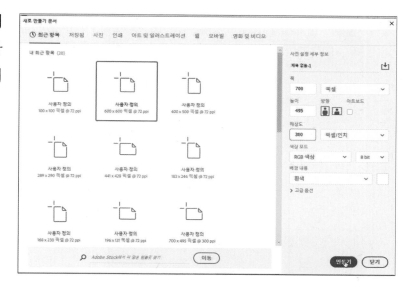

02 [파일]-[열기] 메뉴를 선택하여 '05. 광고이미지〉샘플〉하늘.jpg' 이미지를 불러옵니다.

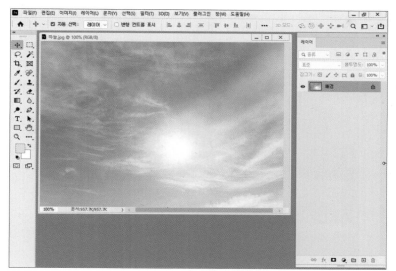

03 이동 도구로 새 창에 드래그 하여 하늘 이미지를 가져온 후 패널 하단의 '레이어 마스크를 추가합니다.' 버튼을 클릭합니다. 그리고 도구 패널에서 그라디언트 도구를 선택한 후 옵션 패널에서 검정, 흰색 색상을 선택합니다.

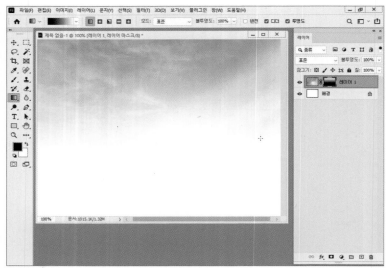

04 그런 다음 이미지 위에 드래그 하여 상단 부분만 자연스럽게 하늘 이미지가 보이도록 처리해 줍니다.

05 [파일]-[열기] 메뉴를 선택하여 '05. 광고이미지〉샘플〉건물.jpg' 이미지를 불러옵니다.

06 도구 패널에서 자동 선택 도구를 선택하고 옵션 패널에서 허용치 값을 설정한 후 하늘 부분을 클릭하여 선택합니다.

07 그런 다음 [선택]-[반전] 메뉴를 실행하여 반대로 선택 영역을 잡은 후 사각형 선택 윤곽 도구로 Alt 키를 누른 채 하단을 드래그하여 선택 영역에서 제외시켜줍니다.

08 이동 도구를 사용하여 작업 중인 창으로 드래그 하여 가져온 후 [편집]-[자유 변형] 명령으로 크기를 축소시킵니다.

09 다시 이미지를 흑백으로 처리하기 위해서 [이미지]-[조정]-[채도 감소] 메뉴를 실행하여 흑백으로 전환시킵니다.

10 마지막으로 레이어 패널 하단의 '레이어 마스크를 추가합니다.' 버튼을 누른 후 그라디언트 도구로 하단 부분이 자연스럽게 사라지도록 정리해 줍니다.

11 [파일]-[열기] 메뉴를 선택하여 '05. 광고이미지〉샘플〉인물.jpg' 이미지를 불러옵니다.

12 도구 패널에서 자동 선택 도구를 선택하고 옵션 패널에서 허용치를 지정한 후 배경 부분을 클릭하여 선택합니다. 그리고 다시 [선택]-[반전] 메뉴를 실행하여 인물을 선택합니다.

13 이동 도구를 사용하여 작업 중인 창으로 가져온 후 [편집]-[자유 변형] 메뉴를 실행하여 크기를 축소시켜줍니다.

14 또한 [편집]-[변형]-[가로로 뒤집기] 명령을 실행하여 반사시켜 줍니다.

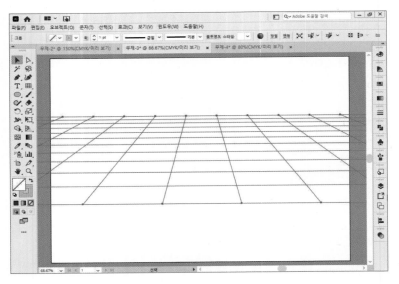

01 일러스트레이터로 이동하여 앞서 작업해 놓은 세 개의 개체를 모두 불러옵니다. 먼저 격자무늬 개체를 선택하고 [편집]-[복사] 메뉴를 실행하여 클립보드에 저장합니다.

02 포토샵으로 넘어와 작업 중인 창을 선택하고 [편집]-[붙여넣기] 메뉴를 실행한 후 대화상자에서 '고급 개체'를 체크하여 불러옵니다.

03 변형 컨트롤을 사용하여 크기를 조절하고, 레이어 패널에서 건물 이미지 하단으로 이동시켜 줍니다.

04 위와 동일한 방법으로 다시 일러스트 레이터로 넘어가서 선 개체를 선택하여 복사하고 클립보드에 저장시킨 후 포토샵에서 고급 개체로 붙여넣기 합니다.

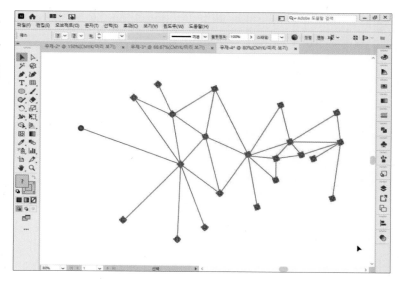

05 변형 컨트롤을 사용하여 크기를 축소시켜 주고 이미지 상단으로 이동시킵니다.

06 도구 패널에서 이동 도구를 선택하고 [Alt] 키를 누른 채 선 개체를 하나 더 복사한 후 [편집]-[변형]-[가로로 뒤집기] 명령으로 반사시켜줍니다.

07 그런 다음 다시 [편집]-[자유 변형] 명령을 실행하여 크기를 축소하고 회전시킨 후 레이어 패널 상단에서 불투명도를 조절합니다.

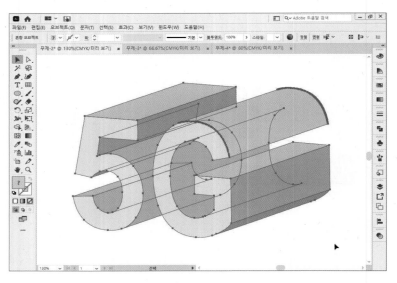

08 이번에는 3D 문자를 불러오기 위해서 일러스트레이터에서 개체를 복사하고, 포토샵에서 붙여넣기 합니다.

09 변형 컨트롤을 사용하여 크기를 조절하고, 레이어 패널 하단의 '레이어 스타일을 추가합니다.' 버튼을 눌러 '그림자 효과'를 적용합니다.

10 다시 [필터]−[렌더]−[렌즈 플레어] 명령을 실행하여 빛 효과를 적용합니다.

11 레이어 패널에서 투명 레이어를 추가하고 브러쉬 도구를 선택한 후 옵션 패널에서 브러쉬의 모양과 크기를 설정한 후 문자 오브젝트 위쪽에 하이라이트 효과를 줍니다.

12 마지막으로 문자 도구를 사용하여 왼쪽 상단에 문장을 입력하고, 문자 패널에서 글꼴과 크기, 색상 등을 설정하여 작업을 완성합니다.

I·T·워·크·북·시·리·즈

PHOTOSHOP+ILLUSTRATOR CC

원리 쏙쏙 IT 실전 워크북 ㉖

포토샵&일러스트레이터 CC
기초부터 실무 활용까지

2019년 1월 30일 초판 발행
2021년 3월 20일 개정판 발행
2024년 7월 20일 개정3판 인쇄
2024년 7월 30일 개정3판 발행

펴낸이 | 김정철
펴낸곳 | 아티오
지은이 | 유윤자
표　지 | 박효은
편　집 | 이효정
전　화 | 031-983-4092
팩　스 | 031-983-4093
등　록 | 2013년 2월 22일
정　가 | 21,000원
주　소 | 경기도 고양시 일산동구 호수로 336 (브라운스톤, 백석동)
홈페이지 | http://www.atio.co.kr

◑ 실습 파일 받아보기

– 예제 소스는 아티오(www.atio.co.kr) 홈페이지의 [자료실]에서 다운받으시면 됩니다.